# Maria Bachmann

# Du weißt ja gar nicht, wie gut du es hast

Von einer, die ausbrach, das Leben zu lieben

**Besuchen Sie uns im Internet:**
**www.knaur.de**

Originalausgabe März 2019
© 2019 Knaur Verlag
Ein Imprint der Verlagsgruppe
Droemer Knaur GmbH & Co. KG, München
Alle Rechte vorbehalten. Das Werk darf – auch teilweise – nur mit Genehmigung des Verlags wiedergegeben werden.
Covergestaltung: Isabella Materne
Coverabbildung: privat
Vorsatz: alle Abbildungen aus dem Privatarchiv Maria Bachmann außer Foto von Thomas Gottschalk (Martin Athenstädt/picture alliance)
Nachsatz: alle Abbildungen aus dem Privatarchiv Maria Bachmann außer ganz links, mittleres Foto (Franziska Krug/Getty Images)
Innenteil: Privatarchiv Maria Bachmann: S. 9, 115;
Günter Linke: S. 183; Christian Hartmann: S. 237
Satz: Adobe InDesign im Verlag
Druck und Bindung: CPI books GmbH, Leck
ISBN 978-3-426-21455-8

6  5  4  3  2

*Für alle Seelenverwandten und
die Nachkommen der Kriegskinder*

*»Ich wollte ja nichts als das zu leben versuchen,
was von selber aus mir herauswollte.
Warum war das so sehr schwer?«* Hermann Hesse

# Inhalt

Teil I
**Das Kind**     9

Teil II
**Die Jugendliche**     115

Teil III
**Die junge Frau**     183

Teil IV
**Die Erwachsene**     237

# Das Kind

# Die Rute

Mutter hatte nichts mit der Rute am Hut. Vielleicht auch, weil sie nicht so gut mit ihr umgehen konnte. Oder die Rute Vatersache war.

Die Rute war ein besonderes Zeichen. Ein Zeichen, dass es nicht nur in unserem Hof, der Scheune oder dem Keller, sondern auch in unserer Küche gefährlich für mich werden konnte. Die Rute stand aufrecht hinter der Eckbank. Wenn ich hinschaute, stellten sich unweigerlich meine Haare an den Oberschenkeln auf. »Ja nichts falsch machen«, dachte ich.

Wenn mein Bruder es wagte, Widerworte zu geben, oder wir nicht gehorchen wollten, griff Vater danach. Vaters Platz war gleich neben ihr. Die Rute und er – das gehörte zusammen. Warnend sagte er: »Ich leg die jetzt mal hierher.«

Dann platzierte er den Zweig aus dem Wald längs hinter uns auf die Bank, dass wir die Äste im Rücken spüren konnten, weil manche abstanden, obwohl er sie zusammengebunden hatte. Ich schlenkerte mit den Beinen an meinem Platz und lächelte, damit er nicht denken sollte, dass ich mich etwa fürchtete. Mit dem Lächeln konnte ich es mir sogar selbst weismachen.

Manchmal wollte ich nicht aufessen. Dann war Vaters Gesicht verschlossen wie das Wohnzimmer vor Heiligabend. Und Mutter sagte: »Der Teller wird leer gegessen, sonst gibt's gleich den Arsch voll.« Das war der Moment, in dem ich alles aufaß. Ich musste mich nur überwinden, die Grenze zur Übelkeit mutig überschreiten. Dann war das Bohnengemüse drin im Bauch. Im Gegensatz zu mir kriegte mein Bruder den Ast öfter zu spüren. Er probierte immer wieder, Vater zu widersprechen, als wolle er ausprobieren, ob Vater noch etwas anderes konnte, als den Ast aus der Ecke zu ziehen. Zum Beispiel lachen oder reden. Einmal war es wie ein Tanz, den die beiden veranstalteten. Vater rannte meinem Bruder mit der Rute hinterher, mein Bruder versteckte sich unter dem Tisch und kroch unter die Eckbank, Vater bückte sich und stocherte mit dem Ast dahin, wo er meinen Bruder vermutete. Die Rute war biegsam, er traf ihn immer, selbst im hintersten Winkel. Mein Bruder raste wie ein fliehendes Huhn aus dem Unterschlupf, wollte aus der Küche raus, aber er schaffte es nur bis zur Tür. Unter dem Türgriff zusammengekauert, sah er aus wie ein Postpaket. Er verschränkte die Arme vor dem Gesicht, als Vater ihn erwischte und die Rute peitschend auf ihn niedersausen ließ. Meine Strumpfhose wurde warm, und auf dem Boden entstand eine kleine Pfütze. Mutter kriegte ein weißes Gesicht und stand steif am Küchentisch. »Vater, hör auf«, sagte sie, aber das nützte nichts.

Mein Bruder blutete an der Wange, weil die Rute noch so neu war. Da fitzte sie besonders gut. Mutter dagegen benutzte bei meinem Bruder lieber den Kochlöffel. Einmal schlug sie so auf seinen Rücken, dass der Stiel in der Mitte auseinanderbrach und sie nicht mehr damit kochen konnte. Sie verbrannte ihn im Ofen und musste einen neuen kaufen. Aber Bestrafung musste sein. Das war nicht nur bei uns daheim so. Das war überall so.

Der Onkel wiederum nahm den Gürtel. Mein Bruder und ich waren einmal ein paar Tage bei ihm und seiner Familie, als Mutter mit den Nerven fertig war und zur Erholung in eine Klinik geschickt wurde. Mein Bruder weigerte sich, beim Mittagstisch die Pilze vom Onkel zu essen.

»Pilze sind giftig«, sagte er. Man könne daran sterben.

Das hatte er von unserem Vater gelernt. Er ließ die Pilze in der weißen Soße liegen, ohne auch nur einmal die Gabel hineinzutunken. Mein Bruder wollte einfach nicht sterben. Er aß nur die Kartoffeln, was dem Onkel überhaupt nicht gefiel. Er zerrte seinen Gürtel aus den Hosenschlaufen und meinen Bruder von der Eckbank. Mitten in der Küche schlug mein Onkel auf meinen Bruder ein, und ich konnte nichts tun, als danebenzusitzen und zuzusehen. Etwas nicht zu essen, das kam einfach nicht infrage. Vielleicht dachte der Onkel, dass Pilze besser schmecken als die dünne Brühe, die er damals als Soldat im eisigen Sibirien essen musste und die aus einem Sud aus Fischabfällen gekocht war. Und vielleicht wollte er das meinem Bruder klarmachen. Doch wie alle Erwachsenen, die ich kannte, beherrschte er nur eine Sprache – die von Autorität, was oft gleichbedeutend war mit Gewalt.

Die Erwachsenen, aber vor allem Vater und Mutter waren undurchschaubar. Man wusste nie genau, wann sie böse werden würden und warum. Ich malte im Kopf eine Landkarte von ihnen, um mich zu orientieren. Mit der Zeit lernte ich, sie besser zu lesen. So hatte ich eine grobe Richtung, wie ich mich geben musste, um das Schlimmste zu verhindern. Ich fuhr meine Spürantennen aus und ertastete damit, wie ich am besten für sie sein sollte. Ich musste schnell sein, schneller als die Erwachsenen. Ich musste vor ihnen wissen, was sie von mir wollten. Das war das Einzige, was mir einfiel, um nicht unangenehm aufzufallen.

An Nikolaus gab es jedes Jahr eine neue Rute. Ich trug schon seit dem Morgen mein unauffälliges Gesicht, das notfalls schnell lächeln konnte. Meine erste Nikolaus-Begegnung des Tages fand im Kindergarten statt. Er kam in unseren Gruppenraum hineingewallt, und wir Kinder, wir freuten uns und hatten Angst, weil wir wussten, dass er alles über uns wusste. Als er »Und nun zu Maria« sagte, musste ich aufstehen und zu ihm hingehen. Alle guckten mich erwartungsvoll an. Ich war mir sicher, irgendetwas hatte ich ganz bestimmt verkehrt gemacht. Ich wühlte wie verrückt in meinem Gedächtnis, fand aber nichts, was es gewesen sein könnte.

Er sagte: »Maria, du musst ein bisschen braver werden, ja?«

Ich antwortete ganz schnell: »Ja.«

Dann musste ich ihm die Hand reichen, um mein Versprechen zu besiegeln. Ich konnte seine dicken Finger unter dem weißen Stoffhandschuh fühlen: Der Mann war echt. Mein grundsätzliches Problem war, dass ich nicht genau wusste, wie ich braver werden sollte, außer, noch viel mehr das zu machen, was die Großen von mir wollten, noch früher herauszufinden, wie ich sein sollte. Er drückte mir einen gezuckerten Lebkuchen in die Hand, ich sagte »Danke« und rannte zurück zu meinem Stuhl. Schwester Theodoris schüttelte warnend den Kopf, ich stoppte abrupt und ging die letzten Meter langsam. Es war besser, ihr zu folgen, denn sonst wäre vielleicht Knecht Ruprecht mit der rasselnden Kette reingekommen. Ich stopfte den Lebkuchen in mein Pausenbrottäschchen neben das Mettwurstbrot und den halben Apfel. Aber mir war der Appetit vergangen, ich bekam den ganzen Vormittag keinen Bissen hinunter.

»War der Nikolaus da?«, fragte Mutter, als sie mich am Gartentor abholte.

»Ja«, sagte ich und hüpfte neben ihr her, als Signal, dass ich ein braves Kind war, egal, was kommen sollte.

Als es dunkel wurde, machte ein anderer Nikolaus die Runde. Ich erspähte ihn am Wohnzimmerfenster. Sein Knecht Ruprecht trat gegen Hoftore, dass sie schepperten, rannte quer über die Straße, ohne zu gucken, und zog seine Kette hinter sich her, dass sie nur so klirrte. Ich floh vom Wohnzimmer in die Küche. Kurz darauf polterte es an der Küchentür, etwas peitschte gegen das Türglas. Auf der Kücheneckbank, mit der größtmöglichen Entfernung zur Tür, kauerte ich mich zusammen. Die beiden Gestalten draußen warfen bedrohliche Schatten an die Wand, ich hoffte inständig, dass sie nicht reinkämen.

Mutter, deren Gesicht ich fast nie ganz entziffern konnte und die scheinbar keine Angst gehabt hatte, schien zufrieden und sagte: »Guck mal, der Nikolaus war da.«

Ich traute mich nur in ihrer Begleitung an die Tür. Es war nicht nur schlecht, dass es gerade so fürchterlich gepoltert hatte. Die Lebkuchen in der Tonschüssel und die Mandarinen und Nüsse ließen mich die neue Rute fast übersehen, die aufrecht und ungebraucht neben dem Flurspiegel lehnte. Allerdings nur fast, und so lachte mein Gesicht vor Freude über die süßen Gaben, doch der ganze Rest von mir, der lachte nicht. Die neue Rute wurde ganz selbstverständlich aufrecht hinter die Eckbank geklemmt. Dahin, wo vorher die alte, abgedroschene auf ihren Einsatz gewartet hatte, die nun in den Flammen unseres Herdes ihr Ende fand.

Später fand ich heraus, dass das Poltern und Stampfen von meiner Oma kam, die jährlich ihren »Nikolaus'schen« Besuch bei uns absolvierte. Nur sie war es. Und doch war es sie, die das frische Bestrafungsinstrument ins Haus brachte.

So entlarvte ich den doppelten Nikolaus-Betrug der Erwachsenen (erstens die Lüge: es gibt keinen Nikolaus; zweitens den Betrug an meinem Bruder und mir: unsere Großmutter sorgte für das neue Strafutensil) und begann meine große Forschungsreise. Die Erwachsenen hatten keine Zeit, um mich in ihre Tagesabläufe, in ihre Gedanken und Pläne einzuweihen. Sie erklärten nichts und besprachen nichts mit mir. Uns Kindern wurde das Leben einfach vorgesetzt. »So ist das. So muss das gemacht werden. So war das schon immer.« Weil das so war und in mir die leise Ahnung wach wurde, dass mir dadurch wichtige Dinge vorenthalten blieben, wollte ich selbst rausfinden, was eigentlich los war.

Zu dem »Was eigentlich los war« meiner Kindheit kam später ein »Was ist eigentlich los mit mir« dazu. Ich hatte vieles erreicht, wovon ich als Kind gar nicht hätte träumen können. Ich war der Provinz entkommen, unserem Haus, meinen Eltern. Und doch war ich nicht frei. Ich hatte vieles geschafft, war Schauspielerin und hatte Erfolg. Zufriedenheit oder gar Glück wollten sich aber nicht einstellen. Erst eine tiefe Krise zwang mich zum Innehalten und dazu, therapeutische Hilfe anzunehmen. Ich lernte, mich zu hinterfragen und besser »hinter« mich sehen zu können, zu sehen, was eigentlich los mit mir war. Dieses neue Selbst-Verständnis jedoch war unauflösbar mit etwas Weiterem verbunden: mit meinen Eltern. Meine Geschichte erzähle ich also sozusagen auf dreifache Weise: mit den Augen eines Kindes, der kleinen Maria; gefiltert durch meine heutige Perspektive und in Bezug auf meine Eltern.

Mutter und Vater wurden in die Weimarer Republik hineingeboren, in eine Zeit großer Unsicherheit und extremer Arbeitslosigkeit. In eine Zeit, in der das Gedankengut der Nationalsozialisten aufkeimte. Sie wurden in einer Gesellschaft groß, die sich auf den Krieg vorbereitete, in der menschliche Verrohung, Gewalt und Angst zur Normalität wurden. Sie wurden von Eltern erzogen, deren Leben von kleinbäuerlicher Kargheit bestimmt war: vom Schuften und vom Beten. Von meinen Eltern weiß ich nur wenig wirklich. Sie wollten nur das Beste für mich und konnten mir doch nicht geben, was ich gebraucht hätte.

So fängt meine Geschichte an, in unserem Hof zwischen Scheune und Haustür in einer fränkischen Kleinstadt in den 1960er- und 1970er-Jahren.

# Die Katze

Der Bachmann'sche Kosmos war rechteckig und grau und ganz und gar unspektakulär. Vater, Mutter, mein Bruder und ich, wir hielten uns ständig in unserem Hof auf. Die Erwachsenen hatten immer etwas zu tun, wir Kinder waren uns selbst überlassen, und wir spielten hier an der frischen Luft. Der Hof war nichts Besonderes, aber für mich war er die ganze Welt. Es gab das Scheunendach, unter dem man selbst bei Regen spielen konnte, und es gab einen Sandkasten. Er war in der Nische zwischen dem Vorgärtchen und der Remise. An der Stelle war der Boden betoniert, gerade so groß, dass man bequem eine Sandburg hätte bauen können, in der ein Stallhase und seine Familie Platz gefunden hätten. Drum herum war alles voller unebener Pflastersteine bis zur Grenze von Hugo, dem Nachbarn. Dort war wieder betoniert, und wenn es Glatteis hatte, konnte ich auf seiner Seite über die Ebene schleifen. Es war schon fast Sommer, aber nicht so warm, dass Mutter mir Kniestrümpfe erlaubt hätte. Ich kauerte in der Hocke und siebte Sand.

Ich wollte aus dem Sand Mehl herstellen, indem ich ihn so lange siebte, bis er fein war, sich in weißes Mehl verwandelte und Mutter damit echten Kuchen backen konnte. Ich würde das Mehl an sie verkaufen. Im Hintergrund hörte ich leise den Autolärm der Straße, die Sonne wärmte meinen Rücken. Ich klopfte die Sandschaufel unaufhörlich an das Sieb, der Sand darin wurde immer weniger, der im Eimer dafür mehr.

Dann.

Ein Greifen, ein Packen, ein Klumpen in meinem Nacken. Etwas klammerte sich an mich, jaulte. Ein Gewicht, etwas kratziges Lebendiges hing an mir. Etwas Scharfes bohrte sich in meinen Hinterkopf. Ich schüttelte mich, schlug mit den Händen um mich, wollte danach greifen, mich davon befreien. Etwas Nasses, Spitzes, ein Maul, das in meine Haare biss.

Ich schleuderte das Sieb in den Sand, aber der Klumpen – er war aus Fell – fiel nicht von mir ab. Ich schrie, der Klumpen fauchte. Es war eine schwarz-weiße, dicke Katze.

Vielleicht gehörte sie jemandem aus der Nachbarschaft, uns jedenfalls nicht.

Vater kam aus der Scheune gerannt. Er stampfte auf, dass ich mich erneut erschrak: »Weg! Drecksvieh, räudiges!«

Die Katze sprang von meinem Rücken. Da hatte Vater schon die Peitsche aus der Remise geholt. Er knallte sie auf das Pflaster im Hof und auch auf die Katze. Die jaulte und krümmte sich. Sie saß noch da und war gleichzeitig doch schon fast weg. Das war wie bei mir.

Ich schrie noch mehr, wegen der Katze, weil sie was von der Peitsche abbekam und nicht wusste, wohin. Und weil Vater wütend war, so wütend.

Sie flüchtete nach hinten in den Garten von Hugo. Nun hätte ich weitersieben können und Sand in Mehl verwandeln, aber ich konnte nicht. Ich weinte. Mein Rücken brannte, meine Hände suchten den Vater, den ich mit meinem Schrei so wütend gemacht hatte, dass er die Peitsche auf die Katze knallen ließ. Nun war sie weg, und ich war schuld daran.

Mein Bruder stand am Scheunentor und bedauerte die Katze. Er konnte nichts tun, außer bedauern und zusehen. So ging es uns beiden oft. Ich bedauerte ihn, wenn er die Rute abbekam, er bedauerte jetzt die Katze, die vom Hof gepeitscht worden war. Dabei setzten wir Gesichter auf, die anders waren als das, was wir fühlten. Leere Gesichter – ich bin nicht da, ich weiß von nichts. Oder lächelnde Gesichter – ich bin lieb, ich bin so, wie ihr es euch wünscht. Dabei konnten wir häufig gar nicht wissen, was gewünscht war.

Mir flitzte, nachdem die Katze weg war, vor allem ein Gedanke durch den Kopf: Wenn ich nicht geschrien hätte, wäre die Katze nicht vertrieben worden, und Vater und Bruder wären zufrieden gewesen. Aber so war alles durcheinandergeraten, und ich war schuld daran.

Heute tut mir – natürlich neben der Katze – auch mein Vater leid. Er musste wütend werden, um mich zu beschützen. Wenn er nur auf eine andere Idee gekommen wäre. Hätte er mich doch in den Arm genommen und mir über die Haare gestreichelt. Dann hätte ich an seiner Brust gemerkt, wie er mich mag. Aber für so eine Idee muss man erst einmal wissen, dass es verschiedene Möglichkeiten gibt.

So ähnlich ist das auch beim Träumen. Man kann nur so groß träumen, wie der eigene Horizont weit ist. Und auch beim Sandspielen ist das so. Man braucht Einfälle, um etwas Neues zu machen. Ich wusste oft nicht, was ich mit dem Sand machen sollte, der vor mir auf dem Beton ausgebreitet war. Immer wieder backte ich Kuchen, füllte Muscheln und Fische mit Sandteig.

Ich fragte meine Mutter: »Was soll ich noch mit dem Sand machen?«

Sie sagte: »Back doch Kuchen.«

Wenn es niemanden gibt, dem etwas Besseres einfällt als Kuchen backen, bleibt es dabei, und du backst wieder Kuchen. Du baust kein Mäuseschloss, keinen unterirdischen Gang zur Schatzkammer. Wieder und wieder, obwohl dir dabei sterbenslangweilig ist, backst du Kuchen. Du backst das ganze Jahr Kuchen, bis es Winter wird und du drinnen spielst oder auf dem Beton von Hugo auf dem Glatteis rutschen kannst, und im Frühjahr, wenn es warm genug ist, backst du wieder Kuchen. So ist das, wenn du keinen neuen Einfall hast. Es gibt mehr Sandkuchen, als je gegessen werden könnte. Es fühlt sich nicht richtig gut an.

Die Katze war von nun an ein böses Tier. Wenn sie auf unseren Hof kam, bewegte ich mich ganz vorsichtig weg von ihr. Ich ließ mein Sandspielzeug liegen, ging hinein, in die Küche, und sagte: »Ich mag nicht spielen.«

Einige Wochen später hatte ich die Katze fast vergessen. Aber an einem Sonntag, ich trug den grauen Faltenrock, wir kamen gerade von der Kirche, entdeckte ich sie wieder. Sie lauerte geduckt in unserem Hof. Vater stampfte mit dem Fuß auf, dass die Pflastersteine bebten. Lautlos huschte sie in den Hinterhof unseres Nachbarn. Vater war immer noch wütend auf die Katze und hatte diesen Gesichtsausdruck, obwohl er eben noch in der Kirche »O du Lamm Gottes« gesungen und das Vaterunser gebetet hatte: »Drecksvieh!«

Ich heftete mich an Mutters Fersen, schlüpfte in die Küche. Dort war es still und aufgeräumt. Der Spülstein roch nach Ata, nach Geborgenheit. Ich aber dachte nur noch an die Katze.

Was, wenn sie nun für immer hierblieb und mir wieder auf den Rücken sprang? Wenn alles so weiterging? Dann könnte ich nie mehr draußen spielen. Und dann dachte ich an Vater, der noch draußen war, ganz in ihrer Nähe. Denn, was ich auch nicht wollte, war, dass die Katze geschlagen wurde. So sprang ich in der Küche auf und ab vor Sorge und sang: »O du Lamm Gottes, das du wegnimmst die Sünden der Welt«, um mein Herzklopfen zu übertönen.

»Räum die Kirchenbücher in den Schrank«, sagte Mutter.

Nun hatte ich etwas zu tun. Die Gesangsbücher waren in schwarze Hüllen eingebunden und glänzten an den Seiten golden. Wenn man aber nur eine Seite umblätterte, war sie so dünn, dass man das Gold nicht sehen konnte. Ich brachte die Gesangsbücher in die Stube und steckte sie in die Schublade. Das war die beste Gelegenheit, um mich unbemerkt hinter der Haustüre zu verschanzen. Ich schielte durch das Schlüsselloch, konnte aber nichts erkennen, das wie eine Katze aussah.

Da kam Mutter mit einer Schale Milch aus der Küche. Ich zuckte zusammen und tat so, als käme ich gerade vom Schubladenschließen aus dem Wohnzimmer: »Lamm Gottes, Lamm Gottes«, sang ich. Ich war mir fast sicher, dass »Verschanzen hinter der Haustüre« verboten war. Deshalb wollte ich Mutters Satz mit diesem bestimmten Tonfall –

»Was hast du hier verloren?« – verhindern. Sie öffnete die Tür und stellte die Milchschale auf den Boden.

»Die hat bloß Hunger«, sagte sie.

Und dann sah ich die Katze. Sie schlich sich an, kam näher, schaute misstrauisch. Sie hielt nach der Peitsche Ausschau, ganz sicher. Sie hatte ein dickes, trauriges Gesicht. Sie schnüffelte und machte sich über die Milch her. Beim Schlabbern ließ sie ihre rosa Zunge aus dem Maul blitzen. Mutter lachte. Wie ich Mutter so ansah, dachte ich, Mutter könnte auch die Mutter der Katze sein.

»Setz dich mal schön hin«, sagte Vater, der plötzlich mit seinem Fotoapparat parat stand, als wäre alles in bester Ordnung. »Wir machen ein Bild fürs Album.«

Ich setzte mich neben die Katze und machte mich dünn, so dünn, dass ich ein paar Zentimeter Abstand gewann. Sie sollte gar nicht merken, dass ich neben ihr saß. Sie sollte nur die Milch aufschlecken. Ich versuchte nicht, sie zu streicheln, und wurde glücklicherweise auch nicht dazu ermuntert. Niemand streichelte sie.

Ein paar Wochen später wurde sie überfahren. Vater nahm die große Schippe – ihr Vorderbein mit den Krallen hing schlapp über den Rand, und das Maul, mit dem sie mir auf dem Kopf gewühlt hatte, stand offen – und warf sie in die Mülltonne. Mein Bruder ließ den Kopf hängen, und ich spielte wieder im Sand. Ich siebte mit dem Sand die Katze fein. Sie zerbröselte zu Puder. Auch die Frage an den Vater siebte ich mit hinein, ob er die Katze wohl auch ein wenig gerngehabt hatte. Die Muttermilch siebte ich hinein, wie sie im Schälchen auf dem Pflaster gestanden hatte und weggeschleckt worden war. Den Bruder siebte ich hinein mit seinem bestürzten Blick auf die Katze, auf den Vater und auf mich. Und mich selbst siebte ich hinein, bis nichts mehr von mir übrig blieb, nur noch das fleißige Mädchen am Sandkasten, das alle lieb hatten.

# Der Raub

Auch wenn unser Hof der Mittelpunkt meiner frühen Kindheit war, beschränkte sich mein Leben keineswegs nur auf ihn. Ebenso wenig beschränkte sich mein kindlicher Forscherdrang darauf, herauszufinden, was die Erwachsenen Wichtiges vor mir verheimlichten. Es gab noch viel mehr zu entdecken. Beispielsweise andere Kinder. Und wie weit ich gehen konnte.

Angelika hatte das gleiche rote Gebetbuch wie ich. Angelika war ein braves Kind. Sie drehte sich in der Kirche nie um und fragte nie, wie lang es noch dauert. Ich dagegen musste immer gucken, was die Leute sonntags oder an Werktagen anhatten, und wandte den Kopf in alle Richtungen. Mutter gab mir dann einen unauffälligen Stoß und guckte mich strafend an. Ich konnte es kaum abwarten, bis der Pfarrer mit dem glitzernden Kleid und seine Buben in den weißen, gebügelten Tischdecken wieder in der Steinwand verschwanden, wo sie rausgekommen waren. Ja, unsere Kirche hatte eine Geheimtür in der Steinwand. Am Anfang und am Ende des Gottesdienstes öffnete sie sich und spuckte die Leute aus, und am Ende verschluckte sie sie. Angelika sagte, es sei die Sakristei. Sie kannte den Pfarrer sogar persönlich. Das brachte ihr Pluspunkte bei Kindergärtnerin Schwester Theodoris.

In meinem Gebetbuch hatte Jesus auf allen Bildern einen gelben Heiligenschein um seinen Kopf. Er gefiel mir so gut, dass ich zu Hause Gemälde von mir, der Mutter und meinem Vater anfertigte – jeder von uns trug einen Heiligenschein. Damit Mutters Heiligenschein herausstach, malte ich ihn extra groß und dazu noch gelbe Flammen drum herum. Jetzt hatte sie einen noch größeren Heiligenschein als Jesus im Gebetbuch.

»Das macht man nicht«, sagte Mutter. »Nur Jesus ist heilig!«

Sie zerriss das Bild. Als mein Vater nach Hause kam, zeigte sie ihm die Bilderschnipsel, die sie auf dem Küchentisch in einem kleinen Stapel für ihn aufgehoben hatte und auf denen man die Heiligenscheine gar nicht mehr richtig erkennen konnte. Er riss die Ofentür auf und warf sie hinein.

»Das gehört sich nicht«, sagte er.

»Wer hat dir gesagt, dass du das machen sollst«, schimpfte Mutter.

»Niemand«, erwiderte ich.

Ich interessierte mich einfach nur für das Geheimnisvolle. Vielleicht wollte ich auch zeigen, dass ich mitdachte in der Kirche, wo der Pfarrer sagte, dass wir alle Kinder Gottes seien. Meine Interpretation davon kam allerdings nicht gut an.

Die Bilder meiner Heiligen Familie loderten im Ofen auf, als würden sie um Hilfe rufen. Ich hoffte, dass Jesus mitbekommen hatte, dass er jetzt wieder der alleinige Heilige war. Den gelben Malstift versteckte ich auf dem Grund des hölzernen Spielkastens. Ich machte die Klappe zu, setzte mich darauf und machte mich schwer.

Beim nächsten Kirchgang ließ ich mein Gebetbuch geschlossen liegen, auch, als Angelika ihres aufschlug. Beim Rausgehen drückte ich es fest an mich. Ich wollte sein wie Angelika, die sicher nie auf die Idee gekommen wäre, ihre Mutter mit einem Heiligenschein zu krönen. Aber gleichzeitig mochte ich Angelika nicht. Aus dem gleichen Grund.

Der Kindergarten lag hinter einem hohen Tor versteckt, hinter dem ich die Kinder schon von Weitem hörte. Ich sah sofort, dass die guten Sandkastensiebe schon weg waren. Sie waren rosa und neu. Es gab auch gelbe, aber die gelben waren alt. Wenn ich jetzt ein rosa Sieb hätte, dachte ich, dann wäre es die Wiedergutmachung für meine verbrannte heilige Familie. Dann entdeckte ich Angelika – mit einem rosa Sieb in der Hand. Ihre Schnittlauchhaare fielen ihr ins Gesicht. Wenn sie spielte, lächelte sie, ganz so, als wäre sie sicher, dass niemand auf der Welt ihr je etwas Böses wolle. Nie weinte sie. Nie war ihre Strumpfhose schmutzig. Angelika hatte schon einen mittelgroßen Haufen Sand gesiebt. Ich setzte mich in ihre Nähe unter die Äste des Kastanienbaumes und grub unauffällig in der Erde. Hier hatte ich die beste Aussicht auf Angelika. Niemand würde ihr so viel gesiebten Sand abkaufen, dachte ich. Sie würde ohnehin darauf sitzen bleiben. Ich ging langsam in ihre Richtung. Sie klopfte unaufhörlich mit der Schippe an das rosa Sieb, die Haare wackelten im Takt. Als ich hinter ihr stand, konnte ich hören, wie sie atmete. Blitzschnell riss ich ihr das Sieb aus der Hand und rannte los. Mein Herz machte einen Satz vorwärts.

»Ich hab dich gesehen«, rief Angelika, sprang auf und fegte hinter mir her.

Ich raste quer über den Spielplatz, meine Beute an die Brust gepresst wie das rote Gebetbuch. Angelika verfolgte mich. Ihre Schritte waren kurz, staksig, aber schnell. Ich lief im Kreis. Niemand stand mir im Weg. Tante Martha unterhielt sich über den Gartenzaun mit jemandem. Schwester Theodoris war nicht zu sehen.

»Stehen bleiben«, schrie Angelika.

Ich hatte sie noch nie schreien hören. Ihre Stimme überschlug sich. Ich musste schneller rennen. Ich hetzte um das Klettergerüst herum und zwängte mich durch die Warteschlange vor der Rutschbahn. Das kostete Zeit. Da rannte sie mich auch schon um und warf sich längs auf mich. Ich fiel in den Sand, atmete ihren süßlichen Bonbonatem ein, sah ihre weißen Zähne, die alle in Reih und Glied in ihrem Mund standen, und dachte nur noch eins: »Ich muss das Sieb loswerden, sonst beißt sie mich.« Ich schleuderte es weit von mir. Aus meiner Rückenlage sah ich es durch die Luft trudeln wie eine fliegende Untertasse. Angelika ließ

25

von mir ab, rappelte sich auf und schmiss sich auf das Sieb. Durch meinen Kopf schoss: »Warum hat Angelika ein Bonbon? Wofür wurde sie damit belohnt? Warum hat sie so weiße Zähne, wo meine doch braun sind?« Ich klopfte mir den Sand von Strumpfhose und Rock. Meine Hand war aufgeschürft, an zwei Stellen guckte ein winziger Tropfen Blut heraus. Ich leckte ihn ab und schmeckte Sand und Eisen.

Tante Martha rief: »Jetzt räumen alle Kinder auf, es ist Pause.«

Von Angelikas Bonbonatem benommen, ging ich zu meiner Umhängetasche, biss von meiner Mohnstange und trank von Mutters Pfefferminztee, spülte damit das Blut und den Sand hinunter. Ich hatte etwas getan, was Angelika nie getan hätte. Sie legte das Sieb in den Drahtkorb, als wäre nichts gewesen. Ich suchte Bettina, die ich noch gar nicht begrüßt hatte. Aber da sah ich, wie ausgerechnet Bettina, meine Freundin, Angelikas Hand ergriff und mit ihr zu Tante Martha ging. Die saß auf einem dunkelgrünen Holzschemel vor der Kindergartentür, aß ein belegtes Brot und fischte gerade eine Essiggurke aus einem großen Einmachglas. Tante Martha hörte gleich auf zu kauen und warf einen Blick zu mir. Ich kaute den Brei, in den sich der Bissen von meiner Mohnstange verwandelt hatte, und traute mich nicht, zu schlucken. Immer mehr Spucke sammelte sich in meinem Mund, und ich wusste nicht mehr, wohin mit dem Mund voller Brei. Ich hätte am liebsten alles ausgespuckt, aber Essen darf man nicht ausspucken oder wegwerfen.

Vater hatte einmal gesagt, er habe im Krieg auf einem Stück Brot so lange gekaut, bis es süß wurde. Das faszinierte mich. »Süß wie ein Bonbon?«, hatte ich gefragt, aber das wusste er nicht. Ich schluckte, noch bevor der Brei zuckrig werden konnte. Ich setzte mich zu meiner Flasche Pfefferminztee, die die letzte Verbindung war zu dem Leben vor meinem Überfall auf Angelika. Ich wollte, dass die Mutter mir noch einmal wie am Morgen die lauwarme Flasche am

Band um den Hals legte und mich losschickte, damit ich alles anders machen konnte. Aber dieser Moment war Vergangenheit, und jetzt würde die Strafe kommen, vollkommen unausweichlich.

Mit diesem Gedanken im Kopf wartete ich auf Mutter. Ich bewegte mich nicht vom Fleck, bis ihr Kopf neben anderen Mutterköpfen hinter dem hohen Tor zu sehen war. Ich rannte zu ihr, fiel ihr um den Bauch und drückte das Weiche fest an mich. Das Weiche an der Mutter war wie Bonbons und rosa Siebe in einem. Weil ich meine Tasche und die Teeflasche vergessen hatte, schickte sie mich noch einmal zurück. Der Boden wollte mich kaum tragen, Tasche und Flasche baumelten zwischen meinen Beinen, und ich fiel fast hin, als ich Angelikas Mutter erkannte. Und dann kam Angelika und machte einen Knicks, der ähnlich aussah wie die Kniebeuge beim Turnen. Sie guckte andächtig, wie in der Kirche, wenn der Pfarrer sagte: »Gehet hin in Frieden.«

Mutter redete nichts, als wir nach Hause gingen. Der Weg war länger als sonst, unsere Schritte ungleich. Ich konnte nicht entscheiden, was mir lieber war: Mutter, wenn sie schwieg, oder Mutter, wenn sie schimpfte. Im Hof war dieselbe Luft wie am Morgen. Hier hatte sich nichts verändert. Sogar der Eimer mit den Gemüseabfällen stand noch da.

»Der Vater kommt gleich, hol ihn ab«, sagte Mutter. Ihr Gesicht war undurchsichtig. Wusste sie etwa schon Bescheid?

Ich rannte los, bis zum Roseneck und wieder zurück, und wieder zum Roseneck, bis Vater tatsächlich um die Ecke kam. Ich half ihm, seine Tasche zu tragen.

»Hast du mir was mitgebracht?«, fragte ich.

Er war frisch und neu und wusste noch nichts von meiner Untat. Wir gingen zusammen die wenigen Schritte zum Hoftor.

»Hast du was mitgebracht?«, wollte ich wissen.

»Nein«, sagte er. »Was soll ich denn mitgebracht haben?«

In unserem Haus gab es nur wenige Gegenstände, an denen man sich einfach hätte erfreuen können. Wir hatten nur das Notwendige, kaum Zierde. Deshalb trug ich immer die Hoffnung, irgendetwas müsste doch in Vaters Aktentasche sein, das unser Haus ein wenig schöner machen würde.

Er ging die Stufen zum Haus hoch und stellte die Tasche in die Ecke hinter die Tür.

»Spielst du was mit mir?«, fragte ich.

Ich nahm Vater an die Hand, damit er wusste, dass ich es ernst meinte. Mit ihm sollte alles so sein wie immer. In Vaters Welt gab es keine gestohlenen Siebe.

»Ich hab keine Zeit, Mädle«, sagte er, verschwand im Schlafzimmer, kam in alter Arbeitskleidung wieder, nahm den Eimer und ging in die Scheune.

Ich rannte ihm hinterher. Meine Augen suchten das kleine Fenster mit den Spinnweben am hinteren Ende der Scheune. Dort führte die Tür zum Hühnerhof.

»Du kannst die Hasen füttern«, sagte er knapp.

Das war ein Befehl, den ich liebend gern ausführte. So war ich nicht überflüssig, sondern wichtig. Ich verteilte die Gemüseblätter und stopfte eine Handvoll Heu in jeden der Käfige. Mein Magen fing an zu knurren, ich verspürte Hunger und Durst, und als ich die Käfige verriegelt hatte und Vater sagte: »Jetzt kannst du noch die Eier holen«, da hatte ich das Gefühl, dass alles wieder in Ordnung war. Manchmal waren die Eier noch warm oder hatten unterschiedliche Farben und Größen. Manchmal musste man warten, bis das Huhn mit Legen fertig war. Das konnte dauern.

Ich legte die Eier in einen Weidenkorb und lief durch das Dunkel zum Scheunentor. Es war weit geöffnet, und der Hof dahinter leuchtete hell in der Sonne.

Mutter kam mir entgegen.

Ich rief: »Wir haben drei Eier!«

Da stach mir etwas ins Auge. Sie hatte ihre Schürze ausgezogen. Ohne Schürze sah Mutter glatt aus. Und dann sah ich, warum: Angelikas Mutter stand hinter ihr. Sie hatte unseren Hof zuvor noch nie betreten. Das Gesicht von Angelikas Mutter war noch viel ernster als das von meiner Mutter. Es war so ernst, als hätte Gott ihr gesagt: »Wehe du lachst auch nur einmal, dann kommst du in die Hölle.«

»Was hast du angestellt?« Mutters Stimme schepperte.

Wenn fremde Leute bei uns waren, klang sie völlig verändert. Sie passte ihre Stimme der Person an, die bei uns war. Wenn sie mit meiner Tante Martha sprach, redete sie anders als mit dem Herrn Pfarrer. Und im Gespräch mit unserem Hausarzt Doktor Mahling erkannte ich Mutter noch weniger. Sie redete dann ein bisschen wie die Leute, mit denen wir sonst nichts zu tun hatten: wie die, die mit Autos fuhren und in Urlaub. Manche Worte betonte sie hart. Wenn sie in einem Wort »a« statt »o« sagte oder »t« statt »d«, dann war es die Sprache dieser anderen. Wenn sie einen Satz fast sang, ebenso. Ich suchte nach dem Band, das uns zusammenhielt, nach dem Schürzenband, das sie mir hätte zuwerfen können. Aber Mutter redete, als ob von vornherein klar war, dass Angelikas Mutter recht hatte, egal, was sie sagte.

»Was hat dir die Angelika getan, dass du so was machst?«

»Nichts«, sagte ich und hielt den Korb mit den Eiern fest.

»Was fällt dir ein, dummes Gesteck«, schimpfte Mutter.

Ich fürchtete, Mutter verloren zu haben. An Angelika. Dann hätte Angelika zwei Mütter. Vater kam dazu wie ein Riese, mit seinen Arbeitsschuhen und der grünen Arbeitsschürze.

Nun öffnete Angelikas Mutter ihren Mund und erzählte die ganze Geschichte von meiner Verfolgung und dem Sieb von vorn. Meine Handflächen brannten wieder.

»Du entschuldigst dich morgen bei der Angelika«, sagte Mutter.

Ich wünschte mir, sie hätte so gesprochen, wie sie sonst auch sprach, einfach wie meine Mutter und nicht wie die glatt gebügelte Frau ohne Mutterschürze. Ich nickte.

»Geh rein. Marsch!«, herrschte mich mein Vater an.

Auf dem Weg in die Küche stolperte ich die Stufen hoch, stieß mit dem Korb an die Haustür, und eins der Eier zerbrach. Es war das, das noch warm gewesen war. Es hatte eine sehr dünne Schale. Es musste von einem Huhn gewesen sein, das zu wenig Legemehl gefressen hatte.

Der Hunger war weg. Ich konnte es kaum abwarten, ins Bett zu gehen. Ich wollte einfach nur fort sein. Aber sie ließen mich nicht, ich musste mit ihnen am Abendbrottisch sitzen. Sie redeten miteinander, aber nicht mit mir. Sie unterhielten sich über das Schloss am Gartentor, das Vater erneuern wollte, weil in unserer Gegend neuerdings öfter eingebrochen wurde. Vater schenkte sich ein Bier ein. Er schaffte es jedes Mal, dass sich der Schaum genau bis zum Rand des Glases auftürmte und nicht überlief. Vater stieß Bier auf, und es roch bis zu mir herüber. Er schaute auf die Uhr. Jetzt erst merkte ich, wie laut sie tickte.

Endlich sagte Mutter die erlösenden Worte: »Du gehst jetzt ins Bett.«

Sie war noch immer nicht ganz die alte, aber zumindest hatte sie wieder ihre Schürze an. Im Kinderzimmer beteten wir: »... wasch mir alle Flecken ab, die ich auf dem Herzen hab, weil es dann nur wohl mir ist, wenn du wieder gut mir bist.«

Am nächsten Tag begleitete mich Mutter zum Kindergarten, wo Angelika in Begleitung ihrer Mutter schon auf mich wartete.

»Und jetzt entschuldigst du dich«, sagte Mutter und ließ ausgerechnet in dem Augenblick meine Hand los.

»Entschuldigung«, sagte ich und schaute dabei meine Mutter an, ob es so in Ordnung gewesen war. Für Angelika und für Angelikas Mutter war jetzt alles wieder gut. Und für mich? Für mich war nichts gut. Meine Eltern hatten mich verraten, mich Angelika und ihrer Mutter ausgeliefert.

Doch schlimmer noch: Ich hatte Mutter und Vater Schande bereitet, bedeutende Regeln missachtet und ihren Ruf beschmutzt. Es war jetzt klarer als je zuvor, dass ich kein liebes Mädchen war. Die Scham darüber war schlimmer als jedes erzwungene »Entschuldigung« und wirksamer als jede Strafe. Aber ich wusste nun, wie weit ich gehen konnte. Nicht sehr weit. Überhaupt, weit zu gehen stellte eine Gefahr dar in meinem Leben. »Weit gehen« in dem Sinn, was man sich an Abenteuern erlauben konnte, aber auch im wörtlichen Sinn. Denn schon ein Gang in unseren Keller, der für mich sehr weit entfernt schien, konnte bewirken, dass alles plötzlich anders war.

# Vaters Lachen

Es war um die Mittagszeit an einem Samstag. Er stand mitten in der Küche, auf einem Bein, wie ein Storch. Das andere hatte er nach hinten ausgestreckt. Er ruderte mit den Armen, als würde er schwimmen.

Er lachte sein meckerndes »Hehehe«.

Seine Augen blitzten, er zog das Genick ein, in dem sein Schalk saß.

Er wollte sie alle ausschmieren, die Brustschwimmer, Rückenschwimmer und Krauler, die Gelegenheitsschwimmer, die Kampfschwimmer.

Vater schwamm, mit einem Bein fest auf dem Grund verankert.

»Aber was machst du, wenn es tief ist?«, fragte ich.

»Ins Tiefe gehe ich nicht.«

»Aber wenn alle im Tiefen sind und du stehst als Einziger im Nichtschwimmer, dann wissen es alle.«

Ich wollte nicht, dass mein Vater sich bei seinem ersten Kuraufenthalt blamierte. Herr Doktor Mahling schickte ihn wegen allem Möglichen hin. Wegen seinem Knie, das im Krieg einen Granatsplitter abbekommen hatte, weil er ständig hustete, ohne es an der Lunge zu haben, und weil er einfach Erholung brauchte.

Alle sollten ihn auf Kur mögen, niemand sollte über ihn lachen.

Er machte wieder »hehehe«, und ich lachte mit. Mutter und ich liebten es, wenn Vater lachte. Es kam nicht oft vor, deshalb lachten wir besonders viel, wenn er Blödsinn machte. Heute war so ein Tag. Nach seiner Schwimmvorführung nahm er eine Unterhose von der Wäscheleine über dem Ofen, legte sie sich auf den Kopf und spazierte durch die Küche, als wäre das das Normalste der Welt. Irgendwann fiel es meiner Mutter auf, und sie schimpfte ihn: »Du Hornochs!«

Dabei prustete sie ihr Lachen heraus, schnaubte wie ein Pferd. Ich lachte mich kaputt, weil meine Eltern lachten. Sie konnten sich fast nicht dabei anschauen, weil es dann immer schlimmer wurde. Wenn wir alle lachten, war es, als würde ein Feuerwerk in unserer Küche gezündet. Das Oberlicht über dem Küchentisch explodierte, und unser Lachen flog hinaus in die Luft, weil die Küche zu klein wurde dafür. Vater ging noch einen Schritt weiter. Er zog die Unterhose wie einen Hut auf den Kopf, dass rechts und links die Beinausschnitte wie umgeknickte Ohren abstanden. Jetzt sah er aus wie eine Kuh oder ein Esel und linste mich an, wissend, dass ich gleich johlte. Und genauso war es. Ich johlte.

»Du spinnst ja«, sagte Mutter und prustete wieder, diesmal hörte es sich an wie ein langes Niesen.

»Wenn dich jemand sieht! Was sollen die Leute denken!«

Mein Vater trat vor den Spiegel und begutachtete seinen Kopf mit den Unterhosenohren. Er wandte den Kopf nach rechts und nach links, ihm kamen die Tränen vor Lachen.

»Ja, guck nur, wie blöd du aussiehst«, sagte Mutter.

Wieder prustete es aus ihr heraus. Ich rannte in der Küche auf und ab. Was würde als Nächstes kommen? Was würde ihm noch einfallen, dass wir uns kringelten, Mutter, ich und er?

»Die ist noch nicht trocken, häng sie wieder hin«, kommandierte Mutter, gespielt streng.

Vater nahm die Unterhose vom Kopf und drapierte sie ordentlich zurück auf die Wäscheleine. In diesem Moment hörten seine Augen auf zu blitzen. Er putzte sich mit seinem Stofftaschentuch die Nase und steckte es ein – das Ende des Lachens. Ich schlang meine Arme um ihn, den lustigen Unterhosenhutträger. Ich wollte, dass er weiterlachte, vielleicht noch ein Geschirrhandtuch aufsetzte oder das Nudelsieb.

Aber Vater machte sich los und sagte mit ernster Stimme: »Ich muss in den Keller.«

»Ich geh mit«, sagte ich, wollte weiterlachen und umarmte sein Bein.

Mutter sagte: »Nein, im Keller ist es kalt, du bleibst hier.«

Danach war es still. Vorbei die Ausgelassenheit.

Aufgefressen von ich weiß nicht was. Oder durch die Ritzen des gewachsten Holzbodens gesickert. Oder mit dem Vater in den kalten Keller gegangen und dort erstarrt. Die Stille nach dem Lachen hatte scharfe Kanten. Egal, wohin ich mich bewegte, sie schnitten mich. Die Geräusche meiner Mutter beim Kochen klangen auf einmal gefährlich hinein in diese Stille. Der Rührlöffel, das Messer, das Schneidebrett. Das Brodeln des kochenden Wassers für die Kartoffeln, der scheppernde Topfdeckel. Und das Knacken des verbrennenden Holzes im Ofen. Es klang, als wolle es über die Stille hinweglodern. Ich öffnete die Ofentür und schaute in die gelbrote Glut.

Als mein Vater aus dem Keller kam, war er weit weg von dem ann mit der Unterhose auf dem Kopf. Der Weg in den Keller und zurück musste für ihn so weit gewesen sein, dass währenddessen alles Lustige zwangsläufig von ihm abfiel. Er hatte eingemachte Marillen mitgebracht, die Mutter später noch zum Backen gebrauchen konnte. Er sah so aus, als wäre er darüber verwundert, dass er eben noch so fröhlich gelacht hatte. Ich unternahm alles Mögliche, damit er wieder so wurde, wie er vor dem Kellergang war. Ich versuchte, ihn zu kitzeln.

»Lass gut sein«, sagte er ernst.

»Guck mal, was ich kann, Papa!«

Begeistert führte ich ihm vor, wie gut ich schon Spagat konnte. Ich machte ihn mitten in der Küche auf dem Holzboden, dass Mutter um mich herumgehen musste, wenn sie zum Küchenschrank wollte.

»Guck, Papa! Jetzt!«

Ich streckte die Beine, das rechte nach vorn, das linke nach hinten, wie ich es in Salto Mortale gesehen hatte. Er schaute kurz, viel zu kurz, dann guckte er wieder weg, und ich rügte ihn: »Du hast nicht richtig geguckt!«

Aber richtig gucken war für Vater ein Problem. Selbst wenn er länger guckte, guckten seine Augen nicht richtig mit. Sie wurden trüb wie eine Herbstpfütze unten am Main. Er sah traurig aus. Ich kletterte mit dem Bilderbuch auf seinen Schoß. Ich legte es auf die Zeitung, in der er blätterte, und schlug es auf. Es wurde nichts mit Vorlesen, und ich kroch wieder von seinem Schoß hinunter. Ich hörte Mutters Geräusche beim Kochen und Vaters Umblättern. Ich stellte mich wieder nah an den Herd und hörte dem Feuer zu, das in seinem Versteck hinter der Ofentür flackerte.

Als Kind nahm ich es hin, wie es war. Natürlich, Mutter und Vater waren alles, was ich kannte. Sie waren meine Eltern, und in der Kirche lernte ich früh, dass man Eltern lieben und achten muss. Und das wollte ich ja auch – meine Eltern lieben und achten. Viel mehr noch aber, dass auch sie mich liebten und es mir täglich zeigten. Aber sie waren oft ernst und weit weg von mir, selbst wenn sie neben mir standen. Waren Vater und ich alleine in der Küche, war es so ernst und still, dass ich den Kühlschrank summen hörte. Nach einiger Zeit – er musste ihn auch summen hören – gab Vater einen absteigenden Dreiklang von sich, »hm-hm-hm«, als würde er sich über etwas wundern. Ich machte meinerseits »la-la-la« mit einer Fantasiemelodie, als Versuch einer Antwort. Dabei guckte ich durch das Oberlicht, als Zeichen, dass mir sein Schweigen nichts ausmachte und er nicht gezwungen sein sollte, mit mir zu reden, wenn ihm partout nichts einfallen wollte.

Aus irgendeinem Grund brauchte Vater Ablenkung von mir. Er setzte sich an den Küchentisch und schnitt säuberlich gleichmäßig große Rechtecke aus der Zeitung. Er trug die Zeitungsstücke über den Hof hinter die Remise zu unserem Abort. Die Zeitung vom Vortag war unser Klopapier, bis wir anfingen, welches zu kaufen.

Mit meinen Eltern zu sprechen war schwierig. Krampfhaft suchte ich nach Gesprächsthemen, insbesondere mit meinem Vater. Das ging mir als Kind so, aber auch noch später, eigentlich immer. Manchmal, wenn ich besonders mutig war, fragte ich ihn nach dem Krieg: »Papa, erzähl vom Krieg!«

Und er sagte dann: »Das war schlimm ... Ach, Mädle, das ist vorbei ...«

Vom Krieg selbst erzählte er nie. Dass er eigentlich nicht für »die Sache« war, wusste ich. Aber nichts davon, was er da genau getan hatte in Frankreich. Ob er jemanden getötet hatte. Ob er Angst gehabt hatte. Nur ein paar Mal ließ er sich dazu hinreißen, doch etwas rauszulassen. Dann berichtete er von Ägypten, wo er fünf Jahre lang in einem britischen Kriegsgefangenenlager interniert war:

Mit siebzehn Jahren wurde Vater nach Frankreich zur Wehrmacht berufen. Nur wenige Jahre später befand er sich in Kriegsgefangenschaft. Dort wurde er zum Arbeitsdienst in einer Bäckerei eingeteilt, backte jeden Tag Brote und musste deshalb nicht hungern. Sein Freund Felix befand sich hinter einem Zaun in einem anderen Lager. Es galt striktes Kontaktverbot. Aber Vater wusste sich, zumindest was die Verpflegung seines Freundes betraf, zu helfen. Er riss ein Stück Zeltstoff ab, wickelte einen Laib Brot darin ein und warf ihn in weitem Bogen über den Zaun.

»Er war noch warm«, erzählte er. »Wenn ein britischer Soldat mich erwischt hätte, wäre ich in den Bunker eingesperrt worden.«

Der Bunker war eine Wellblechhütte, in der es noch heißer war als draußen sowieso schon. Manchmal stieg die Hitze bis zu siebzig Grad an, auch in den Zelten. Er hatte einmal beobachtet, wie ein Gefangener nach mehrstündigem Strafaufenthalt ohne Wasser aus der Wellblechhütte rausgelassen wurde. Der Mann taumelte und fiel in den Sand, als hätte er keine Knochen. Ich getraute mich nicht zu fragen, ob er selbst einmal in der Hütte war.

»Ein halber Becher Wasser musste für einen ganzen Tag reichen«, sagte er und deutete die Menge an.

Es war salzig, lauwarm und schmeckte nach Rost. Einmal wollte er gerade davon trinken, als ein britischer Soldat ihm vom Pferd aus einen Fußtritt verpasste, dass er umfiel.

Er schrie: »You fuckin' German!«

Mit einer schneidenden Geste quer über den Hals zeigte er Vater, was er am liebsten mit ihm gemacht hätte. Als Vater sich nach dem Becher bückte, sah er nur noch die dunkle Stelle, wo das Wasser in den Wüstensand gesickert war. Bis zum nächsten Tag gab es nichts mehr.

Mein Vater war immer gut im Sparen. Er nahm, egal, wie viel Durst er hatte, immer nur kleine Schlucke zu sich, dass Mutter zu ihm sagte: »Jetzt trink doch mal richtig!« Aber er änderte seine Trinkart niemals. Wenn alle Tassen und Gläser der anderen leer waren, hatte er immer noch etwas übrig.

Vater sparte aber nicht nur beim Trinken, sondern auch bei allem anderen. Klein und bescheiden bleiben, unauffällig, keine Ansprüche stellen, die Welt auf Abstand halten. Und so verreiste er auch nicht gern. Das ging ja auch nicht, wegen der Hasen und Hühner und wegen des Gartens.

»Zu Hause ist es am schönsten«, sagte er.

Kaum einmal fuhr er weiter fort als bis zum Weinberg oder in den Wald. So war auch meine Kindheitswelt klein, beschränkt auf unseren Hof und alles, was zu Fuß erreichbar war. So gerne wäre ich wenigstens einmal mit meinen Eltern ins Schwimmbad gegangen oder verreist. Während andere nach Italien ans Meer fuhren oder Ausflüge in den Zoo machten, verbrachte ich den Sommer zu Hause. Die

Außenwelt blieb so weit draußen, dass selbst Nachbar Hugo, über den man sagte, dass er spinnt, zu einem Abenteuer wurde. Ganz zu schweigen davon, wenn Hugo Besuch von seinen Brüdern aus Frankfurt bekam. Frankfurt – das roch nach großer weiter Welt, es war für mich geradezu exotisch.

# Die Fremden

Ich hatte die Rollschuhe an die Halbschuhe geschnallt und fuhr im Hof Kreise. Hugo stieß das Hoftor auf, hievte volle Einkaufstüten und sich hindurch, ließ es offen stehen.

»Daaag«, sagte er.

»Daaag« konnte alles Mögliche bedeuten. Es hieß »Jetzt bin ich zu Hause« oder, wenn Hugos Stimme fragend klang, »Wie geht's?« oder manchmal ganz einfach »Guten Tag«. Was sollte ich darauf antworten? Mit »Grüß Gott« auf »Daaag« zu antworten schien mir unpassend.

Ich hastete in den Hausflur, in die Nähe meiner Mutter. Durch die gelbe Glasscheibe unserer Haustür hindurch sah Hugo verzerrt und grenzenlos aus. Ich verhielt mich still und ließ ihn vorbeigehen, bis ich die Tür im Nachbarhaus ins Schloss fallen hörte. Unser Hof gehörte auch Hugo. Nur unser und sein Hofteil zusammen waren groß genug, dass ich Kreise fahren konnte. Wenn er da war, wusste ich nie, ob ich das durfte. Die zwei Häuser klebten aneinander wie Zwillinge und waren zweifarbig gestrichen. Wir aßen gerade zu Mittag, als es klingelte.

»Mach mal auf«, sagte Mutter.

Ich rollte zur Tür. Vor mir stand Hugo mit einem Backblech voll mit rohem Fleisch. Er guckte in die Tiefe des Flurs, bis in die Küche hinein.

»Mama, der Hugo!«, rief ich.

Meine Mutter nahm das Blech so selbstverständlich, als hätten sie sich für die Übergabe verabredet.

»Soll ich es dir braten?«, fragte sie und sagte, ohne eine Antwort abzuwarten: »Du musst es salzen und pfeffern, sonst schmeckt es nach nichts.«

Hugo nickte und ging.

Mutter würzte das Fleisch, schob das Blech in den Ofen, und als die Küche nach Bratfleisch roch, zog sie es aus der

Röhre und brachte es Hugo dampfend an seine Haustür, wo er schon darauf wartete.

»Der frisst das ganze Blech«, sagte Mutter, als sie zurückkam, und ich stellte mir vor, wie Hugo außer dem vielen Fleisch auch das Backblech in Stücke schnitt und aß. Ich sah die Blechteile in seinem Magen liegen, umgeben von lauter kleinen Fleischstückchen. Ich sah, wie sich das Backblech in seinem Bauch weigerte, verdaut zu werden. Und wie Hugo Bauchschmerzen bekam, umfiel und auf der Stelle tot war. Dann hätte ich den ganzen Hof für mich, und Tante Elfriede würde weinen.

Hugos Mutter hieß Tante Elfriede. Er hatte zwei Brüder, Herbert und Werner. Wenn Werner mit seiner Familie kam, war auch meine Familie immer ein wenig aufgeregt. Besuch aus Frankfurt, dem fernen Landstrich, in dem es viele zusammengeklebte Häuser in vielen Farben gab und vor allem viele Autos. Dort floss zwar derselbe Main wie bei uns, aber das war auch das Einzige, das gleich war. Es hieß, dort gäbe es Wolkenkratzer, Häuser, die so hoch waren, dass sie die Wolken berührten.

Weil Tante Elfriede schon alt war, backte meine Mutter einen Marmorkuchen und trug ihn zu ihr rüber. Tante Elfriede bedankte sich überschwänglich, lachte über den Kuchen, wie sie über vieles lachte, über das es gar nichts zu lachen gab, bis meine Mutter sagte: »Es ist gut jetzt, Elfriede.«

Die Kinder von Werner sprachen hochdeutsch. Das hörte ich, als wir nach dem Kaffeetrinken alle zusammen im Hof standen und niemand entscheiden wollte, wann das Rumstehen zu Ende war. Eine von den Töchtern, Melanie, war dick wie der Vater, die andere, Clarissa, dünn und lang wie ihre Locken-Mutter. Die Dicke sprach viele Sätze auf Hochdeutsch und schaute mich erwartungsvoll an. Ich verstand, was sie sagte, aber ihre Worte waren spitz und kurz, und manche Sätze klangen, als würde sie ein Lied mit zu vielen Tönen singen. (Das erinnerte mich an Mutter, als sie schürzenlos mit Angelikas Mutter in unserem Hof redete.) Dabei zog sie nach jedem Satz die Mundwinkel nachlässig nach unten, und das sah auch ein wenig eingebildet aus. Ich glaubte, Hugo fand das auch, denn er guckte grundsätzlich auf den Boden, wenn sie redete. Clarissa lachte ein fremdes Lachen, nicht so, wie man bei uns lachte, sondern laut und irgendwie auch hochdeutsch. Ich war ein wenig neidisch auf die beiden. Ich hätte gern die Stelle gesehen, wo das Haus an den Wolken kratzte. Sie schauten neugierig in unserem Hof umher, und dann schämte ich mich, weil das hölzerne Scheunentor alt war und die Pflastersteine mit Moos überwuchert und unser Klo außerhalb des Hauses lag. Melanie fragte mich, ob unser Auto in der Scheune parkte. Ich sagte, dass wir ein Moped haben. Mit einem Anhänger. Ich mochte unseren Anhänger und wollte ihn ihr zeigen.

»Kein Auto?«, fragte sie erstaunt. Ich schüttelte den Kopf. Sie sagte ihrem Vater, dass wir kein Auto besäßen. Es stimmte. Wir hatten kein Auto, mit dem wir nach Frankfurt hätten fahren können.

»Fahren wir mal nach Frankfurt?«, fragte ich Vater. Und der antwortete: »Was willst du denn in Frankfurt, Kind?«

Er lachte herzhaft. Als hätte ich etwas völlig Absurdes gefragt, zum Beispiel ob wir zum Mars fliegen könnten. So rückten die Wolkenkratzer wieder weit in die Ferne.


Das Herumstehen sollte noch lange nicht beendet sein, denn meine Mutter wies mich an, mit den beiden Mädchen im Hof zu spielen. Aber was sollte ich mit denen überhaupt machen?

»Ich habe auch solche Rollschuhe, aber ganz neue, mit Plastikschnallen«, sagte Melanie und deutete auf meine Füße.

Da drehte ich wütend eine Rollschuhrunde – meine waren auch einmal neu gewesen, das war eben nur schon länger her –, umkreiste Tante Elfriede, Hugo, die ganze Frankfurter Wolkenkratzer-Bagage und meine Eltern.

»Hörst du auf«, schimpfte meine Mutter. »Es wird jetzt sofort aufgehört!«

Die Mädchen guckten triumphierend.

Ich nahm Mutters Hand als Haltegriff und suchte Gleichgewicht neben ihr.

»Es schämt sich«, sagte Mutter über mich hinweg, und die Erwachsenen lächelten.

Werner fragte dann tatsächlich, ob ich mit ihnen nach Frankfurt wolle, mit dem Auto. Ich sagte schnell: »Nein«, und guckte Vater und Mutter an. Da lachten alle. Nur Hugo nicht. Wir winkten ihrem großen Auto hinterher, mit dem sie zurück zu den Wolkenhäusern fuhren, und ich wünschte, sie würden nie wiederkommen. Denn ich hatte auf einmal dieses komische Ziehen in meinem Bauch. Es war Fernweh nach dem Draußen, wo andere Dinge passierten als bei uns. Und es war das Verlangen nach der Welt, in die mich Werner, das war mir gleich ganz klar gewesen, gar nicht ernsthaft hatte mitnehmen wollen. Schamvoll bemerkte ich, dass alles, was wir hatten, plötzlich nicht mehr in Ordnung war wie früher: Die Scheune war alt, der Hof war alt, das Moped, sogar meine Eltern waren alt. Ich fühlte mich wie gefangen. Ich musste zufrieden sein. Ich musste andere hinausziehen lassen, wie die Frankfurter Bagage, und konnte nur am Tor hinterherwinken. Es würde nicht leicht werden, meine Eltern zu überreden, mit mir irgendwohin zu fahren. Es gab ja auch immer so viel zu arbeiten.

Beim Zubettgehen schaute ich sehnsüchtig am Fenster hinüber zur Steinwand auf der anderen Mainseite und sagte: »Da dahinter ist doch der Anfang der Welt, oder?«

Mutter sagte: »Nein, dahinter ist der Spessart.«

»Waren wir da schon einmal?«

»Das weiß ich jetzt nicht«, sagte Mutter.

»Da waren wir bestimmt noch nie«, beharrte ich.

»Kind, jetzt sei zufrieden«, beschwichtigte mich Mutter, deckte mich zu und gab mir einen Gutenachtkuss.

Nun war ich mir ganz sicher, dass wir noch nie dort gewesen waren. Je mehr sie wollte, dass ich mich beruhigte, umso mehr zappelte ich unter der Decke.

»Fahren wir dann einmal in den Zoo nach Frankfurt?«, beharrte ich weiter.

»Nein«, sagte Mutter, »das ist zu weit.« Der Spessart und Frankfurt gingen mir nicht mehr aus dem Kopf.

Das Ziehen im Bauch wurde stärker. Die Neugier auf das Unbekannte konnte ich nicht mit meinen Eltern teilen. Sie war sogar verboten. Ich konnte lange nicht einschlafen.

Bald darauf kam wieder Besuch aus Frankfurt, der mich zu einer Grenzüberschreitung veranlasste, die noch gefährlicher war als der Siebdiebstahl. Diesmal vom anderen Bruder von Hugo. Herbert, der Mittlere. Man erkannte ihn am Zigarettengeruch im Hof. Wenn Mutter den roch, sagte sie: »Der Frankfurter ist da.« Manchmal trug Herbert eine Art Cowboyhut mit einer breiten Krempe, einen, den niemals irgendjemand bei uns tragen würde.

Herbert sagte mir, er wohne in einem dieser Wolkenkratzer. Zum Beweis überreichte er mir Wolkenluft in einem Gurkeneinmachglas vor der Haustüre. Ich durfte das Glas nicht öffnen, weil sonst die Wolkenluft entweichen konnte. Die eingesperrte Wolke tat mir leid. Herbert war hier, um für Hugo eine Garage zu bauen. Dabei hatte Hugo nicht mal ein Auto und auch keinen Führerschein. Er schippte Sand in die Betonmaschine und ließ sie stundenlang laufen. Hugo guckte dabei nur durch das Fenster im ersten Stock auf uns herunter oder setzte sich auf seine rote Holzbank vor dem Haus und sah von dort aus zu. Tagelang roch es noch nach Beton und Zigaretten.

Dann passierte es. Herbert sagte: »Hol mir mal 'ne Schachtel HB.«

Er drückte mir ein Zweimarkstück in die Hand und schickte mich hinaus. Der Zigarettenautomat stand zehn Meter links von unserem Haus, gleich neben unserer Scheune, an den Friseursalon Sobczak angrenzend. Ich blickte auf das glänzende Geldstück. Das Zigarettenholen sollte mein erster heimlicher Ausflug werden. Ich riss das Hoftor auf, rannte los, an den Weinrebenranken unserer Scheune vorbei. Wenn ich schnell war, würde niemand merken, dass ich weg gewesen war. Der Automat zeigte mir hinter seiner Glaswand die Zigarettenauswahl, ich erkannte HB, stopfte das Zweimarkstück in den Schlitz und zog am Hebel. Er war aufgewärmt von der Sonne, meine Hände schwitzig. Mir wurde siedend heiß, als nichts passierte, und ich zog noch einmal mit voller Wucht. Da holperte die Schachtel HB in den Entnahmeschacht. Es war fast ein wenig wie in Frankfurt sein. Ich raste mit der Beute zu Herbert in unseren Hof, bang hoffend, dass Mutter nicht gerade aus der Haustür kam, um mich zu ertappen, selig, dass ich meine Mission erfolgreich erfüllt hatte. Herbert schenkte mir zur Belohnung fünfzig Pfennig. Auch das musste ich geheim halten, denn Mutter hätte gefragt, woher ich die fünfzig Pfennige hatte, und dann hätte ich alles zugeben müssen, auch, dass ich sie nicht gefragt hatte, ob ich das Geld nehmen darf. Alles, was vom täglichen Tagesablauf abwich, bedurfte einer besonderen Erlaubnis. Als Herbert die Garage endlich fertig gebaut hatte und abgereist war, befreite ich die Wolkenluft aus dem Einmachglas. Irgendetwas sagte mir, dass es ganz normale Frankfurter Luft war. Wahrscheinlich war sie nicht mal aus Frankfurt, sondern aus unserem eigenen Hof. Ich hatte versäumt, Herbert diesbezüglich zur Rede zu stellen. Ich hatte es deswegen versäumt, weil man Erwachsenen nicht widersprach. Immer wieder klemmte ich in diesem Zwiespalt. Auch deshalb waren die Großen äußerst machtvolle Leute.

Irgendwann sagte Mutter: »Tante Elfriede ist tot.«

Tote hatten ihre Macht verloren. Es gab sie ständig bei uns, und niemand weinte. Ich auch nicht. Warum auch? Tränen hob man sich für die wirklich schlimmen Dinge auf. Nur an das Wegsein musste ich mich bei Tante Elfriede noch gewöhnen. Nach der Beerdigung sank Hugos Kopf auf der roten Holzbank auf seine Knie, dass ich seinen blassen Nacken sehen konnte. Dann hob er seinen Blick und starrte auf einen Schmetterling, der vor ihm über den Betonboden kroch. Hugo stand auf, ging ins Haus, die Treppe hoch, und als er wiederkam, träufelte er Tinte auf die Flügel des Schmetterlings. Sie färbten sich von gelb nach blau. Der Falter kroch weiter und hinterließ auf dem Beton einen beachtlichen Tintenfleck. Ich fragte mich, ob der Schmetterling so noch fortfliegen konnte.

Meine Mutter rief: »Rein! Wir essen.«

Blitzschnell waren wir vom Friedhofsgang in Schwarz zum Alltag übergegangen. Und zu etwas von größter Wichtigkeit: Essen. Oder in meinem Fall: genügend essen.

# Das Reh

Am Morgen stellte Mutter Kaba in der durchsichtigen Rehleintasse auf den Küchentisch. Die Aufgabe war: so viel trinken, bis das Rehlein mit dem Kopf aus dem Kakao guckt. Wenn ich nicht bald trank, war das Rehlein hin, denn die spitzen Ohren steckten mindestens drei Zentimeter tief unter dem Milchrand.

Ich kriegte nichts runter. Wenn ich es versuchte, musste ich würgen. Mein Bauch wollte keinen Kakao. Auch kein Geleebrot.

»Beiß mal vom Brot ab«, sagte Mutter. Und dann: »Du isst jetzt das Brot!«

Rehlein und Brot. Es gab keine andere Option. Auch in meinem Kinderhirn nicht. Eingepfercht in die Küchenkatakombe, konnten weder meine Mutter noch ich weiter denken als Rehlein und Brot. Ich guckte nach oben. Meine Augen bohrten sich durch das Oberlicht hindurch bis in den Himmel. Da oben musste niemand Kaba trinken. Ich dachte an den lieben Gott, der, so sagte es Mutter, alles sieht, auch, wenn ich nichts aß und nichts trank. Wieso machte er dann nichts? Er sollte mir einen Riesenappetit schenken, und zwar jetzt sofort.

Es klingelte. Meine Klassenkameradin Sybille holte mich für die Schule ab, betrat feste atmend die Küche, als sie mich elend auf der Küchenbank hocken sah.

»Ich hab schon drei Stück Streusel gegessen und zwei Tassen Kaba getrunken«, frohlockte sie.

»Siehst du«, sagte Mutter und schaute Sybille freundlich und mich streng an. »Trink!«

Ich kroch von der Küchenbank.

»Du bleibst sitzen«, sagte Mutter. »Vorher wird nicht gegangen.«

Sybille beobachtete mich mit großen blauen Augen und

warf einen schnellen Blick auf die Küchenuhr. Ihr Gesicht war gerötet vom Rennen, sie bewegte sich nicht vom Fleck. Ich rannte zu Mutter und umarmte ihren Bauch, der warm und weich war. Ganz anders als ihre Stimme. Ich drehte den Kopf von Sybille weg und schmierte stille Tränen in Mutters Schürze. Ich musste sie davon überzeugen, dass Kaba keine Lösung war. Es sollte nicht um Kaba gehen oder um Geleebrot. Auch nicht um die Schule, vor der ich mich fürchtete. Auch nicht um mein nächtliches vermehrtes Pipi-machen, über das ich eine Strichliste führen und diese unserem Hausarzt, Doktor Mahling, vorlegen musste. (Anhand der Anzahl der Striche wollte er herausfinden, was mit mir los war.)

Ich krallte mich in Mutters Schürzenstoff und presste mich hinein, dass ich fast keine Luft mehr bekam. Nur so war ich ihr ganz nah und sie mir.

»Hast du mich lieb?«

Ich hob den Kopf, suchte ihre Augen und sah, dass nun sie durch das Oberlicht in den Himmel guckte.

Sie sagte: »Ja.« Das beruhigte mich zuerst. Trotzdem stimmte etwas nicht, und das beunruhigte mich gleich wieder.

»Ja, Mama?«

Ich nahm Mutters Arme und schlang sie um mich, aber sie wollten immer wieder davonflutschen wie zwei glatte Fische.

Sybille trippelte nun gut gelaunt neben uns auf der Stelle und guckte auf die tickende Uhr.

»Gestern hab ich drei Toastbrot zum Frühstück gehabt«, sagte sie.

»Siehst du, wie die Sybille schön isst«, sagte Mutter.

Sie langte ins Weihwasserkesselchen und zeichnete mir das Kreuzzeichen auf die Stirn. Ihr Daumen fühlte sich rau und kratzig an. Ich wusste nicht, ob sie ärgerlich oder besorgt war, denn manchmal sah das gleich aus. Auf jeden Fall aber hätte ich sie am liebsten ebenso gesegnet mit meinen Umarmungen. Die konnte sie gut gebrauchen. Manchmal forderte sie sie geradezu ein, wenn sie mich unvermittelt an sich zog, mich fest an sich drückte, dass ich dachte, sie braucht dringend ein Geländer. Oder Trost von jemand Erwachsenem, der nicht da war, wie zum Beispiel ihre eigene Mutter. Manchmal konnte ich dann aushelfen, und heute hätte ich es gerne getan. Aber heute war nicht manchmal.

»Meine Mama Mamutschka«, sagte ich. Das ließ sie zumindest lächeln und Sybille auf den Boden gucken. Als ich den Ranzen schulterte und Sybille hinterhereilte, lag das Geleebrot immer noch auf dem Küchentisch, und das Bambi war bereits mausetot. Ich wusste, morgen früh würde es wieder auferstehen wie der liebe Herr Jesus, und ich würde es wieder retten müssen vor dem Ertrinken. Und so würde es immer weitergehen.

Essen und Trinken waren Mutter wichtig. Beides waren Zeichen dafür, dass mit dem Kind alles in Ordnung war. Dass ich ein fröhliches Kind wurde, dafür musste ich selbst sorgen. Mutter hatte mit Frohsinn wenig Erfahrung.

Manchmal sagte sie mitten während des Bügelns: »Mir ist so schwer«, und atmete dabei hörbar aus.

Deshalb versuchte ich, alles zu tun, damit es nicht noch schlimmer wurde, und verfeinerte meine Strategien. Deshalb beschloss ich auch, wenn ich sein würde wie sie, genau wie sie, dann wäre ihr nicht schwer zumute.

Es war ein heller, aber kalter Sonntag. Nach dem Gottesdienst gingen wir über den Kiesweg zum Grab von Oma und Opa. Ausgerechnet die Dame mit der nach oben stehenden bläulichen Dauerwelle, die mir die Sicht auf den Altar versperrt hatte, blieb bei uns stehen. Sie beugte sich zu mir herunter und sagte: »Was ist denn deine Lieblingsfarbe?«

Ich schaute Mutter an, aber die redete mit jemand

anderem. Da entschloss ich mich, unabhängig von ihr die Wahrheit zu sagen: »Rot.«

»Was, Rot ist deine Lieblingsfarbe? Meine auch!«

Die Hochfrisurdame staunte, und ich grinste. Wir waren uns einig, dass Rot die ziemlich beste Farbe war, die es gab.

Da sagte Mutter plötzlich: »Sag doch lieber Blau. Blau ist nicht so auffällig.« Blau waren der Himmel und die Kornblumen. Und die Dauerwelle der Dame. Wenn es Mutter mit Blau besser ging, sollte Blau für mich auch in Ordnung gehen. Für Mutter und mich war es gut, wenn wir uns mit all meinen Antworten absprachen. Das war bei spontanen Geschenken auch so, zum Beispiel, wenn mir jemand ein Bonbon anbot. Ich guckte zuerst Mutter an, um herauszufinden, ob sie wollte, dass ich es wollte. Bald schon wusste ich bevor Mutter den Mund aufmachte, wie ihre Meinung über etwas war. Fand sie etwas nicht gut, war ihr Gesicht wie abgesperrt, und ihre Augen schauten mehr rückwärts in ihren eigenen Kopf als hinaus in die Welt. Auch wenn wir sonst nicht viel miteinander redeten, sprachen wir uns zu Hause immer ab: Ich geh in den Keller. Ich geh zu den Hasen. Ich geh in die Waschküche. Ich geh aufs Klo. So waren wir immer informiert, niemand machte etwas auf eigene Faust oder gar heimlich. Das war unsere Art, wie wir füreinander nachvollziehbar blieben. Wenn du weißt, wo der andere ist, ist das fast so ähnlich wie Geborgenheit. Und fast so ähnlich wie Frohsinn.

# Blutwurst

Im Dezember hatten die Großen etwas vor, bei dem ich wieder einmal nichts zu sagen hatte. Es war, als hinge ein böser Zauber über unserem Hof, und die Ereignisse überrollten mich. Alles fing damit an, dass Milchkarl unseren Hof mit einem Ding in der Hand überquerte und Richtung Schweinestall ging. Milchkarl hatte ein Lebensmittelgeschäft. Heute aber war er zum Totmachen hier. Obwohl das Schweineschlachten in unserer Gegend üblich war, hatte es eine besondere Wirkung auf mich. Niemand sagte zu mir: »Nächste Woche machen wir die Sau tot.« Oder: »Morgen kommt der Milchkarl, wir schlachten die ›Butz‹ und machen gute Blutwurst.« Es passierte plötzlich und ohne Vorwarnung. Sie trugen dabei Gummistiefel und ernste Gesichter.

Ich rannte in die Stube, schloss die Tür und stellte mich hinter die Gardine. Das Ding in Milchkarls Hand sei ein Bolzenschussapparat, sagte mein Bruder. Er wäre auch gern mit mir hinter dem Vorhang geblieben, aber er musste hinaus, sonst hätte es Streit mit den Eltern gegeben.

Es passierte anders, als Milchkarl und mein Vater geplant hatten. Eins unserer beiden Schweine, das, das sterben sollte, büxte aus. Es flitzte in den Hof, grunzte wie verrückt. Es rutschte auf den Pflastersteinen aus, quiekte, verlor das Gleichgewicht in den Kurven. Es war noch selten außerhalb des kleinen Saustalls gewesen, nur zum Ausmisten. Aber nun raste es an seinem letzten Tag unter Milchkarls und meinen Augen unter dem Stubenfenster vorbei bis zum Hoftor, das Vater im letzten Moment schloss, drehte um und wusste nicht, wohin vor lauter Freiheit. Und nicht, wohin vor lauter Fluchtfreude und Panik. Milchkarl und Vater jagten es mit Säcken, Peitsche und Mistgabel zurück unter das Scheunendach, bis sie es vor der Remise zu fassen kriegten. Das Schwein schrie, wurde heiser, dann ein dumpfes Geräusch, und es verstummte. Sie schleiften es unter das Scheunentor. Obwohl ich nicht hinschauen wollte, musste ich. Ich musste und musste und wollte nicht und musste doch. Ich klebte hinter der Scheibe und wollte nichts von dem Gräuel verpassen. Ich sah, wie Blut in einem Rinnsal über die Pflastersteine floss, unter dem Fenster vorbei. Sie zogen das Schwein an einem Flaschenzug in die Höhe, dass es kopfüber nach unten hing und hin und her baumelte. Aus dem Schwein floss Blut in einen Eimer hinein. Mein Bruder bekam einen Rührlöffel in die Hand gedrückt und musste das Blut umrühren. Für die Blutwurst. Bald darauf hing das Schwein in zwei dampfenden Hälften im Hof, auf jeder Seite zwei Beine und ein Ohr.

Ich wurde rausgerufen. Vater wollte ein Foto machen. Ich zog meinen Winteranorak und die Stiefel an, und Milchkarl schob mich mit seinen blutigen Schlachterhänden zwischen die beiden Schweinehälften. Ich traute mich nicht, dem Mann zu widersprechen, obwohl mir die Knie schlotterten. Mein Bruder und ich lächelten den Fotoapparat an, und Vater drückte ab. Ich spürte dabei die Wärme, die das Schwein ausdünstete, der Geruch von Blut und Innereien stieg in meine Nase. So stand ich da, inmitten des großen Gemetzels, und fühlte mich mutterseelenallein. Im Gegensatz zu den Erwachsenen war ich das Grobe nicht gewohnt. Als wäre ich ein Kuckuckskind, das eigentlich in ein anderes Nest gehört. Nur, in welches? Die Erwachsenen aber waren in ihrem Element. Schließlich konnte man sich ja auch nicht darauf verlassen, dass die Zeiten für immer gut blieben. Deshalb sorgte man lieber vor, wurstete, machte ein. Sie verließen sich auf sich selbst, denn wer sich auf jemand anderen verließ, war verlassen.

# Nachbar Hugo

So wenig vorhersehbar es für mich war, wann die Erwachsenen das nächste Blutbad in unserem Hof veranstalteten, so vorhersehbar war anderes. Die Frühmesse: jeden Sonntag um 7.00 Uhr. Beim Abendessen: die kargen Gespräche. Und Nachbar Hugo. Bislang war er für mich berechenbar mit seinem »Daag« und seinem dicken Bauch. Ich kannte ihn so, wie man einen Nachbarn eben kennt. Ich wusste nicht, dass es Steigerungen im Sich-Kennen geben konnte. Woher auch. Niemand von uns lehnte je den Kopf an die Schulter des anderen, um sich auszuruhen oder um etwas von sich zu erzählen. Irgendwie waren wir einfach alle da, mehr Zusammenhalt gab es nicht. An einem frühlingshaften Sonntagmorgen aber wurde Hugo für mich unheimlich. Und so lernte ich ihn doch noch besser kennen und bekam damit die Gelegenheit, meine Grenzen auszuweiten.

Ich trug meine schwarzen Lackschuhe und den neuen Popelinemantel aus der Mantelfabrik gegenüber vom Sportheim. Ich hüpfte aus der Tür, die Steintreppe hinunter und sah auf den Pflastersteinen rote Blutstropfen. Sie waren bereits angetrocknet und so groß wie Einmarkstücke. Die Spur führte in das Haus von Hugo. In die andere Richtung führten die Tropfen durch das Hoftor hinaus auf die Straße. Ich folgte der Blutspur, und als meine Eltern sie ebenso entdeckten, rief meine Mutter mich zurück, wie man einen ungezogenen Hund zurückpfeift: »Du kommst her.«

Und mein Vater: »Du bleibst hier.«

Er hörte sich zornig an, und ich dachte gleich an die Rute hinter der Eckbank. Sie blieben vor dem Hoftor stehen, flüsterten miteinander, und Vater machte plötzlich kehrt. Ich sollte allein mit meiner Mutter in die Kirche gehen. Er wollte nach dem Rechten sehen. Also nach Hugo. Das war noch nie passiert, noch nie.

Mutter und ich achteten darauf, dass wir nicht in die Blutstropfen traten, die an den Weinstöcken den Gehsteig entlang und die Treppe hoch in das Gasthaus Rose am Straßeneck führten. Dort gab es einen größeren Fleck, der roter war als all die kleinen. Ich schaute schnell hin und versuchte, so viel wie möglich zu sehen. An manchen Stellen war der Fleck noch nass. Aber meine Mutter zog mich mit festem Griff weiter. Mein Herz polterte. Frankfurt. Spessart. Zigarettenautomat. Fünfzig Pfennig. Hugo. Tante Elfriede. Tod. Das alles rasselte mir durch den Kopf.

»Was ist los? Was ist mit Hugo?«, fragte ich meine Mutter.

Sie klang streng, als sie sagte, dass sich Hugo wahrscheinlich besoffen und sich dann geprügelt hatte.

Hugo war bei allen Kirchgängern das Tagesgespräch. Es hieß, er habe sowieso einen »Dubbe«. Ich fragte Mutter, was das heißt. Sie sagte, er sei nicht ganz richtig im Kopf, und, dass er dumm sei. Das kam davon, weil ihn seine Mutter immer auf den Kopf geschlagen habe, als er klein war.

»Tante Elfriede?«, fragte ich verzweifelt.

»Ja«, sagte meine Mutter. »Manchmal mit dem Kartoffelstampfer.« Und dann waren wir schon in der Kirche, knieten nieder und machten das Kreuzzeichen. Ich stupste meine Mutter an und wollte mehr wissen, aber sie sagte: »Sei schön still.«

Ich sah die tote Tante Elfriede, wie sie Hugo auf den Kopf schlug, mit dem Kartoffelstampfer. Ich sah, wie Hugo sich wegduckte, wie mein Bruder unter der Küchentür, als die Rute zum Einsatz kam. Ich blätterte in meinem Kindergebetbuch hin und her, überblätterte Jesus' Heiligenschein und hörte, dass der Pfarrer von Schafen sprach, die vom Weg abgekommen waren. Was hatte Hugo wohl getan, dass Tante Elfriede ihn geschlagen hatte? Mutter konnte ich das bestimmt nicht fragen. So steckte ich meine heimlichen Fragen zu den fünfzig Pfennigen von Herbert und zu anderen Geheimnissen in meinem Kopf und wurde zur Geheimniskrämerin. Der Pfarrer gab uns den Segen und sagte, dass wir alle in Frieden hingehen sollten.

Wir hetzten nach Hause und hörten von den Nachbarn, dass sogar parkende Autos mit Blut von Hugo verschmiert seien. Ich wollte nachgucken, welche Autos, aber meine Mutter schob mich in den Hof und schloss das Tor vor meiner Nase: »Du bleibst schön im Hof, Fräulein!«

Ich lauschte, als sie mit den Leuten auf der Straße redete. Jetzt endlich war es aufregend bei uns. Sie redeten darüber, dass Tante Elfriede mit allen ihren Kindern nicht fertiggeworden war, und das sei halt jetzt das Ergebnis.

In unserer Küche lag Verbandszeug auf dem Tisch. Vater war nirgends zu sehen. Ich hopste im Hof über die Blutstropfen und fand ihn in der Scheune, wo er Holz für den Ofen in einen Weidenkorb schichtete.

»Wo ist Hugo?«, fragte ich.

Keine Antwort. Wir marschierten gemeinsam zurück ins Haus, wo er schweigsam den Ofen mit Holz füllte. Beim Mittagessen war es mollig warm und erst jetzt fiel mir auf, dass ich den ganzen Vormittag in meinem neuen Frühjahrsmantel gefroren hatte, obwohl die Sonne schien.

Vater erzählte Mutter über meinen Kopf hinweg, was geschehen war: »Jemand hat ihn gehänselt, da ist er wild geworden, aber der andere war stärker. Jetzt liegt Hugo im Krankenhaus.«

»Wenn er so weitermacht«, sagte meine Mutter, »kommt er wieder nach Lohr.«

In Lohr war das Irrenhaus. Wenn die Leute in meiner Umgebung komisch wurden, immerzu mit sich selbst sprachen, kamen sie dorthin. Wenn sie dachten, sie würden am helllichten Tag verfolgt, wenn sie Passanten vom Fenster aus beschimpften, wie die runzlige, gelbzahnige Rügamers Anna bei uns schräg gegenüber, um deren Haus ich stets einen großen Bogen machte, kamen sie dahin. Die Rügamers Anna kam allerdings nicht hin, bei ihr lohnte es sich nicht mehr. Manche kamen lange nicht zurück und manche nie. Nach Lohr zu kommen war das Letzte, das man für jemanden tun konnte. Ich wollte lieber nicht hin, obwohl es fast so weit weg war wie Frankfurt.

»Ist Hugo verrückt?«, fragte ich. (Und bereute, dass ich ihm Backbleche in den Magen hineingedacht hatte.)

»Red keinen Käs«, sagte meine Mutter.

Ich zerdrückte eine Kartoffel, als ich mich noch einmal in das Gespräch meiner Eltern einmischte: »Wo ist der Vater von Hugo?«

»Im Krieg geblieben«, sagte Mutter knapp.

Warum aber einer im Krieg bleiben wollte, das verstand ich nicht. Es war genauso seltsam wie das mit dem »im Krieg fallen«. Eine Zeit lang stellte ich mir vor, dass die Männer stolperten und hinfielen und ihre Uniformen verschmutzt oder gar zerrissen waren und die Knie zerschunden. Aber inzwischen war ich klüger. Vom Fallen konnte man sterben. Alle waren tot, die im Krieg gefallen waren. Und die, die im Krieg blieben, auch. So wie der Vater von Hugo.

»Mama?«

»Ja.«

»Ich will Hugo im Krankenhaus besuchen«, sagte ich am nächsten Vormittag.

Meine Mutter hielt mir einen Löffel Multi Sanostol hin, den ich schluckte, und wies auf das Brot vor mir. Das Gelee war so rot wie Hugos Blut.

»Das wird auch noch gegessen.«

»Gehen wir zu Hugo ins Krankenhaus?«

Ich schob das Brot in mich hinein, wobei ich die Kruste zuerst aß, damit der weiche Innenteil zu einer Belohnung wurde.

Sie zögerte, öffnete die Tür zur Waschküche und fing an, meine Lackschuhe zu putzen.

»Bitte, bitte«, flehte ich.

Und dann eine große Überraschung. Sie sagte grimmig: »Mal sehen.«

Mutters Schuhe hallten durch den Krankenhausgang. Er war lang, und ich lief schnell, um mit ihr Schritt halten zu können. Ich durfte die Lackschuhe tragen. Ich war noch nie in einem Krankenhaus gewesen. Es war wie ein Palast aus Gängen, und es roch nach Putzmittel. Menschen in Betten wurden hin und her geschoben. Man konnte den Kranken direkt ins Gesicht sehen. Man sah die Ärzte und Schwestern, wie sie noch schneller gingen als Mutter und ich. Ich war nicht nur in den Spessart und in Frankfurt verliebt, sondern auch in unser Krankenhaus. Und ich musste mich davon überzeugen, dass es Hugo gut ging. Dass er nicht verrückt war, dass er nicht blutüberströmt dalag, dass es in Ordnung war, jetzt mehr als früher über ihn zu wissen. Vor der letzten Tür blieb Mutter stehen, klopfte erst leise, dann energisch und trat ein.

Da lag er. Er trug ein dünnes Hemdchen mit winzigen hellgrünen Karos, und sein Kopf war verbunden. Ebenso seine linke Hand. Er richtete sich mühsam auf und sagte: »Daag.«

Mutter reichte ihm die Hand, was ungewöhnlich war, und dann machte ich es ihr nach. Seine Hand war weich und hatte keinen Druck. Wenn ich ein Vögelchen hineingelegt hätte, er hätte es nicht zerdrückt.

»Wie geht dir's denn?«, fragte Mutter und stellte ihm eine Flasche Hohes C auf seinen Nachttisch.

Er blickte auf den Boden und weder mich noch meine Mutter an.

»Das wird wieder«, sagte sie.

»Maria«, sagte Hugo und nickte mir zu, und meine Mutter nickte auch.

Es war das erste Mal, dass er meinen Namen aussprach. Es klang fremd, und ich griff nach Mutters Fingern und blieb stumm.

»Es schämt sich«, sagte sie.

Hugo sank in sein Kissen zurück und guckte zur Decke. Meine Mutter rückte den Besucherstuhl an sein Bett und setzte sich. Ich guckte aus dem Fenster. Die beiden redeten miteinander. Mein Herz klopfte, als mir klar wurde, dass meine Mutter Hugo gern mochte. Am Ende des Gesprächs zog sie mich auf ihren Schoß. Es kostete zwar Mut, auf außergewöhnliche Ereignisse zu reagieren, aber man wurde belohnt: Nun kannte ich Hugo und auch Mutter ein klein wenig besser und war ihr näher als sonst. Auch wenn die Nähe nur flüchtig war, war sie süß. So süß, dass ich mehr davon wollte. Zum Glück war ich erfinderisch.

# Das Mandelbäumchen

Ich hatte Freddy Brecks »Rote Rosen, rote Rosen, sind die ewigen Boten der Liebe« gesungen, als Vater auf dem Moped mit ratterndem Motor, vor dem Hof bremsend und mit den Füßen abwechselnd auf dem Boden tastend, ankam und rief: »Mädle, mach's Tor auf.« Im Anhänger hatte er ein Bäumchen mitgebracht, die Wurzeln waren in einem Sack verpackt.

Das Mandelbäumchen blühte lange nicht, und ich war für den Vater enttäuscht. Meine Mutter sagte, sie habe es gleich gewusst, dort, im Vorgärtchen könne nichts wachsen, es sei zu schattig. Ein weiteres Jahr wolle sie sich das Elend nicht mehr ansehen. Der Vater hatte darauf nichts erwidert und war in die Scheune gegangen.

Gegen jede Erwartung waren die Knospen unseres Mandelbäumchens dann aber doch aufgeplatzt. Das Bäumchen blühte rosa und weiß. Jedes Mal, wenn ich die Haustür öffnete, duftete es bis in unseren langen Flur hinein und machte ihn frisch und rosig.

Damit mein Frühling etwas Besonderes wurde und nicht langweilig, beschloss ich, dass unser Mandelbäumchen alle verzaubern und einander näherbringen konnte, wie Hugo, Mutter und mich. In meiner Fantasie dufteten alle, die an unserer Haustür erschienen, wie Seife. Es war egal, ob der Briefträger kam oder der verschwitzte Schornsteinfeger, der mich feurig anblinzelte und mit seinen schwarzen Händen die Türklinke und das Treppengeländer schmutzig machte. Selbst die Rügamers Anna duftete. Normalerweise roch sie nach Mottenkugeln, und Mutter sagte, das sei noch gar nichts, ich solle erst mal in ihre Wohnung gehen. Dort würde es nach Pisse riechen. Ich aber stellte mir vor, dass sie, wenn sie sich auf ihrem Sofakissen aus dem Fenster lehnte und die Leute beschimpfte, eine rosa Mandelblüte auf dem Kopf trug, die sie süß riechen und freundlicher sein ließ als sonst.

Einmal ging ich sogar absichtlich auf ihrer Straßenseite zum Kindergarten, um es zu testen. Ich sah ihr auf die schiefen Zähne, als sie sich für eine Schimpfattacke vorbereitete, und bemerkte das Zucken ihrer Hände, als sie auch schon Luft holte und spie:»Verrecktes Luder, verrecktes, ich komm und hol dich.« Ich rannte, so schnell ich konnte. Als ich meiner Mutter davon erzählte, dass mich die Alte holen wolle, sagte sie:»Bist selber schuld. Was gehst du auch zu ihr hin.«

»Es blüht ja sehr schön«, sagten die Leute und knipsten ein Foto vom Bäumchen. Manche trauten sich sogar bis nach hinten zum Beton, wo die Hofhälfte von Hugo an unsere angrenzte. Die Grenze kannten nur wir, und nur ich durfte sie übertreten. Die anderen warfen einen Blick fünf Meter weiter in seine Garage. Da stand alles Mögliche rum, was Hugo in seiner Wohnung nicht gebrauchen konnte: ein verstaubtes Fahrrad ohne Sattel, eine grüne Porzellanvase, Vogelfutter, aufgestellte Mausefallen mit altem Speck, in die nie eine Maus ging, Backsteine und ein platter gelber Ball, auf dem »Josera« stand und den ich gerne gehabt hätte. Aber ich hatte mich nicht getraut zu fragen, ob ich mit ihm spielen dürfe, und nun war er platt. Ich stellte mich vor den Garageneingang, um die Dinge von Hugo vor zu vielen Blicken Fremder zu schützen. Die Leute machten kehrt und bewunderten wieder das Mandelbäumchen.

Nur ein Mann nicht. Er trug einen grauen Sonntagsmantel und lächelte, als er den blühenden Baum sah. Dann sagte er: »Ach, dahinten geht es ja noch weiter.« Er ging ein paar Meter, schaute zur Garage und an ihr vorbei in den kleinen Garten von Hugo, in dem alles, was keinen Namen hatte, kreuz und quer wuchs und über den der Vater sagte, Hugo müsse mal alles mit dem Spaten umgraben. Und Mutter sagte.»Der kann das nicht.«

Ich streckte mich vor dem Mann in die Höhe, breitete die Arme aus wie eine Schranke und sagte:»Zehn Pfennig.« Er schaute auf mich herunter mit Augen, die so groß wurden, dass ich Angst hatte, sie könnten gleich aus seinem Kopf fallen. Er kramte in seiner Manteltasche und zog seinen Geldbeutel hervor, öffnete ihn, holte ein Geldstück heraus und legte es in meine ausgestreckte Hand. Die Münze war kalt und schwer. Mein Herz schlug einen Salto. Jetzt, wo er gezahlt hatte, musste ich zur Seite treten, um den Blick auf die Sachen von Hugo freizugeben.

Hugo war in Lohr. Ich würde es ihm erklären, wenn er wieder zurückkäme. Ich würde ihm sagen, dass ich es nicht noch einmal machen würde. Dass der Mann nur geschaut hatte. Ich würde Hugo sofort die zehn Pfennig geben. Der Mantelmann beäugte das Innere der Garage, mein Brustkorb hob und senkte sich heftig, bis seine Frau sagte: »Komm, Erich, wir gehen.« Die Frau trug einen rosa Rock, so rosa wie die Mandelblüten, mit einer dicken Strickjacke darüber, die sie enger an sich zog und dann umarmte. Ich sah, wie sie weggingen, der Mann am Hoftor aber noch etwas zu meiner Mutter sagte, die gerade mit einem Eimer zum Gully ging. Meine Mutter nickte, und ich ließ die Arme sinken.

Mutter kippte das Putzwasser in den Abfluss, nahm den Eimer am Eisengriff, ging langsam zur Haustür und warf mir einen Blick zu. Mir wurde kalt, viel kälter, als der Frau mit dem rosa Rock war, als sie ihre Jacke um sich schlang.

»Mama?«, fragte ich und hopste ihr mit Sprüngen entgegen, deren Höhe ihr nicht entgehen konnten. »Mama, kann ich dir helfen?« Sie sagte nichts und ging ins Haus. Ich hüpfte hinterher. Es war, als hätte meine Mutter mit dem Putzwasser die Frühlingsdüfte unseres Hofs in den Abfluss geschüttet, wo sie in der Kanalisation vergingen, wie das Waldmeistereis, das immer schnell schmolz und das man deshalb im Eiltempo schlecken musste.

Mutter ging von der Küche die drei Stufen hinunter in die Waschküche. Sie breitete den Putzlappen über dem Eimer aus und stellte ihn neben die Waschmaschine.

»Soll ich was für dich malen?«, fragte ich und breitete Buntstifte auf dem Küchentisch aus.

»Das kannst du machen wie ein Dachdecker«, sagte sie. Das hieß, ich konnte malen, was ich wollte. Denn ein Dachdecker machte bei uns auch, was er wollte. Eigentlich hieß es, dass es völlig egal war, was jemand machte. Ich hörte Mutter in der Waschküche hantieren und nahm mir vor, dass ich dringend etwas für sie gemalt haben musste, bis sie zurück in die Küche kam. Sie kam lange nicht, und ich setzte den Bleistift an und drückte die Spitze auf das Papier. Ich zeichnete eine Mandelblüte und malte sie rot und gelb aus und zeigte sie ihr.

Das Bild verfehlte seine Wirkung. Meine Mutter war verstimmt. Ich räumte geräuschlos jeden einzelnen Stift in die Dose, in die sie gehörten. Mutter legte Zeitungspapier auf den Tisch, stellte einen Topf mit gekochten Kartoffeln darauf und fing an, sie zu schälen.

»Machst du Bratkartoffeln?«, fragte ich, stellte mich dumm, nur, damit sie mir antworten sollte.

»Nach was sieht es denn aus?«, sagte sie, und ihr Mund wurde zu einem dünnen Strich.

Ich mochte es nicht, wenn meine Mutter etwas quälte.

Ich sah ihr beim Kartoffelschälen zu und nahm mir vor, so lange bei ihr sitzen zu bleiben, bis es ihr besser gehen würde. Mir fiel ein, was sie einmal über das Schälen von rohen Kartoffeln gesagt hatte: »Die Schale muss dünn sein, sonst wirft man zu viel von der Kartoffel weg.« Ich summte: »Rote Rosen, rote Rosen, sind die ewigen Boten der Liebe.« Sie schälte weiter, und mir fiel auf, dass sie ganz leise atmete, als würde sie gar nicht atmen, als würde alles in ihr still sein. Stiller als in der Kirche. Sie zog so schnell die Häute von den Kartoffeln, dass mir beim Zusehen schwindlig wurde. Ihre Hände waren wie kleine Maschinen, die nicht aufhörten, Kartoffeln nackt und gelb zu machen und sie noch dampfend in die Schüssel zu legen.

Ich stibitzte ein Kartoffelstückchen, das abgefallen war. Vielleicht konnte ich sie so dazu kriegen, dass sie auf mich reagierte.

»Hör auf, sonst hast du nachher keinen Hunger mehr«, sagte sie. Ich griff nach dem Zehnpfennigstück, das irgendwie in meine Rockschürze gelangt war und das ich festhalten musste, bis es in meiner Hand heiß wurde und meine Mutter sagte: »Wir essen.«

Ich stocherte lustlos in den Bratkartoffeln herum. Dann hielt ich es nicht mehr aus. Ich legte die zehn Pfennig auf den Tisch und wartete ab, bis meine Mutter sie entdeckte.

Sie sagte: »Aha.«

Sonst nichts.

Als hätte sie immer recht. Sie wusste immer über mich Bescheid. Sie war meine Richterin und meine Mutter, beides zusammen war schwierig für mich zu vereinbaren. Ich wünschte mir, dass Hugo auftauchte, damit ich alles aufklären konnte. Hugo hätte mir verziehen. Und dann hätte mir auch Mutter verziehen. Es wäre wieder süß zwischen uns gewesen.

Ich fragte: »Wann kommt Hugo wieder?«

»Woher soll ich das wissen?«

Sie rieb die Pfanne mit Zeitungspapier aus. Nach jedem Reiben schlug sie eine Ecke um und rieb mit einem sauberen Zeitungsstück nach, bis die Pfanne sauber und trocken war.

Mein Kopf glühte.

»Ich mach es nicht mehr«, brachte ich hervor, und dann liefen Tränen über mein Gesicht.

Meine Mutter hatte wohl darauf gewartet, denn sie sagte: »Das will ich hoffen. Von Leuten Geld fürs Gucken verlangen, so haben wir nicht gewettet!«

Ich sprang von der Bank hin zu meiner Mutter, umarmte ihre Küchenschürze, die nach Bratkartoffeln roch, tastete nach ihrem warmen Bauch darunter und schluchzte meinen Notfallsatz: »Hast du mich noch lieb, Mama?«

»Ja«, sagte sie, aber es klang eher wie »mal sehen«. Sie machte sich von mir los und stellte die Pfanne in den Schrank.

Die zehn Pfennig lagen den ganzen Nachmittag auf dem Küchentisch. Ich wollte sie nicht mehr besitzen. Meine Befürchtung war, dass sie noch da sein würden, wenn der Vater nach Hause kam und fragen würde: »Was sind denn das für zehn Pfennig.«

Der Tag wollte nicht aufhören. Die Uhrzeiger bewegten sich langsamer als sonst nach vorn in die Zukunft. Ich wollte nicht draußen spielen und saß wie festgeklebt auf der Eckbank, dem Mittelpunkt des Geschehens. Hier sah ich meine Mutter rein- und rausgehen, hörte sie draußen mit jemandem sprechen und lauschte, ob ihre Stimme sich verändert hatte. Ob sie vielleicht endlich lachte. Lachen würde bedeuten: Entwarnung. Ende der Eiszeit.

Beim Abendbrot lagen die zehn Pfennig noch immer an der gleichen Stelle auf dem Tisch, und Vater fragte: »Woher kommt das Geld?«, und meine Mutter sagte: »Das gehört der Maria. Das hat sie sich selbst verdient.«

Sie sagte diesen Satz so eigenartig. Kein Wunder, dass Vater nachfragen musste: »Wie denn?«

Also redete ich von der Garage und Hugos Sachen, die ich vor Fremden hatte beschützen wollen. Aber vielleicht war, was ich sagte, auch nur die halbe Wahrheit. Vielleicht wollte ich bloß das Geld. Ich war entsetzt darüber, dass ich mir selbst nicht mehr glauben konnte. Je mehr ich nach der Wahrheit suchte, umso mehr verstrickte ich mich in Unwahrheiten. Weil meine Wahrheit niemals wahr genug für meine Eltern sein würde. Weil ihr Blick auf mich aus allem, was ich sagen wollte, etwas Verdrehtes machte, weil sie mir nie glauben würden, weil ich ein Kind war und deshalb auch nicht glaubwürdig. Jetzt war ich in einem glaubenslosen Land. Das war schlimmer als jede Sünde.

»Steck es in die Sparbüchse«, sagte Vater schließlich. Jetzt musste ich es auch noch behalten. Und ich konnte nichts tun, damit beide mich in ihre Arme nahmen.

Noch bevor es dunkel wurde, roch es im ganzen Ort nach Kuhmist wie sonst eigentlich nur im Sommer. Man hörte einzelne Stimmen auf der Straße, und eine Kuh muhte im Stall von unseren Nachbarn und zerrte an ihrer Kette, als ich so andächtig, wie ich nur konnte, mein Abendgebet aufsagte: »So ein schöner Tag war heute, lieber Gott, und so viel Freude hast Du heute mir gemacht. Dankbar sag ich gute Nacht…«

Am nächsten Tag steuerte ich auf den Kaugummi-automaten zu, der nur ein Haus weiter als der Zigaretten-automat hing und feuerrot glänzte. Ich steckte das Geld in den Schlitz, obwohl ich wusste, dass auch das unter Schimpf-strafe verboten war, und drehte den Hebel mit einem Klack herum. Es schepperte, und ein dunkelblauer, fast schwarzer Kaugummi rollte in den Schacht. Ich zog ihn heraus und steckte ihn blitzschnell in den Mund. Die Zuckerschicht bröckelte beim ersten Zubeißen, es knirschte, und ich kaute, schluckte und schluckte die süße Flüssigkeit, die sich mit Spucke vermischte, bis eine zähe Masse übrig blieb, die schnell alt schmeckte und fest wurde, als wolle sie ihre ursprüngliche Form wiederhaben und zurück in den Automaten schlüpfen. Dann spuckte ich sie durch den Kanaldeckel in die Unterwelt.

Damit waren sie verwandelt und verschwunden, die räudigen zehn Pfennig. Kein Rest sollte bleiben, weder in meinem Bauch noch in meinem Sparschwein. Als Mutter fragte: »Bist du wieder lieb?«, sagte ich Ja. Aber ich wusste nicht, ob ich es lange würde einhalten können.

# Tante Arthur

Wenn man die Hauptstraße in unserem Städtchen entlang-lief, ging es irgendwann rechts hinunter zum Main. Am ge-genüberliegenden Ufer ragten Weinberge steil in die Höhe. Zwischen den Reben liefen Leute hin und her, klein wie Stecknadelköpfe. Daneben stach der rote Sandsteinbruch wie eine Mauer nach oben. Er hatte einen Namen: »Main-hölle«, und er schnitt unser Tal von der restlichen Welt ab. Hier, am Ende der Welt, wuchs ich auf. Und ich wartete schon früh gespannt darauf, wann ich endlich losgehen könnte an den Anfang der Welt. Dorthin, wo das eigentliche, das echte Leben begann, denn mein jetziges erschien mir wie eine Vorstufe, die ich absolvieren und erfolgreich hinter mich bringen musste.

Die Mainhölle war überall. Überall gab es Dinge aus ihrem Stein: die Rathaustreppen- und -bögen, alle möglichen Hei-ligenfiguren, Kreuze auf dem Friedhof, Kircheneingänge, Weihwasserkessel, sogar unsere Haustreppe war aus dem Stein. Und natürlich die Stufe vor Tante Arthurs Geschäft.

Sie führte in ihren Laden mit den vielen Süßigkeiten, der immer muffig nach einer Mischung aus alten Bodendielen, Lakritze und Echt Kölnisch Wasser roch. Als ich an diesem Tag eintrat, war Tante Arthur gerade dabei, ein Glas mit Schaummäusen aufzufüllen. Sie bemerkte mich zuerst nicht. Mit den weißen Stacheln, die am Kinn kerzengerade aus ih-rem Gesicht herausstanden, sah sie aus wie ein alter, un-freundlicher Kaktus. Wir mochten Tante Arthur nicht, weil ihr Waldmeistereis voll war mit Eisstückchen aus Wasser. Alle sagten, dass sie alle mit ihrem Eis bescheißt. Aber jeder kauf-te es bei ihr. Manchmal verkaufte sie auch Salzstangen vom Vortag, aber für den gleichen Preis, als wären sie frisch. Das war immer eine große Enttäuschung, und alle sagten, Tante Arthur sei »zäh«, was bei uns so viel wie geizig bedeutete.

»Grüß Gott, eine Salzstange«, sagte ich.

Tante Arthur zog die geschwollenen Hände aus dem Mäuseglas und reichte mir das Gebäck, ohne es in eine Tüte zu stecken. Ich mochte Tante Arthur auch nicht besonders, weil sie Kinder behandelte, als wären sie ein großes Übel. Sie ärgerte sich geradezu, wenn welche in ihren Laden kamen, und strafte uns oft mit Nichtbeachtung. Überhaupt dachten die Erwachsenen, Kinder seien aus Luft. Ich konnte, nachdem ich den Kies weggeschubst hatte, ganze Bachläufe mit dem Schuhabsatz in die Friedhofserde graben, ohne gesehen zu werden. Ich konnte Mutter mit unsichtbarer Wolle umgarnen und zu einer Maispuppe werden lassen, ohne dass jemand auch nur eine Ahnung von mir bekam. Das lag nicht nur daran, dass ich klein war. Es lag daran, dass Kinder für die Großen langweilig waren, keine Beachtung und schon gar keine Zuwendung verdienten und unter keinen Umständen stören durften. Auch deshalb wünschte ich mir schon früh, möglichst bald erwachsen zu werden. Damit ich jemand wäre und ungehindert stören durfte.

Tante Arthur ließ mein Geld in die Schürzentasche plumpsen und machte weiter mit Mäusestopfen. Ich zögerte mit dem Rausgehen, gespannt, ob Tante Arthur auf die Idee kommen würde, mir zum Abschied eine Maus zu schenken, weil gar nicht alle in das Glas passten. Aber sie schob die Gummitiere mit der Faust hinunter und drückte den Deckel obenauf, bis er nicht mehr vom Glas wegstand. Tante Arthur drehte sich um und guckte, als ob ich bereits gegangen wäre.

»Wiedersehen«, sagte ich, aber von Tante Arthur kam weder eine Maus noch ein Wort. Noch ein Lächeln, mit dem sie viel schöner in ihrem Gesicht ausgesehen hätte.

Im Kindergarten musste ich die ganze Zeit zuerst an die weißen Mäuse, dann an die Brausestangen im Küchenschrank meiner Mutter denken. Ich hatte ein »langes Maul« nach süßen Sachen. So nannte Mutter das.

Die Sehnsucht hörte nicht auf. Wenn ich schon keine Maus kriegte, dann vielleicht eine von den Brausestangen von Mutter. Ich hatte beobachtet, wie sie das Tütchen heimlich in die Küchenschrankecke gelegt hatte, und erinnerte mich jetzt wieder daran. Währenddessen schob ich kleine angemalte Holzbäume, Holzhunde, Holzpferde, Holzzäune und Holzmännchen am Spieltisch hin und her. Ich verstand nicht, wieso ich im Kindergarten immer zum Spielen verdonnert wurde. Ich hatte keine Ahnung, wofür es gut sein sollte, wenn man am Ende ohnehin alles wieder in eine Kiste werfen musste. Wenn nichts blieb, war doch alles für die Katz.

Brausestangen und weiße Mäuse waren zwar auch weg, wenn man sie aufgegessen hatte, aber etwas blieb mir: für einen Moment das Glücksgefühl, ein Loch gestopft zu haben, und dann: das Verlangen nach mehr davon.

»Krieg ich eine Brausestange?«, fragte ich Mutter, als ich endlich in der Küche vor ihr stand und zu ihr hochblickte. Ich hatte dafür innerlich Anlauf genommen, mich wie ein Aal gewunden, der Stimme einen harmlosen Singsang verliehen, begleitet von schlechtem Gewissen, bis ich es rausgebracht hatte.

»Nein, es gibt nichts«, sagte Mutter. Es klang ein wenig wie Schimpfen, aber es war kein Schimpfen. Sie klang oft so. Es war, als ärgerte sie sich grundsätzlich.

»Warum nicht?«, wollte ich wissen.

Keine Antwort.

»Warum?«

»Weil jetzt gegessen wird«, sagte sie.

»Und nach dem Essen?«

Keine Antwort. Mutter war auf einmal wie Tante Arthur. Ich versuchte es wieder: »Mama? Später vielleicht?«

»Sei zufrieden mit dem, was du hast«, sagte sie.

Sie war ganz woanders mit ihren Gedanken. Durch mein

Drängeln hatte ich sie noch mehr verärgert. Als sie rausging und über den Hof in die Scheune, nutzte ich die Gelegenheit. Ich stemmte mich hoch und kletterte auf den Küchenschrank. Ich musste mich aufrichten und durfte nicht nach unten sehen. Nur die glänzende Küchenschranktür trennte mich noch von meinem Glück. Ich beugte mich zur Seite, zog die Schranktür auf und tatsächlich: Da lag das Tütchen, oben umgeknickt. Ich zog vorsichtig eine Brausestange heraus, knickte die Tüte am Rand wieder um und sprang hinunter.

Die Brause schäumte und ließ meinen Mund prickeln. Jetzt fand ich es nicht mehr gar so schlimm, dass ich täglich in den Kindergarten musste. Die Brause versöhnte mich mit dem strengen Ton in Mutters Stimme und anderen Tatsachen, die ich nicht ändern konnte. Aber sie schmeckte nicht ganz so gut, wie wenn Mutter sie mir freiwillig gegeben hätte. Als sie zurückkam und Teller aus dem Schrank nahm, sagte sie: »Hast du etwa ein Brausestängchen genommen?«

Mein Mund war nichts als schäumende Sünde. Ich flehte ihr wortlos ins Gesicht.

»Da fehlt doch eine!«

Sie klang schrill wie unsere Rathaussirene.

»Nein«, sagte ich, aus Angst, dass wenn ich Ja sagte, es schlimmer ausgehen konnte.

»Auch noch lügen, Fräulein! So haben wir nicht gewettet! Warts nur ab, wenn der Vater heimkommt!«

Damit ließ sie mich stehen, und ich bereute unendlich, dass ich wegen einer einzigen, wenngleich lebenswichtigen, Brausestange so viel Dunkelheit in Mutter und in unsere Küche gebracht hatte.

»Hast du mich noch lieb?«, beschwor ich sie. Es kam keine Antwort. Ich wartete ein wenig ab.

»Hast du mich jetzt lieb?« Wieder nichts. Die Brausestange lag bereits aufgelöst in meinem Bauch und war rein gar nichts mehr wert.

»Ja, ich hab die Brausestange genommen«, weinte ich. »Hast du mich jetzt lieb?«

Stille.

»Du sagst dem Papa nichts?«

»Mal sehen«, sagte sie.

»Mal sehen« war schlimm. Am Abend las ich in Vaters Gesicht und in seinen Bewegungen. Ich suchte seine Augen. Wollte seine Hand nehmen, traute mich aber nicht. Ich beobachtete Mutter auf Schritt und Tritt. Ich musste wissen, ob sie ihm etwas gesagt hatte. Aber ich durfte sie nicht darauf ansprechen, denn vielleicht hatte sie es ja auch schon vergessen. Vielleicht.

Ich fing an, mich an die anhaltende Ungewissheit zu gewöhnen. Sie schwelte mitsamt dem Brausestangendiebstahl weiter, über Stunden und Tage, bis das Rumoren im Bauch, sobald ich Vater sah, immer normaler wurde, bis ich die ganze Sache irgendwann selbst vergaß.

Süßigkeiten kosteten was – nicht nur Geld.

Wir hatten eine rote Zahnbürste, die wir miteinander teilten. Sie stand in einem Plastikbecher am Wasserstein in der Küche. Vater sagte einmal, dass er in der Gefangenschaft überhaupt keine Zahnbürste hatte: »Wir haben die Zahnpasta auf den Finger gestrichen und damit die Zähne geputzt. Das ging auch.«

Im Gegensatz zu allen anderen musste ich mir die Zähne nicht putzen. Ich war ja noch ein Kind. Ich hatte keine Ahnung, warum meine Zähne braun wie mein brauner Buntstift und geformt wie eine Kraterlandschaft aussahen. Ich wusste nur, dass irgendwann weiße und neue nachwachsen würden. Als die braunen rausfielen und neue Zähne nachwuchsen, begann die Zeit der Zahnarztbesuche und des Zähneputzens mit der roten Zahnbürste.

Mutter setzte mich auf den Fahrradkindersitz und radelte

mit mir in die Kreisstadt zum einzigen Zahnarzt in unserer Gegend. Mutter lauschte wie ich den Bohr- und Sauggeräuschen aus dem Behandlungszimmer. Nach zwei Stunden Warten wurden wir reingerufen, und Herr Doktor Bundschuh guckte mich mürrisch an.

»Dann mach mal schön den Mund auf«, sagte er.

Mutter saß auf dem Stuhl schräg hinter mir, so, dass ich sie nicht sehen konnte. Er sagte Mutter, dass ich schon wieder ein Loch hatte. Betäubung gab es keine.

Der Herr Doktor beugte sich mit dem Bohrer über mein Gesicht, seine Arme waren voller schwarzer Haare, sogar die Finger waren schwarz bewachsen, als würden kleine, haarige Spinnen auf ihnen sitzen. Es gab kein Davon.

»Mach den Mund weiter auf! Herrgott, sei nicht so zimperlich«, keifte er, als ich zuckte.

»Mach, was der Herr Doktor sagt«, hörte ich Mutter, und an ihrer Stimme im Hintergrund hörte ich, dass sie selbst ein bisschen Angst vor dem Herrn Doktor hatte.

Ich riss den Mund auf, drückte mich tief in den Sitz, um ihm doch ein paar Zentimeter zu entkommen, aber es nützte nichts. Ich atmete seinen Mundgeruch ein und aus, hörte den Bohrmotor, wie er auf meinen Backenzahn aufsetzte und surrte, dass mein Kopf brummte. Ich gab ein kleines Wimmern von mir.

»Herrgott, stell dich nicht so an«, schimpfte er.

Der Herr Doktor bohrte das Gerät in die tiefste Stelle meines Backenzahnes, immer weiter, immer tiefer, bis der Schmerz wild war, aber zum Weinen hätte ich den Mund bewegen müssen, und das ging nicht.

Seine behaarten Hände rochen nach Rasierwasser, und nun konnte ich nichts mehr tun, als meinen Kopf durchbohren zu lassen, bis er fertig war. Danach hielt mir die Arzthelferin stumm, aber mit einem Lächeln, eine Dose mit kleinen goldenen Ringen hin, und ich durfte mir einen aussuchen. Ich wusste nicht, welchen ich nehmen sollte, und fragte Mutter.

Sie sagte: »Wir müssen uns beeilen, der Herr Doktor hat keine Zeit.«

Am Ende hatte ich den Ring, den ich eigentlich nicht wollte, aber den anderen hätte ich länger anschauen müssen, um zu entscheiden, ob es der richtige war. Wir wollten niemandem die Zeit stehlen und niemanden aufhalten. Das machte man einfach nicht. Und schon gar nicht bei jemandem, der studiert hatte, der reich war, kurz: der über uns stand.

Mutter und ich fuhren nach Hause. Sie sagte: »Jetzt hast du es geschafft.«

»Ist der Ring wertvoll?«, fragte ich Mutter hoffnungsvoll, und sie meinte: »Nein. Das ist so einer wie aus dem Kaugummiautomat.«

# Mutters Furcht

Das mit dem In-die-Arme-Nehmen war bei uns so eine Sache. Zärtlichkeit, die über ein flüchtiges Gutenacht-küsschen hinausging, war nur etwas für wehleidige Leute und solche, die Zeit für so etwas hatten. Bei uns umarmte sich niemand in der Öffentlichkeit. Auch nicht zu Hause. Von wem hätten wir es lernen sollen, ohne darüber insgeheim zu schmunzeln, weil es auch ganz schön peinlich war? Einer hätte mit der Zärtlichkeit anfangen, es nichtsahnend ausprobieren müssen, um rauszufinden, wie es ungefähr geht. Wir aber standen mit hängenden Armen voreinander und sagten »Grüß Gott«. Allein zufällige Berührungen waren eine Besonderheit. Wenn mich ein Kind mit kurzärmeligem Kleid oder nackten Füßen beim Spielen anstieß oder gar auf mir herumkullern wollte, war es so ungewohnt, die bloße, weiche Haut eines Fremden auf meiner zu spüren, dass ich schnell das Weite suchte. Unsereins vermied Berührungen, man »stellte sich nicht so an«, »riss sich zusammen« und »hat's nicht nötig«. So hatte es Mutter von ihren Eltern gelernt. Und die von ihren Eltern. Nur die Umarmungen, die ich meiner Mutter manchmal abrang, indem ich mich ihr regelrecht in die Arme warf, sorgten für einen Moment der Nähe. Aber nur kurz. Schnell war Mutter wieder mit irgendetwas beschäftigt.

Als Baby kriegte Mutter statt eines Schnullers ein Säckchen mit Mohnsamen in den Mund: Rauschgift fürs Kind, dann war schnell Ruhe. Mutter erzählte sogar, dass man glaubte, dass Schreien die Lungen stärke und gut für die Abhärtung sei. Mutter sollte nicht durch zu viel Zärtlichkeit verweichlicht werden, denn bald schon sollte sie auf dem Feld mithelfen. Und dort galt: Nicht geschimpft ist genug gelobt.

Mutters Vater war Steinmetz, der Steinbruch, die »Main-hölle« auf der anderen Seite des Mains, sein Arbeitsplatz. Täglich brachte ihn der Fährmann im Morgennebel mit dem Schelch, einem langen Kahn mit einem Handruder, auf die andere Seite des Wassers. Drüben stieg mein Großvater die Treppen hinauf in die Steinwand, klopfte, stemmte und meißelte. Es war harte Arbeit, und viele der Arbeiter verunglückten.

Als kleines Mädchen musste Mutter ihm jeden Tag das Mittagessen hinüberbringen. Sie saß im Schelch, die eine Hand am Rand des Boots festgekrallt, mit der anderen hielt sie einen Emaillebehälter auf dem Schoß fest. Ihre Füße steckten in zu großen Schnürstiefeln, mit denen sie mit festem Schritt dem Vater entgegenlief, hinauf in den Felsen. Sie warf die Zöpfe in den Nacken, wenn der Kahn überfüllt war. Sie biss die Zähne zusammen, wenn es stürmte und der Kahn in Schieflage geriet. Beeilen sollte sie sich. Denn je früher sie wieder zu Hause war, desto früher konnte sie im Stall und auf dem Feld arbeiten. Je früher sie zu Hause war, desto früher war aber auch die Angst für diesen Tag vorbei.

Im Winter, wenn der Fluss gefroren war, ging Mutter zu Fuß über den Main. Das Eis war anfangs dünn. Es knackte und ächzte bei jedem Schritt. Es gab Stellen, die sie meiden musste. Sie waren nur mit Schnee überdeckt und nicht leicht zu erkennen. Nur wenn man genau hinschaute, sah man, dass es direkt hinunterging, in die Tiefe. Aus ihrem Wintermantel war Mutter längst rausgewachsen. Deshalb schlang sie den Schal enger um den Hals. Sie achtete auf jeden Schritt, bezwang die Angst, indem sie das letzte Stück rannte. Immer wieder hörte sie dabei die mahnende Stimme ihrer Mutter: »Bring dem Vater sein Essen.« Niemandem verriet sie ihre Angst vor dem Wasser.

Mutter konnte nicht schwimmen.

Obwohl der Schwimmlehrer ihr bescheinigte, dass sie Talent dafür hätte, lernte sie es nie. Zum Schwimmenlernen hätte sie in die Nachbarstadt gemusst, und sie hätte bei jedem Mal zwanzig Pfennig bezahlen müssen. Das Geld war nicht übrig. So band mein Großvater an heißen Tagen einen Strick um Mutters Bauch, ging mit ihr zum Main, ließ sie ins Wasser hineinsinken, hielt den Strick und redete ihr Mut zu. Aber Mutter fürchtete sich vor der Strömung und der Tiefe, vertraute dem Gurgeln und Reißen des Wassers nicht, und ebenso wenig dem Strick um ihren Bauch und vielleicht auch ihrem Vater nicht, der selbst nicht schwimmen konnte. Sosehr sie auch mit Armen und Beinen ruderte, Mutter konnte sich nicht oben halten. Es fehlte ihr etwas Wichtiges zum Schwimmenlernen. Also ließen sie es sein. Der Vater löste den Strick um ihren Körper, sagte: »Das wird nichts«, und sie gingen zusammen nach Hause. Was ihr fehlte, hat sie nie herausgefunden. Sie sagte mir: »Ich bin einfach nicht oben geblieben.«

Sie konnte nicht begreifen, wie es möglich war, nicht zu sinken. Dass ihr aber, neben all dem nicht vorhandenen Vertrauen in Vater und den Strick und den Fluss, vor allem das Vertrauen in sich selbst fehlte, das hat Mutter nie verstanden. So über sich selbst nachzudenken, das tat man einfach nicht. Dafür war keine Zeit. Man wusste aber auch nicht, dass man so über sich hätte nachdenken können. Überhaupt, wer allzu viel hinterfragte – ob sich selbst oder andere oder die Umstände –, bekam schnell zu spüren, dass das unerwünscht war.

Mutter kam in dieselbe Klasse wie Vater. Sie gingen nur bis zur Fünften in die Schule. Mutter erzählte anschaulich, wie Lehrer Ullrich mit einem Weidenrohrstock auf sie eindrosch, als sie einmal gewagt hatte, zu fragen, was der Unterschied zwischen Allerheiligen und Allerseelen sei. Dazu musste sie die Hand flach ausstrecken.

»Sechs Schläge gab es, für meine unverschämte Frage«, sagte sie nur.

Selbst als sie mir das erzählte, wurden ihre Lippen dünn. Sie musste die Schläge laut mitzählen und sich danach in die Ecke stellen, mit dem Gesicht zur Wand. »Lehrer Ullrich war eine anerkannte Respektsperson«, sagte sie. »Manche pissten morgens vor Angst in die Hose oder kotzten.«

Niemand hat sich je getraut, sich zu wehren.

»Er war ein Sadist«, sagte Mutter. Sie nickte dazu vehement, um sich zu bestätigen, dass es wirklich so war.

Später im Krieg saß Mutter mit ihrer Familie und den Nachbarn im Keller und harrte aus, bis der Bombenalarm vorbei war. Auf dem Feld wurde sie des Öfteren beim Schuppern – es war das regelmäßige Unkrautjäten – überrascht. Sie hielt inne, als sie Flugzeuge näher kommen hörte. In den Keller hätte sie es nicht geschafft. Sie warf ihre Harke hin und sich selbst in den Ackergraben.

Robust musste sie sein. Schwäche durfte sie nicht zeigen. Niemand durfte das. »Da hast du dir nichts erlauben dürfen«, sagte sie. »Du hast auf alles gefasst sein müssen. Du hast immer Angst gehabt.«

Kurz vor Kriegsende rannte sie zu ihrem Vater aufs Rathaus, platzte mitten in die Gemeinderatsversammlung und rief: »Vater, der Krieg ist aus!«

Alle verstummten und drehten sich nach ihr um.

»Woher willst du das wissen?«, fragte ihr Vater streng.

»Haben sie im Radio gebracht.«

Da wurde ihr klar, was sie gerade verbockt hatte: Der Raum war voller Nazis.

Ihr Vater schaute sie eindringlich an und sagte leichthin: »Du wirst dich verhört haben, geh wieder heim.«

»Man konnte immer noch standrechtlich erschossen werden«, sagte sie. »Einfach so.« Das Wort »standrechtlich« ging ihr leicht über die Lippen, als hätte sie es oft verwendet. Und dann erzählte sie vom Kriegsende: »Am Karsamstag haben viele schon die weißen Fahnen und Betttücher rausgehängt.

Aber die Nazis haben verkünden lassen, dass alle erhängt würden, die sich das getrauen. Also haben wir die Fahne wieder reingeholt. Gegen Mittag haben alle die Betttücher wieder rausgehängt, das ging wie auf Kommando. Auf der rechten Mainseite waren Spähwägen, und man hat Schüsse gehört. Beim Schuster unten haben sie ein Fenster zerschossen. Die Kugel ging quer über den Küchentisch, wo sie alle gesessen haben, und ist in der Wand stecken geblieben.«

Mutters Geschichten aus ihrer Kindheit und aus der Zeit des Krieges waren je nach Tagesform unterschiedlich. Manchmal klangen sie für mich fast wie Abenteuer, öfter aber waren es seltsam distanzierte Berichte. Als wäre sie gar nicht da gewesen. Als wäre gar nicht sie die junge Frau gewesen, die sich in Todesangst in den Dreck warf. Wenn ich es wagte nachzuhaken, weil gerade etwas spannend klang, schüttelte sie den Kopf: »Kind, lass gut sein, das kann sich keiner vorstellen«, als würde ein Mehr an Worten mehr Bilder hervorrufen, die unbedingt unterdrückt werden sollten. Ich aber stellte mir bildhaft vor, wie es wohl gewesen sein mochte, nachts in einem stockfinsteren Kartoffelkeller zu sitzen. Voller Furcht, weil man nie wissen konnte, ob das Haus von einer Bombe getroffen würde, zugleich gezwungen, ruhig zu halten aus Rücksicht auf die anderen, auf die kleineren Kinder, damit keine Panik ausbrach. Welche Berechtigung hatte ich daneben mit meinen Bedürfnissen und mit meiner Angst?

# Jesus

An vielen kühlen Tagen fuhr ich auf Rollschuhen im Kreis über den Hof, links herum und rechts herum, mit Anorak, aber ohne den kratzigen Schal, bis ich mich dann doch erkältete. Dann war Schluss mit Rollschuhfahren.

Vater bellte: »So, das hast du jetzt davon.«

Ich wollte meine Erkältung verheimlichen, ging ihm aus dem Weg, schniefte heimlich, schluckte lautlos den Rotz, versteckte Notfalltaschentücher unter den Stuhlkissen und versuchte, in seiner Gegenwart nicht mehr zu husten. Ich kriegte den Dreh raus, wie ich mit nur einer lang gezogenen Kopfbewegung, dass sich der Hals lang nach oben streckte, den Hustenreiz ein wenig hinauszögern konnte. Doch das kriegte Vater prompt heraus und war erneut fuchsig: »Was machst du da mit deinem Hals?«

Ich sagte: »Nichts.«

»Was ziehst 'n du den so lang?«

»Nur so«, sagte ich und lächelte, versteckte die Furcht vor dem Mann, von dem ich wusste, dass er mich mögen *musste,* auch wenn er gerade das Gegenteil davon zeigte.

Unter einem Vorwand ging ich aus der Küche und hustete im Wohnzimmer. Um wirklich ungebremst husten zu können, musste ich aber ins Bett flüchten. Doch da wartete die nächste Herausforderung: die Gefahr der nächtlichen Dunkelheit.

Wenn draußen die Häuser und Bäume ihre Farbe verloren, kohlrabenschwarz wurden und die Bettgehzeit näher rückte, wurde ich seltsam leer. Im Herbst und im Winter war es besonders schlimm. Im ganzen Ort roch es nach verbrannten Ästen, nach Luft, die mit Regen und dem Geruch feuchter Erde vermischt war und die mich einsam machte, wenn sie in meine Lunge strömte. Manchmal musste ich noch über den Hof, um in der Scheune Holz zu holen. Dann hüpfte

ich. Das hatte ich mir als Rezept gegen das Bange ange-
wöhnt. Im Eiltempo schichtete ich Holzscheite in den
Drahtkorb, schaute jäh hinter mich, hoch zum Heuboden,
lauschte, ob da ein Einbrecher war, ein Fremder mit schwarzen Lederhandschuhen, rannte mit dem Holz über den Hof,
sprintete die drei Stufen zur Haustür hoch und war erst in
der warmen Küche wieder sicher. Doch dann kamen die
schwarzen Nächte.

An der Wand neben meinem Bett hing ein schweres Bild
mit einem breiten Goldrahmen. Darauf war ein Mann mit
einem dunklen Umhang und einer Krone aus Dornen auf
dem Kopf, die Augen entsetzt aufgerissen und nach oben
gerichtet. Blut floss ihm über das Gesicht. Es war Jesus am
Ölberg, in Todesangst. Jesus wartete jeden Abend auf mich.
Die Straßenlaterne ließ das Gemälde unheimlich aufschim-
mern.

Mutter betete mit mir, deckte mich zu und knipste das
Licht aus. Jetzt war ich mit dem blutigen Jesus allein. Ich sah
ihn atmen, und seine Augen bewegten sich. Ich traute mich
nicht, mich im Bett umzudrehen, alles konnte er sehen, jede
Bewegung konnte mich verraten. Meine Gliedmaßen mussten vollkommen unter dem Federbett versteckt werden. Ich
stellte mich tot, indem ich die Luft anhielt. Mir wurde heiß.
Ich schwitzte.

Ich musste wieder atmen. Jetzt würde er mich entdecken.
Mit letztem Mut streckte ich die Hand aus, suchte in der
Nachtschwärze panisch tastend nach dem Schalter an der
Nachttischlampe und rief gleichzeitig: »Mama!«

Ich hörte sie in der Küche mit Vater reden. Ich hörte sie
deutlich durch die dünne Wand, lehnte mich dagegen. Ich
tastete die Wand ab, bis ich die Stelle fand, die innen hohl
war, und klopfte dagegen. Mein Pochen klang laut und satt
an der Stelle. Jetzt mussten sie mich hören, denn ich hörte ja
auch sie. Ich hörte sogar, wenn sie schwiegen. Dann war es,
als wäre niemand mehr in der Küche, als wären sie ver-

schwunden, vielleicht durch das Oberlicht in die Nacht. Dann wären die Stühle, auf denen sie eben noch saßen, leer, die Sitzflächen wären noch warm, auf dem Tisch stünden noch die Teller und Gläser, das Strickzeug von Mutter und die Zeitung von heute.

Ich pochte ohne Unterlass, nahm die Faust zu Hilfe. Schwitzte weiter unter der Decke. Schrie.

Wenn jemand kam, war es meistens Mutter.

»Bleib da, Mama! Ich hab Angst.«

Sie schüttelte mein Bett auf, sagte, ich müsse keine Angst haben. »Jetzt schlaf du schön und sei brav«, sagte sie, und schon war sie wieder weg. Jetzt war ich mit dem Jesus in Öl wieder allein und hoffte, dass er seine blutunterlaufenen Augen gefälligst stillhielt. Ich kam nicht auf die Idee, Mutter zu bitten, den Jesus abzuhängen. Ich sagte ihr nicht mal, dass ich vor dem Bild Angst hatte. Der leidende Jesus hing da schon immer, wahrscheinlich schon, bevor es mich gab, und er würde noch hängen, wenn ich längst weg war. Ohnehin konnte man gar nichts ändern. Weil die Dinge einfach so waren, wie sie waren, und zwar schon immer. Ich musste nur lernen, damit klarzukommen. Das war die große Aufgabe: mit allem klarkommen. Ich musste selbst damit klarkommen, wenn das Bambi in der Tasse starb oder ich hustete oder wenn ein bedrohlicher Jesus mich nachts ausspähte. Und ich musste dafür sorgen, dass Mutter mit mir klarkam.

Nach Wochen und Monaten des nächtlichen Klopfens verblasste die Tapete an der hohlen Stelle und verlor ihr Blütenmuster. Mit meiner Kinderschere ritzte ich ein kleines Zeichen an die Stelle, wo das Pochen am lautesten klang, so, dass ich sie auch im Dunkeln ertasten konnte. Ich klopfte unermüdlich. Das Klopfen gab mir Hoffnung. Es würde jemand kommen und mich retten.

Aber oft kam niemand. Ich hörte nur ihre Stimmen. Wenn ich sie nicht mehr hörte, mussten sie ins Bett gegangen sein.

Dann hatte ich eine Idee: Ich musste meiner Angst zuvorkommen, musste sie meinerseits erschrecken. Ich entschied mich zu singen und fing an mit Jürgen Marcus' »Ein Festival der Liebe«. Zuerst sang ich nur dumpf aus den Tiefen des Federbetts heraus: »... und alle, die so sind wie wir, die laden wir gern ein ...« Aber dann brauchte ich mehr Sauerstoff, weil ich auf Eigenkompositionen mit langen Vokalen überging. Je lauter ich sang, umso stärker wurde ich unter meiner Decke und traute mich laut singend sogar auf den Nachttopf, um einen weiteren Strich auf der Pipiliste für Doktor Mahling zu machen. Dann wechselte ich zu Michael Holms »Tränen lügen nicht«. Es klang unter der Decke schön, vor allem der Satz: »Vergossenen Wein, den trinkt keiner mehr.« Irgendwann hörte das Singen auf, weil ich meinen Mund vor Müdigkeit nicht mehr aufbekam. Ich wollte trotzdem nicht einschlafen. Denn im Schlaf wäre mein Leben wieder in Gefahr.

Ich hatte den schwarzen Winter hinter mich gebracht, die Tage wurden länger, draußen zwitscherten Vögel. Mutter machte Frühjahrsputz, ich half ihr beim Gardinenaufhängen, und die Zimmer rochen nach Waschpulver.

Da kam auch schon die Fastenzeit. In dieser Zeit vor Ostern gab es nichts Süßes. Wir wollten uns im Verzicht üben, weil Jesus vierzig Tage bis zu seinem Tod in der Wüste fastete und betete. In der Karwoche sollten wir zusätzlich besser nicht lachen. Am Karfreitag gar nicht. Es herrschte striktes Freuverbot. Vater machte es uns vor. Selbst als die Sonne über die Weinberge und die Hauptstraße schien, machte er am Karfreitag das Karfreitagsgesicht. Es war besser, rechtzeitig mit Lachen aufzuhören, wenn er in die Küche kam, sonst sagte er: »Hör auf zu lachen, heut ist Karfreitag.« Und dann: »Heute gibt es nur trockenes Brot.« Da war selbst Mutter überrascht.

Die Turmuhr schlug nicht mehr. Die Glocken waren nach

Rom geflogen und kamen erst zur Osternacht wieder. Mein Bruder war bei den »Raspelbuben«, die morgens um sechs mit hölzernen Raspeln und Klappern ans Beten erinnerten. Ich stand am Hoftor, wenn sie durch den Ort zogen und sangen: »Wir verkünden den Englischen Gruß, den jeder Christ beten muss. Amen, Amen, Ave Maria, gratia plena.« Und dann schüttelten sie wie verrückt ihre Klapperinstrumente und ratterten mit Höllenlärm an unserem Haus vorbei. Lange glaubte ich, dass es ein Gruß aus England sein sollte. Für mich passte das, denn es war ein Engländer, der mit einer Geste drohte, meinem Vater den Hals durchzuschneiden, damals in der Kriegsgefangenschaft. Aber natürlich waren die himmlischen Engel gemeint. Jedes Jahr träumte ich, dass ich bei der Kreuzigung des Herrn dabei war und zusehen musste, wie ein Mann Jesus die Nägel in Hände und Füße schlug. Dabei stammten die Nägel und der Hammer aus unserer Remise. Im Traum schrie ich, aber nicht im wirklichen Leben.

Mein Vater glaubte, dass Jesus es leichter hätte, wenn wir an seinem Sterbetag mitlitten, vielleicht sogar, wenn es uns auch das restliche Jahr nicht allzu gut ging. Das machte es ihm leichter, gnädig mit uns Sündern zu sein. Auch Vaters Vater und der Vater von Vaters Vater hatten es ja schon so gehalten.

Am Ostersonntag kam die Belohnung für das Ausharren in Freudlosigkeit. Ich sang feierlich »Heil uns, Heil, Halleluja« und durfte anschließend mein Osternest in der Scheune suchen. Sie hatten es neben dem Brennholz unter einem umgedrehten Weidenkorb versteckt. Es durfte gelacht werden, aber nicht zu laut, es war schließlich Feiertag, und man durfte das Radio wieder anmachen – endlich.

Schöner war die Zeit vor Fronleichnam und der Feiertag selbst. Wenn die Prozession an unserem Haus vorbeigehen sollte, befestigte Vater Birkenäste an Haus- und Scheunenwand entlang, streute frisches Gras auf Straße und Gehsteig und hängte die gelb-weiße Fahne aus dem Schlafzimmerfenster. Mutter machte aus einem Tisch einen Muttergottesaltar und stellte ihn vor das Hoftor. Ich durfte in meinem roten Sonntagskleid, weißer Strumpfhose und Lackschuhen hinter dem Allerheiligsten und der Blaskapelle hergehen und Blumen streuen. Stolz hinterließ ich Spuren aus Pfingstrosenblättern auf unserer Hauptstraße. Unser Ort wurde zu einer Sehenswürdigkeit mit Gemälden aus gefärbtem Sägemehl im Freien, auf denen Kelche oder eine Friedenstaube zu sehen war, mit bunten Blumen und Weihrauchduft. Beim ersten Mal passierte mir ein Malheur: Der Korb mit den Blütenblättern war schon an der ersten Gebetsstation leer. Ich war einfach zu maßlos. Jetzt war schauspielerisches Talent gefragt. Ich griff immer wieder in mein Körbchen und streute bis zum Ende der Prozession unsichtbare Blüten. Bei meinem nächsten Blumenmädcheneinsatz sparte ich so sehr wie Vater beim Trinken. Am Ende mussten wir ein Drittel der Blütenblätter auf den Misthaufen werfen.

# Weggesperrt

Im Hof war es glühend heiß. Die Luft flimmerte, der Himmel war strahlend blau. Ich saß in der großen Zinkwanne voll mit Wasser und voll mit meinen Plastikspielsachen. Hugo öffnete das Tor, bepackt mit einer Reisetasche. In der freien Hand hatte er eine Hundeleine. Er ging mit eiligen Schritten, warf mir ein »Daaag« entgegen, guckte stolz und zog an der Leine, an deren Ende ein kläffender Hund festgebunden war. Schon früher hatte er ein ganzes Pfund Nudeln ohne Beilage verdrückt, und seine Hemden standen unten offen, sodass man seinen weißen Bauch sehen konnte. Nun aber war er wirklich dick geworden. Es hieß, dass er jetzt geheilt war.

Der Hund lief im Zickzack und bellte, bis Hugo mit ihm die Treppe oben war. Dann wurde es still.

»Mama«, rief ich. »Mam-aaa!«

Ich konnte nicht schnell genug aus der Zinkwanne steigen. Triefend nass rannte ich in meiner Badehose über den Hof in die Küche.

»Mama, der Hugo ist wieder da!«

Meine Mutter ließ den Kochlöffel sinken und schaute an die Wand.

»Er hat einen Hund«, sagte ich.

»Was will denn der mit einem Hund«, sagte Mutter und wendete den Pfannkuchen. »Der spinnt doch. Der wird mit dem doch gar nicht fertig.«

Am Abend beschwerte sich mein Vater beim Essen über den kläffenden Köter – es war ein Spitz –, und die Markierungen, die er an Haustreppe, Scheunentor und Hoftor hinterlassen hatte, machten Vater wütend.

»Das mit Hugo geht nicht lang gut«, sagte Vater. Und als ich fragte, warum, sagte er, dass sich Hugo, als er jung war, einmal an einer Krawatte aufhängen wollte, oben in seinem Wohnzimmer, aber als er dann hing und nicht gleich tot war, laut um Hilfe gebrüllt habe.

»Der Vater ist rüber und hat ihn abgemacht«, sagte Mutter. Die nächsten Wochen war ich im Hof noch aufmerksamer als sonst. Der Hund bellte pausenlos. Vater meinte, der Köter sei bissig. Ich ging nur noch raus, wenn Hugo und der Hund nicht da waren. Ich blieb nah an unserer Haustür, traute mich nicht mehr, die Rollschuhe anzuziehen, und hatte Angst, gebissen zu werden. Niemand kam darauf, dass der Hund von Hugo völlig ungefährlich sein könnte und lediglich Ansprache brauchte.

An meinem ersten Schultag stand ich aufgeregt im Hof. Hugo winkte mir hinter seinem Fenster zu. Der Hund bellte. Im Gegensatz zu all den anderen Kindern hatte ich keine Schultüte, die konnten sich nur die reichen Eltern leisten. »Wir brauchen so etwas nicht«, sagte Mutter.

Sie sagte, dass das nur Geldmacherei sei und »Fürze mit Krücken«. Ich glaube, sie war stolz, dass sie auf die Geldmacherei der Schultütenfabrikanten nicht reinfiel. So kam es, dass ich schon auf dem Schulweg alle Kinder blöd fand, die eine Schultüte hatten, weil deren Eltern so dumm waren, den Schultütenmachern »Geld in den Rachen zu schmeißen«. Es schweißte Mutter und mich zusammen, als wir inmitten der Schultütenmeute auf dem Schulhof ankamen. Tatsache war, dass ich insgeheim selbst gern eine gehabt hätte, aber Mutter unmöglich in den Rücken fallen konnte. Schon wieder hatte ich ein Geheimnis vor ihr.

Am frühen Mittag kam ich hungrig, durstig und voller Geschichten nach Hause. Das Hoftor stand weit offen, die Haustür unseres Nachbarhauses auch. Irgendetwas war anders. Ich wagte mich in Hugos Hausflur und ging mit dem Ranzen voll mit neuen Büchern auf dem Rücken langsam die

Treppen hoch. Ich ging den schmalen Flur entlang und blieb in seiner Küche stehen, von wo aus Hugo mir am Vormittag zugewinkt hatte. Der Boden war übersät mit Tabletten; Tablettenschachteln und Raviolidosen lagen herum; der Hundenapf war voll mit Hundefutter. Ein paar Fliegen saßen darauf. Auf dem Tisch lagen Dinge, die ein Arzt gebrauchen konnte. Es roch, als hätte er lange kein Fenster geöffnet.

»Maria!« Mutter schrie zu mir hoch. »Rein! Wir essen!«

Als ich durch den Vorhang lugte, sah ich sie im Hof stehen, die Schürze umgebunden. Ich huschte zurück, rannte die Treppen hinunter.

»Was hast du da oben zu suchen? Hab ich dir gesagt, dass du da raufgehen sollst? Luder, elendiges!«

Plötzlich rannen mir Tränen übers Gesicht, Tränen aus einem ganzen Träneneimer, die ich nicht stoppen konnte.

»Hör auf zu heulen«, sagte Mutter. »Was gibt es da zu heulen?«

Ich konnte nicht sprechen.

Lustlos schob ich ein paar Löffel Suppe in den Mund, dann weinte ich weiter und sagte, ich sei satt.

»Es gibt heute Nachtisch«, sagte sie. »Ausnahmsweise.«

Ich nickte.

»Jetzt fängt der Ernst des Lebens an«, sagte sie.

»Wo ist Hugo?«

»Hugo ist in Lohr«, sagte sie.

Da fiel mir ein, dass ich nicht einmal den Namen von Hugos Hund wusste.

# Das geteilte Mädchen

Das Liebsein hatte ich gnadenlos perfektioniert. Aber ich musste auch mutiger werden. Sonst würde ich niemals den Spessart oder die Wolkenkratzer in Frankfurt sehen. Ich ahnte bereits, dass ich meine Weltenreise alleine durchziehen müsste.

Ich wurde zur Erfinderin. In der Adventszeit hatte das Fräulein Waidhas mit dem steifen Rock und den dicken Strümpfen eine Jesuskrippe aus Holz aufgestellt. Jedes Kind, das vor Unterrichtsbeginn im Gottesdienst war, durfte einen Strohhalm hineinlegen, damit es Jesus am Tag seiner Geburt kuschelig und warm hatte. Erstaunt beobachtete ich, wie auf Fräulein Waidhas' Kommando fast die Hälfte der Klasse aufstand. Sie stellten sich in einer Reihe auf, traten einzeln nach vorn und legten einen Strohhalm in die Krippe. Alle Kinder guckten andächtig. Waren die alle heute Morgen schon in der Kirche? Und wieso war ich nicht dort gewesen? Wir waren doch sonst dauernd in der Kirche, dienstags, freitags und sonntags im Amt und nachmittags in der Andacht. Im Mai war ich sogar dreimal wöchentlich in der Maiandacht und betete zu Hause vorm Maialtar in der Küche. Ausgerechnet, wenn es Strohhalme für das Bett von Jesus gab, gingen wir nicht. Ich musste mit den Heidenkindern sitzen bleiben.

Fräulein Waidhas sagte mit einem bösen Blick auf uns: »Wegen euch muss das Jesuskind frieren.«

Ich nagte an meinen Fingernägeln, bis ich ein Stück davon im Mund hatte und runterschluckte. Die Hand versteckte ich anschließend unter dem Tisch. Ich traute mich nicht, hochzuschauen. Ich erhaschte nur einen winzigen Streifen von Angelika. Sie guckte, als würde sie das alles nichts angehen. Sie hatte in den letzten Tagen einen ganzen Strohhaufen in die Krippe gelegt, und deshalb war sie am wenigsten von Jesus' Erfrierungstod betroffen. Fräulein Waidhas lobte

sie und schenkte ihr ein Heiligenbildchen, das man normalerweise nur für zehn »Sehr Gut« und zwanzig »Gut« bekam.
Angelika war blass und lächelte ein wenig. Sie guckte weder
nach rechts noch nach links, nur zu Fräulein Waidhas, als
hätten sie eine besonders enge Freundschaft. Und eins war
klar: Die wollte ich auch.

Am nächsten Morgen war ich schon zu Hause aufgeregt.
Ich konnte mich nicht schnell genug in meine wein-
rote Keilhose zwängen, aus der meine Cousine heraus- und
ich hineingewachsen war, die immer ein wenig rutschte,
weil die Hosenbeine für meine Beine zu kurz waren, der
Gummizug unter den Füßen aber jegliches Hochziehen in
die Taille verhinderte. Ich beschwerte mich nicht darüber,
sondern eilte los. Der Lederranzen schepperte auf meinem Rücken die Hauptstraße hinauf. Ich spürte fast kein
Gewicht, so mutig war ich. Es war noch dunkel draußen. Der
Mut setzte sich wie eine Krone auf mein Haupt und richtete
mich auf. Aufmerksam saß ich auf meinem Stuhl, als das
Fräulein das Körbchen mit den Halmen für die Krippe vom
Jesuskind auffüllte. Als sie damit fertig war, schaute sie
fragend in die Runde: »Wer von euch war denn heute im
Gottesdienst?«

Mein Auftritt war gekommen. Ich zog im Aufstehen die
Keilhose bis zum Anschlag hoch und schritt andächtig und
ohne Aufforderung seitens Fräulein Waidhas nach vorn. Es
war ein Gang durch die Menge, der so ungewohnt war, dass
ich mich fühlte, als hätte ich überhaupt keine Hose an. Nur
eine Krone aus Mut. Die Augen meiner Mitschüler hefteten
sich an mich. Sie brannten kleine Löcher in den Rücken
meines Strickpullovers und machten die Haut darunter heiß.
Kein Stühlerücken war zu hören, kein Schwatzen, keine
Sohle, die auf dem Linoleumboden quietschte. Draußen war
es noch immer dunkel. Es war, als hätte ich einen Auftritt in
der Hitparade wie Renate und Werner Leismann, die selbst
im Winter sangen: »... rechts und links, da blühen bunte

Bluhuumen ...« Die Deckenleuchten waren die Scheinwerfer, die Mitschüler das Publikum, und Fräulein Waidhas, deren Dauerwelle ich jetzt ganz aus der Nähe sah, war Dieter Thomas Heck. Es war etwas Besonderes, dass ich heute die Einzige war, die zur Jesuskrippe schritt. Es war mein absoluter Glückstag. Es war anders, als wenn man an die Tafel zum Rechenaufgabenlösen gerufen wurde und glaubte, man gehe auf dicken grauen Wolken, die jederzeit aufreißen und einen abstürzen lassen konnten. Diesmal war es, wie zu einer Siegerehrung zu gehen. Wieso hatte ich das nicht schon viel früher gewagt? Ich griff nach einem Strohhalm, er war besonders dick und elastisch, und platzierte ihn in die Mitte der Krippe, so, dass Jesus mit dem ganzen Körper darauf zu liegen kommen würde. Es war mucksmäuschenstill in der Klasse. Ich ahnte jetzt, wie Angelika sich jeden Tag gefühlt haben musste: stolz und mächtig Als ich auf meinen Platz zurückkehren wollte, sagte Fräulein Waidhas plötzlich: »Du bleibst hier stehen.«

Sie schaute triumphierend in die Klasse und fragte: »War sonst jemand heute in der Kirche?«

Angelika hob den Finger und sagte: »Nein.«

»Warum nicht?«

»Weil heute gar kein Gottesdienst war.«

Das Gummiband unter meinen Füßen zog die Hose beharrlich hinunter bis zur Hüfte, ich spürte sie rutschen, aber ich durfte jetzt nichts Falsches machen. Ich kniff nur mit dem Zeigefinger in die Daumenkuppe, bis es wehtat. Ich hasste Angelika.

»Was hat die Maria also gemacht?«

Dann meldete sich ein Junge, der sagte:

»Sie hat gelogen.«

Die Haare des Jungen rochen immer nach Kuhstall, deswegen wollte niemand neben ihm sitzen.

»Dann ist die Maria eine ...?« Sie wartete ab, als hätte sie einen Doppelpunkt gemacht.

»Lügnerin«, sagte er und strahlte.

Alle nickten und starrten mich, die Lügnerin, und meine rutschende Hose an. Die anderen Kinder begannen, siegessicher auf den Stühlen zu wippen und sahen schadenfroh zu mir. Ich musste den Strohhalm wieder aus der Krippe herausholen und zurück in den Korb legen. Während ich das machte, teilte ich mich in zwei Mädchen: die liebe Maria und Maria, die Lügnerin. Die Nagelhaut an Daumen und Zeigefinger war entzündet, und meine Hand fühlte sich an wie die eines gefühllosen Riesen, der in eine winzige Jesuskrippe langte, um Jesus wieder dem Frieren auszusetzen. Wie gern hätte ich mich in der Schürze meiner Mutter versteckt, in ihrem Duft nach Lenor und angebratenen Zwiebeln. Ich hätte ihre hängenden Arme genommen und sie um mich gelegt. Aber so gab es nur die grellen Deckenleuchten, die meine Hose und den Rest von mir auf dem Weg zurück zu meinem Stuhl bestrahlten. Wie guckt man, wenn man bei einer großen Lüge ertappt wird?

Da fiel mir Judas ein, der Lieblingsapostel von Jesus, der ihn am Ölberg für dreißig Silberlinge verraten hatte und der sich dann an einem Ast erhängte. Das war das, was auch Nachbar Hugo erfolglos versucht hatte. Ich fror ein auf meinem Stuhl. Vielleicht würde mich der liebe Gott zu einem Eiszapfen erstarren lassen.

Ich musste meine sieben »Sehr Gut« abgeben und war nun zurückgefallen in der Gunst von Fräulein Waidhas und meilenweit weg von meinem nächsten Heiligenbildchen. Noch weiter entfernt war ich von der lieben Maria, die man bedenkenlos mögen konnte, und von der ersehnten Freundschaft zu meiner Lehrerin.

Wie durch ein Wunder erfuhren meine Eltern nichts von dem Vorfall. Es lag daran, dass wir wieder schlachteten und Mutter nicht zum Elternsprechtag gehen konnte. Ich war erleichtert, aber nicht erfreut.

Ich hatte gelernt, dass sich wenig freuen und wenig lachen immer kluge Vorsichtsmaßnahmen waren, um nicht geschimpft zu werden. Ausgelassenheit verstellte ohnehin den Blick auf den Ernst des Lebens. Vater und Mutter konnten ein Lied davon singen, wie hart das Leben sein konnte.

Beim Geschenkeauspacken an Weihnachten steckte ich jedes Jahr in einem Dilemma.

»Wir hatten damals nichts«, sagte Mutter. »Weihnachten gab es ein paar Griffel für die Schule oder kratzige Wollsocken, sonst nichts.«

»Sonst nichts, Mama, wirklich?«

»Nein. Damit war ich schon zufrieden.«

Und Vater hatte in der Gefangenschaft nur einen Christbaum aus Stacheldraht gehabt.

Umso wichtiger wurde für mich die Dankbarkeit. Ich begriff, dass ich unbedingt dankbar sein musste für das, was ich hatte, weil es viel mehr als das Normale war. Ich verinnerlichte, dass ich allein mit meiner Puppe mit dem weichen Bauch schon privilegiert war. Am Ende glaubte ich, dass ich alles, was mir gehörte, gar nicht verdient hatte.

Deshalb freute ich mich bei Geschenken noch viel mehr über die Sachen, als es nötig gewesen wäre, nur um zu beweisen, wie dankbar ich dafür war. Das wurde vor allem bei Außenstehenden und mit zunehmendem Alter immer anstrengender. Die Sammeltassen zur Ersten Heiligen Kommunion beispielsweise mussten gebührend gelobt und mit Lächeln bedacht werden. Da passierte es, dass mir das Gesicht dabei zur Maske einfror und ich abends grundlos in Tränen ausbrach.

Bei Freude ohne besonderen Anlass hielt ich mich generell lieber zurück. Es konnte leicht passieren, dass ich nicht das richtige Maß traf. So saß ich einmal – ich war noch im Kindergarten – in der Küche auf dem Boden und plapperte: »Mein Bruder ist ein Papagei, mein Bruder ist ein Papagei.«

Meinem Bruder machte es nichts aus, dass er ein Papagei war, und er machte sogar selbst mit. Immer lauter rief ich die Neuigkeit, bis Mutter brüllte: »Hältst du jetzt endlich dein Maul!«

Es wurde totenstill. Erst durch die Stille merkte ich, wie laut Mutter geschrien hatte. Ich sprang auf, suchte Zuflucht – ausgerechnet bei der Frau, die grade so gewaltig gebrüllt hatte. Aber kurz vor ihr hielt ich an.

Die Tränen rannen, als Mutter scharf und spitz wie ihr Küchenmesser sagte: »Hör auf zu heulen, sonst schmier ich dir eine, dann weißt du, warum du heulst.«

Der Holzboden, auf dem ich stand, ließ mich im Stich wie alles in der Küche: Stühle, Tisch und Herd hatten sich von mir abgewandt. Ich sagte mir, ich würde nie mehr meinen Bruder einen Papagei sein lassen. Und vor allem nicht in dieser Lautstärke.

Aus der zweigeteilten Maria wurde das Mädchen, das sich in viele Teile aufteilen konnte wie ein Puzzlespiel. Aber ich war niemals »Maria am Stück«. Sicher lag es auch daran, dass das Mädchen mit all seinen echten Gefühlen vor lauter vorauseilendem Gehorsam unauffindbar geworden war. Ich war von nun an die Freudige, die Brave, die Ruhige, die Unsichtbare. Die Laute blieb allen fern. Vorläufig.

# Die Freundin

Ina wohnte im Neubaugebiet. Die Häuser waren so neu, dass manche noch nicht mal fertig waren. Von Inas Zuhause aus war es bis zum Wald nicht weit, und die Weinberge wuchsen fast bis zu ihrer Terrasse. Als ich in die Küche kam, traute ich meinen Augen nicht: Der Küchenschrank war so voll mit gemalten Bildern von Ina, dass man die Schrankgriffe fast nicht mehr fand.

Ich fragte: »Wieso hängen die da?«

Inas Mutter hatte Haare, die eine Welle nach außen machten, als wäre Feiertag. Sie entrüstete sich: »Na, die sind doch so schön!«

Bei uns zu Hause war das anders. Nicht nur die Bilder, auf denen ich Mutter und Vater mit Heiligenscheinen gemalt hatte, waren verbrannt worden. Einmal, mir war sterbenslangweilig, hatte ich den ganzen Nachmittag gemalt. Bilder von Mutter und Vater, von unseren Hasen und von mir auf Rollschuhen im Hof.

Als Vater von der Fabrik kam, zeigte ich ihm stolz meine Werke.

Er sagte beiläufig: »Soll das auch was sein?« Er lachte.

Da lachte ich mit, obwohl ich fand, dass sein Lachen wie Auslachen klang.

»Das ist doch nichts«, sagte er.

Ich stotterte: »Ja, das hab ich bloß so gemacht, das ist nichts.«

Im Nu schämte ich mich dafür, dass ich Mutter und Vater und mich für so wichtig gehalten hatte, dass ich uns und all das andere auf Bildern hatte festhalten und verewigen wollen.

Ab jetzt beteuerte ich immer schon im Vorfeld: »Guck mal, was ich gemalt habe – aber das ist nichts.« Diese Art der Selbstverleugnung erwies sich als gute Lösung, einer Enttäuschung vorzubeugen. Außerdem waren wir dann immer einer Meinung, was ja wichtig war.

Die Zeichnungen, die allesamt nichts waren, blieben ein paar Tage auf der Küchenbank liegen, dann steckte mein Vater sie eines Morgens zum Feueranmachen in den Ofen. Sie loderten kurz auf und waren dann wirklich nichts.

Jetzt stand ich in der Küche bei Ina und sah, dass ihr Hundebild, ein brauner Klumpen mit fünf Beinen, lang nicht so schön war wie meine Zeichnungen, die ich fein säuberlich ausgemalt hatte, ohne über den Rand zu patzen. Wieso hing bei uns kein einziges Bild von mir?

Ich hatte noch nie ein Mädchen aus meiner Klasse besucht. Weder Mutter noch Vater noch ich legten Wert darauf, dass man unbedingt jemanden besuchen müsste, wenn es nicht notwendig war. Deshalb war mein Besuch bei Ina ein Abenteuer. Sie hatte ein eigenes Zimmer, ganz für sich allein mit einer eigenen Tür und vielen Spielsachen. Kaum war ich dort, brachte die Mutter von Ina Würstchen ins Zimmer. Zwei Wiener Würstchen, auf einem Teller mit Senf. Ina tunkte ihr Würstchen in den Senf und fragte mich mit vollem Mund, wieso meine Strumpfhose am Knie so komisch sei.

Ich sagte: »Die ist gestopft.«

Schützend legte ich meine Hand auf die reparierte Stelle und griff nach dem Würstchen. Ich wartete ab, ob Inas Mutter noch Brot bringen würde, aber sie kam nicht wieder herein. Wir durften Würstchen ohne Brot essen. Das hätte es bei uns daheim nie gegeben. Ich biss hinein. Das Würstchen hatte keine Haut, man konnte sofort das Weiche schmecken. Es musste aus einem Glas stammen, das Würstchen. Nicht vom Metzger in der Hauptstraße. Alles war fremd und aufregend: Glas-Würstchen, Ina, der tapezierte Küchenschrank. Und selbst die alte Strumpfhose war, durch die Augen von Ina betrachtet, nun etwas Interessantes geworden. Ich hatte keine Ahnung, wohin mich das Strumpfhosenthema führen würde.

»Was ist das, ›gestopft‹?«, wollte Ina wissen.

Ich erklärte ihr, dass die Strumpfhose an der Stelle kaputt war und meine Mutter sie mit Stopfgarn wieder zusammengenäht hatte. Sie schob vehement meine Hand weg, um die Stelle genau zu betrachten. Sie staunte über das geflochtene Netzwerk an meinem Knie.

»Sie hat sie gestopft?«, fragte sie erneut. Ich überlegte, ob Stopfen eine große Kunst war, die nur meine Mutter beherrschte.

Ich legte meine Hand wieder über die unebene Stelle an meinem Knie, als wäre sie eine Wunde, die man bedecken muss, damit sie schneller heilt. Aber Ina schob ein weiteres Mal die Hand weg und betrachtete das Gitter aus braunem Garn. Sie fuhr mit ihrem Würstchenfinger sogar darüber.

»Wieso hat sie das gemacht«, fragte Ina.

»Weil die Strumpfhose kaputt war«, sagte ich und merkte, dass ich ein wenig ungeduldig klang.

Ich hatte Ina noch nie mit einer gestopften Strumpfhose gesehen.

»Die Strumpfhose ist alt«, schob ich nach.

Und mit diesen Worten begann mein Verrat. Ich bemerkte, dass ich beim Reden die Mundwinkel nach unten zog, um zu zeigen, dass ich über jegliche Löcher in Strumpfhosen und selbst über Mutter, die sie repariert hatte, erhaben war. Ich ahnte, dass das falsch war.

Ina hörte einfach nicht auf mit ihrer Fragerei: »Wieso musst du die dann anziehen?«

Ich roch ihren Würstchenatem und die Einladung des Erzengels Luzifer in die Hölle, Luzifer, der gottgleich sein wollte und dafür verdammt wurde.

»Weil. Meine Mutter ist halt blöd«, sagte ich, und mir wurde etwas schwummrig dabei.

Ich dachte an Mutter, wie sie dagesessen und die

Strumpfhose repariert hatte, an dem Tag, an dem es draußen regnete und ich neben ihr saß und Kästchen im Schulheft rot und grün anmalte. Ich dachte an sie, wie sie die Nadel auf und ab senkte und wie sie mich bat, ihr die Schere zu reichen. Sie trug die geblümte Schürze und darunter den gestrickten Pullover aus rechten und linken Maschen. Sie trug auch ihre Brille. Ohne Brille sah sie sehr schlecht. Das fiel aber niemandem auf.

Wieder war ich wie Judas, eine Verräterin. Die Wurst schmeckte nicht mehr. Ina interessierte sich jetzt mehr für meinen Wurstrest als für die Strumpfhose, und ich schenkte ihn ihr. Dabei hatte ich mich so auf sie gefreut, ihr Kinderzimmer und die rosa Spielsachen. Inas flauschiger Teppichboden war nun nicht mehr flauschig, der Kassettenrekorder mit der Musik extra für Kinder und die gelbe Limonade, die ich zu Hause nur sonntags und nur mit Selterswasser verdünnt bekam, das alles beeindruckte mich nicht mehr.

»Ich will heim«, sagte ich.

»Mama, die Maria will heim«, rief sie, und ihre Mutter sagte, sie würde meine anrufen, damit sie mich abholen konnte.

Ich sagte, ich könne alleine heimlaufen, aber Inas Mutter fragte weiter. Da musste ich es sagen: »Wir haben kein Telefon.« Ich konnte mir auch nicht vorstellen, dass wir jemals eins besitzen würden, denn ein Telefon passte nur zu Ina und ihrer Mutter oder zu unserem Hausarzt Doktor Mahling. Dann petzte Ina, meine Strumpfhose sei gestopft, und in diesem Moment wollte ich plötzlich nicht mehr, dass meine Mutter meine Mutter ist. Es ging so schnell, dass ich kaum mitbekam, wie schnell. Aber der Gedanke saß fett und verräterisch in meinem Kopf. Der ganze Steinbruch trennte mich von ihr. Und es sollte noch schlimmer kommen.

Auf dem Weg ins Tal verschwand auf einmal die Sonne, als hätte sie keine Lust mehr auf den Tag. Ich fing an zu rennen. Auf der Höhe der Turnhalle fiel mir ein, dass ich mein Schulheft bei Ina vergessen hatte. Ich musste zurück. Aber je länger ich den Berg hinauflief, in Richtung Wald, umso weniger wusste ich, wo Ina wohnte. Die Häuser oberhalb der Turnhalle sahen alle gleich aus. Ich bog in fremde Straßen ein, in unbekannte Wege. Die Äste einer Hecke bogen sich über mich, als ich nach dem Klingelschild suchte und es nicht fand. Meine Strumpfhose rutschte, eine Frau rief nach einem Kind, aber es war nicht meine Mutter, und es war auch nicht mein Name. Ich rannte die Straße zurück und zählte die Häuser. Nebel senkte sich vom Himmel. Die Lichter in den Fenstern wurden hell, jemand ließ den Rollladen hinuntersausen. Das Läuten der Kirchenglocken klang in weiter Entfernung. Die Farben der Häuser verwandelten sich in der Dämmerung in Matschbraun und Grau. Ich zog die Strumpfhose hoch. Die Stelle, an der das Loch repariert worden war, rieb am Knie. Ich dachte an die Narbe, die der Vater von einem Granatsplitter am Knie hatte. Er war ihm in Frankreich im Lazarett herausoperiert worden. Immer wenn er erzählte, er sei im Lazarett gewesen, dachte ich an Lazarus. Lazarus war tot, und sie hatten ihn begraben. Aber dann geschah ein Wunder und er stand auf und lebte wieder, weil Jesus zu ihm gesagt hatte: »Komm aus dem Grab heraus. Löst ihm die Binden und lasst ihn gehen.« Vater sagte, dass viele im Lazarett liegen geblieben und nie mehr aufgestanden seien. Und dass er, mein Vater, Glück gehabt hatte. Es war so wie mit dem Fallen im Krieg. Liegenbleiben und Fallen, das durfte mir niemals passieren. Und es durfte mir auch nicht passieren, dass ich Luzifer, Lazarett und Lazarus miteinander verwechselte.

Ich würde nie wieder zu Ina gehen. Ich hatte den Geschmack der Wurst im Mund. Und als ich aufstieß, den Geschmack von gelber Limonade. Ein Fenster wurde geöffnet, ein Lappen wurde ausgeschüttelt. Meine Strumpfhose wurde nass, und das Nasse lief warm die Beine hinunter. Auf beiden Seiten. Bis in die Schuhe. Ich bewegte mich nicht, vor allem nicht, als mehr Wind aufkam und das Nasse kalt wurde. Und die Häuser immer schwärzer.

Dann hörte ich etwas anderes als Wind und Stimmen. Wie ein knatterndes, längliches Tier bog das Moped in die Straße ein und blieb vor mir stehen. Es war Vater. Er stieg nicht ab, machte den Motor nicht aus, als hätten wir Zeit zu verlieren: »Los, steig auf«, sagte er.

Nie zuvor durfte ich hinter ihm auf dem Rücksitz mitfahren.

»Halt dich gut fest«, sagte er.

Ich umklammerte den Vater von hinten, seine Windjacke, die sich im Fahrtwind aufblähte wie ein Ballon, das Hemd und das Unterhemd und alles, was darunter Vater war.

Meine Mutter zog mir die Strumpfhose aus und den Schlafanzug an. Sie stellte mir ein Schnittlauchbrot hin und Johannisbeersaft, den ich mit Wasser verdünnt trank.

Sie sagte nicht viel, nur: »So was gibt's nicht noch mal.«

Ich wollte weinen, aber es wurde nur ein Grinsen, aus Angst, und das Grinsen war entsetzlich, denn es zermalmte mich von innen, zusammen mit der Wiener Wurst von Ina.

»Ich wollte heim«, sagte ich und versteckte das Grinsen hinter einem Husten, und den versteckte ich hinter der Handfläche.

Dass Ina eine Woche später zu uns nach Hause kam, war nicht geplant. Sie hatte vergessen, was wir als Hausaufgabe aufhatten, und stand tränenüberströmt vor unserer Haustür. Ihre Mutter hatte sie den Berg hinuntergeschickt, zu mir. Mutter ließ sie rein, und als Ina in unserer langen Küche stand, ging mir durch den Kopf, dass wir weder Würstchen noch Limo hatten. Bei uns gab es kaum Besuch und keine Limonade, schon gar nicht unter der Woche. Die Hausauf-

gaben waren schnell erklärt, und eigentlich hätte Ina jetzt
gehen müssen, aber sie machte keine Anstalten dazu. Hilfe
suchend guckte ich Mutter an. Die wusste auch nicht, was
ich mit Ina machen sollte. Wir hatten zwar keinen PVC in
der Küche und auch keine Terrasse, aber wir hatten Tiere.
Ich zeigte ihr die Stallhasen und die Hühner. Volltreffer! Ina
stand da wie angewurzelt. Endlich war ich die Expertin für
irgendetwas – für die Expedition ins Tierreich.

Dann sagte Ina etwas Dummes: »Ich hab Hunger.« Die
ganze Zeit war alles glattgegangen. Mir wurde ein bisschen
schlecht. Mutter würde denken, dass ich Ina den Hunger
eingeredet hätte, weil ich selbst etwas wollte, was gar nicht
der Fall war. Nie würde ich etwas wollen, wenn jemand zu
Besuch war. Und wenn ich selbst bei anderen Leuten zu Besuch wäre, würde ich den Hunger immer bis abends auf-
heben. Bei anderen Leuten essen war einfach nicht üblich.
Engbeinig schlich ich zu Mutter in die Küche, Ina trottete in
Erwartung neuer Abenteuer hinterher.

»Die Ina hat Hunger«, sagte ich.

Mutter sah mich nicht an. Ich hatte es geahnt. Es war
ein Fehler, dass ich das sagte. Sofort veränderte sich Mutter.
Sie klappte mit einer fahrigen Bewegung den Brotkasten auf
und griff nach einer Tüte vom Bäcker, von der ich gar nicht
wusste, dass sie dadrin lag. Mutter zog eine Mohnschnecke
heraus, riss sie entzwei und reichte Ina das größere, mir das
sehr viel kleinere Teil. Zu mir sagte sie: »Das hast du jetzt
davon.«

Ina bedankte sich und mampfte genüsslich ihre halbe
Mohnschnecke. Als ich in meine Hälfte hineinbiss, merkte
ich, dass sie nicht mehr frisch war. Das sagte ich Ina auch,
damit alles seine Richtigkeit hatte: »Die ist aber von gestern.«

Es war mir unangenehm, dass wir Ina nichts Frisches anbieten konnten.

»Das macht nichts«, sagte Ina und kaute weiter. Als Ina

aufgegessen hatte, schmierte sie ihre Zuckerfinger an der Sandsteinstufe ab, stand auf und sagte etwas Ungeheuerliches: »Ich muss jetzt heim.«

Ich war völlig vor den Kopf gestoßen. Hätte sie nicht mit ihrem Hunger warten können, bis sie zu Hause war? Ina ging. Mutter redete kein Wort mit mir. Ich war schuld, dass Ina gekommen war, und zwar mit Hunger. Hatte ihre Mutter ihr nicht beigebracht, dass man bei Fremden nach nichts fragt? Ina nahm einfach keine Rücksicht auf unsere Gewohnheiten.

Ina war anders als wir. Für mich aber fühlte es sich so an, als wären wir anders als die anderen. Das fiel mir aber immer nur dann auf, wenn wir mit anderen Leuten zu tun hatten. Wir gingen nie in eine Wirtschaft zum Essen, verplemperten keine Zeit wie andere Familien. Vater und Mutter pflegten keine Freundschaften, selten kam jemand zu Besuch und wenn, verursachte es große Aufregung, die sich erst wieder legte, wenn der Besuch weg war. Es war ein wenig so, als ob unsere Familie in einem abgeschlossenen Universum lebte. Jeder meiner Versuche, genauso unbefangen und fröhlich wie die anderen zu sein, wie die, die mit den Eltern mit dem Auto fuhren, missglückte. Ich war ein schüchternes »Es«. In der Schule wurde mir genau das bald schon zum Verhängnis.

# Die Blutwurstbande

Lehrer Becker hatte nur einen ganzen Arm. Der andere war ihm unterhalb des Ellbogens im Krieg abgeschossen worden. Ich war in der fünften Klasse, und Lehrer Becker war mein Klassenlehrer. Wir hatten alle immer ein wenig Furcht vor seinem halben Arm, den er stets in Mullbinden eingewickelt trug. Er erinnerte mich an Lazarus, den Patienten von Jesus, der in meiner Kinderbibel ebenso verbunden war, nur ganzkörperlich. Niemand wollte den Stumpf anfassen oder in seine Nähe kommen. Herr Becker war nicht nur wegen seines kurzen Armes von allen gefürchtet. Er konnte von null auf hundert in einer Sekunde wild werden und schreien. Dabei fielen ihm die wenigen Haare, die er mit Brisk nach hinten geklebt hatte, strähnig in die Stirn. Er fuchtelte mit seinem halben Arm durch die Gegend, dass wir uns alle duckten.

Im Turnunterricht ließ er uns eine Weile rennen, dann sagte er: »Wir machen einen Kreis«, und streckte mir seinen Lazarusarm entgegen. Außer Atem kam ich vor ihm zum Stehen. Ich griff beherzt zu. Er fühlte sich hart an, aber auch ein bisschen weich, dieser Armstumpf, er war so, dass meine Hand am Ende einmal drum herum passte. Er hatte etwas von einem Kegel oder einem Rettich. Die Mitschüler beobachteten mich. Cornelia tuschelte mit Sandra, woraufhin Sandra herschaute und dann mit Birgit schwatzte, die dann auch guckte. Sie fixierten mich, meine Hand an Herrn Beckers Armstumpf und mein weißes Bubenripphemd. Wir sangen »Das Wandern ist des Müllers Lust« und gingen dabei im Kreis, links herum und bei der nächsten Strophe rechts herum. Meine Hand wurde warm an Lehrer Beckers Armstumpf, ich fühlte darunter den echten Menschen aus Fleisch und Blut. Ausgerechnet in dem Moment, als es gongte und ich den Armstumpf losließ, fühlte ich mich Herrn Becker sehr nah. Es war ein wenig so, als ob wir etwas gemeinsam hatten und damit ein Geheimnis teilten. Obwohl ich beide Arme ganz besaß, war ich ein wenig wie er. Keine Ahnung, warum das so war.

Am nächsten Tag stand Herr Becker vor seiner Tafel und kündigte einen besonders gelungenen Hausaufsatz an. Wir waren gespannt, von wem er war, und als er die ersten Sätze las, war klar: Es war meiner. Ich war mit dem Vogelschwarm, über den ich geschrieben hatte, weggeflogen, über den Kirschbaum in unserem Garten, über die Kirchturmspitze und über den Main. Ich hatte mich an ihre Flügel gehängt und den Wind in meinem Gesicht gespürt. Ich hatte oft schon geträumt, dass ich im Klassenraum von meinem Stuhl abhob und an die Decke flog, immer gegen den Uhrzeigersinn. Als ich aufwachte, glaubte ich es sogar und schrieb es in den Aufsatz.

Ich bekam eine Eins. Stolz nahm ich mein Heft entgegen.

In der Pause bekam ich dafür die Quittung. Ich stand gerade am Betonpfeiler und aß mein Pausenbrot. Da kam Cornelia nah an mich heran und reckte den Kopf vor. Sie begutachtete mein Brot. Sie kam so nah, dass ich ihren süßen, verschwitzten Atem riechen konnte, als sie sagte: »Was hast du auf dem Brot?«

Ich sagte: »Blutwurst.«

»Iiiih«, schrie sie, »igitt!« Sie grölte über das ganze Schulgelände: »Die Maria hat Blutwurst auf ihrem Brot«, bis Sandra und Birgit angerannt kamen.

»Bluuuuutwuuurst! Bluuuuutwuuuurst«, riefen sie und ließen die Hände wie nasse Putzlappen in meine Richtung schnalzen, dass sie fast mein Gesicht streiften.

»Würdest du Blutwurst essen?«, fragte die dicke Cornelia breitbeinig. Sie hatte sich gerade zur Anführerin der »Blutwurstgang« ernannt. Birgit machte dabei ein angeekeltes Gesicht.

»Igitt, niemals«, johlte Birgit, und Sandra stimmte mit ein, und zu dritt fegten sie im Kreis über den Pausenhof und schrien:

»Blutwurst! Das heilige Mariale isst Blutwurst!«

Das Brot konnte ich unmöglich weiteressen. Außerdem dachte ich an das Blutrinnsal, das nach dem Schlachten wie flüssige Lava über unsere Pflastersteine gesickert war. Ich stopfte das Brot zurück in die Papiertüte und die in die Anoraktasche. Nur mich konnte ich nicht wegstopfen, und die Pause war noch lang. Ich hörte, wie die Blutwurstgang eine Umfrage machte, ob sich jemand vorstellen könne, Blutwurst zu essen. Natürlich konnte sich das niemand vorstellen. Überhaupt niemand.

»Heiliges Mariale, heiliges Mariale«, riefen sie im Chor. Und: »Der Liebling vom Lehrer Becker! Uuuuaaaaahhhh!« Sie spielten Liebesszenen von Lehrer Becker und mir. Ein paar andere gesellten sich dazu und wurden zur applaudierenden Fangemeinde.

Ich drückte mich gegen den Betonpfeiler. Meine Knie wurden weich. Ich tat so, als fühlte ich mich nicht angesprochen. Der Mund zuckte, ich heftete meine Augen auf den Boden. Dort waren sie sicher, sahen nichts weiter als ein paar staubige Steinplatten und ein Maoam-Papier. Ich musste mir schnell eine schlagfertige Antwort überlegen. Es gab keine.

Zu Hause sagte ich nichts.

Am Tag darauf nahm mich Oberlehrer Becker zur Seite:

»Willst du mit den Buben auftreten?«, fragte er.

»Ja«, nickte ich eifrig.

Der ortsansässige Knabenchor hatte schon eine Schallplatte aufgenommen und Konzerte gegeben, sie waren richtig berühmt. Als einziges Mädchen sollte ich nun in der Kirche zwei Soli singen, zusammen mit Eckhart aus dem Jahrgang unter mir. Ich würde öffentlich auftreten! Ich rannte nach Hause und verkündete es Mutter.

»Soso«, sagte sie. Und dann erstaunt: »Gerade dich wollte er dafür? Dann mach dem Oberlehrer Becker keine Schande.«

Am nächsten Tag schon machte es die Runde in der Klasse. Wie »Stille Post«, bloß, dass am Ende immer das Gleiche wie am Anfang rauskam: »Das heilige Mariale singt im Knabenchor.«

Auf dem Nachhauseweg wurde ich von einer Art Dornentier verfolgt, das nicht einmal aus meiner Klasse war. Alexandra hatte sich mit der Blutwurstgang verbündet. Sie hatte sich Rosendornen ins Gesicht geklebt und gebärdete sich wie ein wilder Stier in meinem Rücken. Ich ging schneller. An der Biegung zur Hauptstraße heftete sich die Blutwurstbande an meine Fersen: »Heiliges Mariale, heiliges Mariale! – Bluuuuut! – Bluuuuut!« Sie watschelten im Entengang hinter mir her, drückten den Po nach hinten raus und setzten die Füße nach innen. Sie fanden, dass das meine Gangart war.

Ich rannte, mein Schulranzen tanzte auf und ab, die Lederriemen schnitten in meine Schultern. Erst nach dem Gasthaus Rose war ich in Sicherheit.

»Hast du dein Pausenbrot heute gegessen?«, fragte Mutter, am Herd stehend. Ich log: »Ja«, dabei lungerte es noch in der Anoraktasche. Als Mutter das Brot fand, gab es Ärger.

»Das ist guter Schwartenmagen, das wird noch gegessen!«

Sie legte das Brot auf die Küchenschrankablage, und als ich am nächsten Tag von der Schule heimkam, lag es immer noch da. »Da ist noch dein Brot«, sagte Mutter knapp. »Es wird nichts weggeschmissen.« Ich musste es irgendwie schaffen, um das Brot herumzukommen. Dazu hielt ich mich möglichst wenig in seiner Nähe auf. Die Erlösung kam später: Vater aß es wortlos zum Abendessen.

Alles änderte sich, als ich mich zum ersten Mal durch Lautsprecherboxen hörte. Eckhart und ich standen vor dem Altar in der Pfarrkirche und sangen.

Ich wusste bis dahin nicht, dass ich eine Stimme hatte, die so klingen konnte. Sie hallte durch das gesamte Kirchenschiff. Meine Stimme war einfach überall. Und dann die vielen Menschen. Ich hatte so viele Gottgläubige noch nie von vorn gesehen. Immer kniete ich nur mittendrin und sah auf Rücken, Hinterköpfe, Strickmützen und Kopftücher. Jetzt hatten die Leute Gesichter, die mich ansahen. Mich, im blauen Faltenrock, der weißen Bluse und einem blauen Halstuch – das gleiche wie die Chorbuben.

Eckhart und ich tönten zweistimmig unser Solo. Das Lied machte mich stark. Ich wusste, dass die Mädchen der Blutwurstbande auch hier waren, jedes bei seiner Familie. Allein waren sie nur weitere Gesichter zwischen Übergangsmänteln. Mit meinem Gesang machte ich sie wehrlos, denn ich würde das Lied bis zum Ende singen, und es dauerte über fünf Minuten. Und sie müssten zuhören. Nach meinem Auftritt saß ich seitlich von der Orgel, auf einem Sonderplatz für Sonderchristen und Sondersänger, die eine besondere Aufgabe erfüllen durften. Hier gehörte ich hin. Der seitliche Blick auf den Altar, die Aussicht in die Orgeltasten, die Sicht auf die Tür zur Sakristei in der Steinwand. Ich war hinter den Kulissen. Ich sah die Hinteransicht vom Herrn Pfarrer, wie er auf die Kanzel stieg und seine Arme wie der Sprecher der Tagesschau auf dem Podest abstützte. Ich sah seine schwarzen Schuhe, die poliert waren, nur hinten an der Ferse nicht. Der Absatz war stumpf von den Kieselsteinen auf dem Friedhof. Ich sah, wie seine Ohren von hinten aussahen: rötlich, wie Schweineohren und abstehend. Ich hörte, wie seine Anklagen auf die Gläubigen prasselten, dass wir im Schweiße unseres Angesichts unser Brot essen sollten. Gut, dass ich davon nicht betroffen war, weil ich ja hinter ihm saß.

Weil Lehrer Becker an mich glaubte, gehörte ich jetzt zu denen, die sich nichts sagen lassen und die sich nicht vom Stellvertreter Gottes beschimpfen lassen mussten.

Doch als ich nach dem Wochenende das Klassenzimmer betrat, war alles wieder beim Alten. Ich platzte in ein Tribunal. Sie waren schon mittendrin, in der Urteilsverkündung. Sie standen im Kreis. Cornelia, die Anführerin, sagte: »Also, wer ist denn jetzt für die Maria?«

Niemand in der Klasse hob die Hand. Ich versuchte noch, meine Nebensitzerin Sybille auf meine Seite zu locken. Aber Cornelia hatte sie am Pullover auf ihre Seite gezogen, und da stand sie nun und traute sich nicht mehr zurück.

»Wer will sich auf den Stuhl neben die Maria setzen?«, fragte die Anführerin.

Niemand meldete sich.

»Iiiih, da setz ich mich nicht hin«, sagte Sandra, und die anderen stimmten mit ein. »Der Stuhl ist vergiftet.«

»Wer sich da hinsetzt, wird genauso trutschig wie die Maria«, sagte Sandra.

»Trutschig sein«, das war schlimm. Trutschig war ich, weil ich nicht so aussah wie die anderen. Keine Frisur oder Klamotten trug, die angesagt waren. Wir hatten nun mal wenig Geld für so »ausgefallene Fürze«. Wofür sollte man sich bei uns auch schick machen, wo man damit nur unangenehm auffallen konnte? So etwas wie Mode gab es nicht. Meine Mutter kaufte unsere Kleider immer bei einem Vertreter, der sie zu Markenkopien und dem Kauf von unaufdringlichen Blusen überredete. Daher trug ich nie den neuesten Schrei, und Trends zogen an uns vorüber.

Zu Hause sang ich leise in der Küche, um mich aufzumuntern, als Mutter mich unvermittelt fragte: »Ist dir schwer?«

»Ja«, sagte ich.

Schwersein kannte ich von ihr. Schwer war meiner Mutter, wenn sie gebeugt über den Hof schlich, wenn sie sich tagsüber stundenlang hinlegte, wenn ihre Stimme monoton und ihre Augen abwesend waren. Das Schwersein unterschied uns von anderen Familien und machte uns zu einer Einheit, die gegen den Rest der Welt kämpfen musste. Daher war es gar nicht schlecht, es schwer zu haben. So war ich immerhin wie meine Eltern und gehörte wenigstens dazu. Aber das Schwersein machte mich auch zur kompletten Einzelgängerin, die sich gegen die Gemeinheiten der Klassenkameraden nicht wehren konnte.

Ab jetzt wurde jeder meiner Schritte überwacht, und zwar von mir selbst. Bloß keinen Fehler machen und niemals Anlass zum Hetzen geben. Ich versuchte, mich von außen zu betrachten, versuchte, die Füße beim Gehen nach außen zu drehen und meinen Rücken zu strecken. Ich bekam vom Orthopäden sogar ein fleischfarbenes Mieder, das den Bauch reindrückte und mich aufrichten sollte. Ich war mir fremd, und die anderen waren die, die mich besser kannten. Ich war zu einem gläsernen Mädchen geworden, in das jeder hineinschauen konnte, trotz Mieder. Und alle konnten meine Gedanken und Gefühle sehen, vielleicht sogar die Gedanken und Gefühle, die erst noch kommen würden.

# Die Jugendliche

# Der Saft

Ich war jetzt dreizehn. Mutter kaufte weiterhin Multi-Sanostol-Sirup und dazu auch noch den teuren Rotkäppchen-Saft aus dem Reformhaus. Aber nichts half. Ich blieb appetitlos und sang nur noch selten. Als ich beim Mittagessen meinen Teller mit Gemüse nicht essen wollte, verlor Mutter die Geduld und sagte: »Dann frisst du halt Hundsfotze« – »Hundsfotze« bedeutete nichts anderes als Hundemaul. Wir fuhren mit dem Fahrrad zu der neuen Ärztin, Frau Doktor Lappert, in die Kreisstadt. Sie behandelte mit den modernsten Methoden der Zeit, und entsprechend war das Wartezimmer voll.

Frau Doktor sah aus wie ein Wildpferd. Sie hatte ihr rotes Kraushaar zu einem Zopf zusammengebunden, einige Strähnen hingen heraus, sie steckte eine Hand lässig in die Kitteltasche und guckte so schlecht gelaunt, als müsste sie gleich zehn Tassen Kaba trinken. Sie bat uns ins Sprechzimmer und fragte mich ganz direkt: »Also, warum bist du da?«

Mutter antwortete für mich: »Das Kind ist unruhig. Es isst nichts, es schläft nicht, es hat an nichts Freude. Es ist dünnhäutig. Es ist einfach nicht zufrieden.«

Frau Doktor guckte mich an, ihr Blick war durchdringend, ihre Augen blitzblau. Sie schickte meine Mutter auf den Flur. Jetzt war ich mit dem wilden Pferd allein.

»Stimmt das?«, fragte sie mich.

Was war das hier? Ein Verhör? Der Stuhl, auf dem ich saß, wurde heiß und mir mulmig.

»Zeig mir mal deine Finger«, sagte sie. Ich wollte fliehen, zur Tür hinaus oder durch das Milchglasfenster. Ich musste meine Hände hinhalten. Sie nahm sie – ihre Handrücken waren voller Sommersprossen –, und ich sah zu, wie sie meine abgekauten Nägel begutachtete, vor allem die Nagelhaut, die ich gründlich abgezupft hatte, bis sie blutete und sich

Grind gebildet hatte. Die Daumen und Zeigefinger sahen am schlimmsten aus.

»Was ist los mit dir?«, fragte Frau Doktor Lappert und fixierte mich so lange, dass ich vermutete, dass meine Mutter schon nach Hause zum Abendbrotmachen gegangen war. Ich wollte ihr erwachsen gegenübertreten. Sie sollte nicht denken, dass ich ein hilfloses Kind war.

Ich sagte so locker ich konnte: »Mir geht alles auf die Nerven.«

Das war auch die Wahrheit.

»Wie?« Sie nagelte mich fest. »Krabbelt dir alles auf den Nerven rauf und runter?«

Dabei ließ sie ihre Zeige- und Mittelfinger über ihren Unterarm spazieren.

»Ich weiß es nicht.«

»Du kannst mir alles sagen.«

Nun fühlte ich mich wirklich schlecht. Ich konnte ihr doch unmöglich sagen, dass ich in der Schule eine Außenseiterin war, die heimlich auf dem Klo heulte. Es gab viel, das ich ihr gern anvertraut hätte, jetzt, wo sie meine Finger gesehen hatte. Von meinem ganzen Unheil hätte ich gerne erzählt. Bloß, wie drückt man etwas aus, das man selbst nicht richtig benennen kann? Daheim hatten wir doch alles. Von außen betrachtet waren wir gesund, erfüllten unsere Aufgaben und Pflichten und waren eine ganz normale Familie.

Nur eins brachte ich über die Lippen: »Ich habe schlimme Träume von Gespenstern und Mördern.«

»Wie oft?«

»Jede Nacht.«

Sie schaute mich prüfend an. Die Frau Doktor und ich, wir verstanden uns irgendwie. Es war ein bisschen wie mit Herr Becker. Dann und wann gab es doch Erwachsene, die zu mir vordringen konnten – und ich zu ihnen. Nach denen musste ich zukünftig mehr Ausschau halten.

Wir kriegten eine Überweisung zu einem Kinder-Psychiater.

Mutter seufzte: »Vielleicht ist es seelisch.«

Der Psychiater verschrieb mir Masmoran. Ein Saft für die Behandlung »kindlicher Verhaltensstörungen wie weinerliche und misslaunige Verstimmung, Spielunlust, nervöse Unruhe, nächtliches Aufschreien« sowie zur »Sedierung des verwöhnten Kindes, zur Eingewöhnung ins Krankenhaus, bei wählerischer Essunlust und Kontaktstörungen«. Er war wie maßgeschneidert für mich.

Doch der Saft half nicht richtig. »Du musst widerstandsfähiger werden«, sagte Frau Doktor Lappert, als wir wieder bei ihr vorstellig wurden. »Du musst mehr an die Luft, du bist blass.«

Mutter nickte: »Es hat an nichts Interesse.«

Wir saßen vor dem Schreibtisch im Behandlungszimmer, der aussah, als hätte die Frau Doktor der Putzfrau unter Todesstrafe verboten, ihn anzurühren. Ich hoffte, dass sie Mutter noch einmal hinaus auf den Gang schickte. Vielleicht hätte es heute mit dem Erzählen geklappt. Aber das ließ sie diesmal aus. Dafür fragte sie mich, ob ich Lust hätte, für drei Wochen in die Berge zu fahren, mit dem Roten Kreuz.

Die Berge! Das klang nach Abenteuer. Das klang nach dem Beginn von etwas Neuem, etwas anderem. Das andere konnte ja nur besser sein. Ich war noch nie woanders gewesen, vor allem nicht über Nacht. Aber hatte ich darauf Lust?

»Lust«, das war etwas Verheißungsvolles. Lust war das Gegenteil vom blutenden Jesus in Öl am Ölberg und das Gegenteil vom Schweigen mit Kühlschrankbrummen. Lust, die ging nach oben ins Blaue statt in den Keller, wo Vaters Lachen starb. Bei Lust dachte ich an Ananasschwänchen mit Sahne und lang fernsehen dürfen und an Rudi Carrell. Lust gab es selten bei uns. Auch beim Essen hieß es nicht:

119

»Worauf hast du Lust?«, sondern: »Was wird als Erstes schlecht und muss weg?«

»Also?«, fragte Frau Doktor und sah mir wieder mit diesem blauen Stahlblick in die Augen, dass ich die Nagelhaut am Daumen in das Fleisch drückte.

Ich sagte: »Ja.«

Sie legte einen Prospekt vom Roten Kreuz auf den Tisch. Darauf waren fröhliche Kinder zu sehen, die in rote Äpfel bissen. Im Hintergrund standen Kühe unter einem weiß-blauen Himmel.

Die Kinder auf dem Foto waren so, wie ich sein wollte. Ich stellte mir vor, dass das auf dem Foto ich wäre – in einer Welt, in der Mutter mich fest in die Arme schloss, wenn ich traurig war, und Vater mich lobte, wenn ich etwas gut gemacht hatte. Eine Welt, in der alles gut wäre.

# Jeansgirl

Die Berge waren anders, als ich sie mir vorgestellt hatte. Sie waren grün und nicht schneebedeckt, nicht kantig und gefährlich, wie die Kulisse beim Komödienstadel im Fernsehen. Die Berge bestanden aus Almen, Hügeln und Kühen. Nur ganz in der Ferne waren sie weiß, doch da würden wir nicht hingehen. Auf dem Martlhof in Brixen wartete ich vom ersten Tag an auf meine spektakuläre Veränderung.

Der Speisesaal war riesig, Holzstühle, Holztische, Holzwände, Holzboden, Holzlampen und kleine Holzfenster mit Holzsprossen, durch die man ins Grüne auf die Kühe schaute. Ich ging von einem Tisch zum anderen, probierte Stühle aus, um rauszufinden, wo ich gerne sitzen wollte. Ich saß neben einem Mädchen, das aussah wie ein Junge, der gerade geweint hatte, stand auf, setzte mich zwei Stühle weiter, doch da war schon reserviert, versuchte es am Nebentisch, wo die Pausbäckige saß, aber die sah mich seltsam an und war gelb im Gesicht. Ich setzte mich wieder auf den Stuhl, den ich zuerst gewählt hatte, und beschloss, dass dies der beste Platz für mich war.

Bevor der Semmelknödel mit der Soße in Berührung kam, machte mein Bauch dicht, und ich konnte nichts essen. Auch später nicht, als mich die Betreuerin in unserem Sechsbettzimmer besuchte. Um mich herum rannten Kinder in ihren Schlafanzügen durch die Zimmer, schmierten Zahnpasta auf die Türgriffe und lachten sich über ihren Streich schief. Ihre Koffer rochen nach ihren Dachböden und ihre Kuscheltiere nach ihren Betten. Ich hatte auch eins dabei, den orangefarbenen Bären, den ich im Handarbeitsunterricht gestrickt hatte. Das rechte Bein war etwas länger als das linke, obwohl die Maschenreihen auf beiden Seiten gleich waren. Ich zog ihn mehrmals wieder auf, aber die

Beinlänge änderte sich nicht. Der Bär war kein Kuscheltier, sondern ein Arbeitstier.

Nun lag ich regungslos in meinem Stockbett, guckte an die Decke, die nur einen halben Meter über mir war, was bedeutete, dass es hier nicht weiterging. Wenn ich mich aufsetzte, stieß ich oben an. Deshalb war es ohnehin besser zu liegen.

»Hast du Heimweh?«, fragte die Betreuerin. Ich überlegte.

»Ja«, sagte ich. »Ich glaube schon.«

Ich sehnte mich hier im Erholungs-Sechsbettzimmer noch mehr nach zu Hause, als ich mich zu Hause nach einem Zuhause sehnte. Aber war das nun Heimweh? Oder Fernweh? Ein Weh war es ganz sicher.

In den drei Wochen schrieb ich sieben lange Briefe nach Hause. Mutter antwortete auf fünf davon. Sie malte Blümchen auf die Umschläge, obwohl sie immer sagte, sie könne nicht malen. Sie tröstete mich: »Genieße die Zeit, denn sie kommt nicht wieder.« Sie schrieb, dass sie gern auch mal Ferien wie ich machen würde, denn zu Hause sei immer alles gleich. Wir schrieben uns, was wir machten, und sie fügte dazu, dass sie mich liebhabe. Ich glaubte es ihr mehr als sonst. In ihren Briefen gab es kein Schweigen, kein Zögern, keine langen Pausen und kein Seufzen. Auf Papier waren wir uns näher als im echten Leben. Es fühlte sich auf einmal an, als wäre Mutter meine Komplizin. Vielleicht lag es daran, dass Papier mit jedem Menschen geduldig ist.

Auf dem Höhepunkt der Kindererholung sollte sich die angestrebte Widerstandskraft zum ersten Mal zeigen. Wir veranstalteten eine Modenschau. Mit Feuereifer nähte ich, Steppstich für Steppstich, aus einem hellbraunen Vorhangstoff ein langes Partykleid. Als ich endlich fertig war, trat ich erwartungsvoll darin vor den großen Spiegel. Ich sah aus wie eine Kalbsleberwurst im Naturdarm von unserem

Metzger. Ich spürte geradezu die kalte Metzgerluft auf meiner Haut und hörte die Kunden reden: »Ein halbes Pfund Aufschnitt, drei Kotelett und gibst mir mal was von dem gegrillten Bauchfleisch.« Die anderen Mädchen wuselten um mich herum und waren begeistert von ihren Kostümen. Ich hatte höchste Skrupel, als Kalbsleberwurst aus meiner Heimat aufzutreten, und schälte mich aus der Pelle. Die Betreuerin Monika sagte, das Kleid sei doch in Ordnung. Das glaubte ich ihr nicht. Sie wollte mich nur besänftigen. Monika war keine Hilfe.

Unglücklich verkroch ich mich unter der Holztreppe. Die Mädchen rannten über die Stiegen rauf und wieder runter. Sie trampelten ihre Begeisterung geradewegs auf meinen Kopf. Dann kam mir der Zufall in Gestalt von Kathrin und ihren Korkclogs zu Hilfe. Kathrin stakste mit ihren Clogs mit spektakulär hohem Keilabsatz die Treppe herunter. Und ich dachte: »Jetzt oder nie.« Ich stürzte unter der Treppe hervor und fragte, ob ich die Schuhe ausleihen dürfe. Ich lief darauf wie auf Stelzen und konnte plötzlich auf die Köpfe der anderen gucken. Kathrin hatte auch Haarspray dabei, geringelte Kniestrümpfe und das Beste: knallenge Röhrenjeans. Auf ihre Anweisung legte ich mich auf den Dielenboden des Martlhofs und zerrte die Kathrinjeans über die Hüftknochen. Sie passte wie angegossen. Ich stand auf, stieg in die Clogs und lieh mir ein enges Shirt von dem Mädchen, das aussah wie ein weinender Junge. Ich trat vor den Spiegel. Hier war ich, das war die echte Maria! Das war noch besser als die Kinder auf dem Roten-Kreuz-Prospekt. Endlich war ich die, die ich immer sein wollte, von der ich bisher aber nicht gewusst hatte, wie sie aussehen würde. Ich war mehr »ich« als jemals zuvor. Der weinende Junge pfiff durch die Zähne, und Kathrin sprühte mir Haarspray auf den Kopf. Ich bastelte mir eine Zigarette aus Papier, und als ich an die Reihe kam, war ich das Jeansgirl.

Ein Feuer erfasste mich nun, ein lodernder, flackernder

Flächenbrand. Er brannte die alte Maria restlos nieder, und die neue schwang sich empor zur Holzdecke des Martlhofs. Der erste Schritt auf dem Laufsteg saß. Die zusammengestellten Tische verrutschten nicht, trugen mich, die rauchende, sexy, young Lady, die vornehm gestikulierte und kühl über das Publikum hinwegschaute. Je mehr das Publikum klatschte und johlte, umso selbstsicherer wurde ich. Auf einmal kriegte ich mehr Luft, mein Rücken wuchs in die Höhe. Ich dachte an meine Mitschülerinnen, die mich bestimmt nicht mehr hänseln würden, wenn sie mich so sehen könnten. Ich posierte, dehnte die Zeit meines Auftritts aus, schaute um mich, sah, wie die Augen meiner Zuschauer funkelten. Sie funkelten, weil ihnen gefiel, was ich machte. Ich stolzierte mehrmals die Tische auf und ab. Mir wurde nicht langweilig, ich entdeckte immer mehr: Ich war ein Schlangenmädchen, eine Verwandlerin, ein Glückspilz. Ich war nicht mehr durchsichtig, nicht erstarrt. Ich war frei. Mein Bauch wurde heiß. Jeansgirl lebte. Es war aus Fleisch und Blut.

Das Jeansgirl, das war ich.

# Die Zehn Gebote

Eines Mittags kam ich von der Schule, als Mutter sagte: »Setz dich da mal hin.« Nie hatte Mutter so etwas zu mir gesagt wie: »Setz dich mal da hin.« Ich setzte mich hin. Ich hatte kein gutes Gefühl dabei. Ich machte es an Mutters Stimme fest, die etwas borstig klang, als sie zu reden anfing: »Lies das mal, dann weißt du, wie es geht.« An meinem Platz lag eine Ausgabe der Zeitschrift *Eltern*.

Ich rückte an die Stuhlkante und sah auf fleischfarbene Zeichnungen von weiblichen und männlichen Geschlechtsorganen mit Pfeilen, Erklärungskästchen und Fettgedrucktem. Blut schoss mir ins Gesicht. Ich hatte doch längst heimlich die *Bravo* gelesen. Was nun? Mutter kehrte an den Herd zurück, rührte die Einbrenne für das Kohlrabigemüse. Aus dem Topf dampfte und zischte es, als sie Brühe dazugoss. Die Scheiben am Oberlicht über meinem Kopf beschlugen.

»Aber ich sag's dir gleich, die ganze Sache ist nicht unbedingt immer schön«, hörte ich Mutter hinter meinem Rücken.

Ich rutschte auf dem Stuhlkissen herum. Was meinte sie damit genau? War das eine Warnung?

»Das mach ich sowieso mal nie«, murmelte ich betreten. Ich guckte Mutter dabei lieber nicht an.

Meine Stimme war in die Tonlage eines unschuldigen, harmlosen Kindes gerutscht. Dabei war ich inzwischen vierzehneinhalb und fühlte mich in Röhrenjeans fast wie sechzehn. Später wurde mir klar, dass ich gleich drei Lügen in dem einen Satz untergebracht hatte. Erstens: Ich hatte meine Stimme verstellt; zweitens: Ich behauptete, ich würde »das« nie tun, und drittens: Ich verleugnete mich selbst.

Da beschloss ich, mich nicht mehr zu verdrehen. Ab jetzt wollte ich ich selbst sein. Ich läutete das Zeitalter der Aufklärung ein, der Aufklärung der jungen Maria. Das hatte nichts mit Blumen und Bienen zu tun, sondern damit, dass ich nicht mehr unmündig sein wollte. Ich wollte selbstständig sein, selbst denken – allein, freihändig, ohne Anleitung anderer. Und vor allem ohne dem Vorbild meiner Eltern entsprechen zu müssen, das mich immer mehr einengte.

»Du kannst mal den Tisch decken«, sagte Mutter. Ich legte das Elternheft auf die Eckbank. Wir redeten nicht, aber die Angelegenheit schwelte im Gemüsedampf weiter. Wir überbrückten die Zeit mit Essen und Schweigen. Nur eines ging mir nicht aus dem Kopf, warum hatte Mutter gesagt, »das« sei nicht unbedingt schön? Ich war sehr verunsichert, nachzufragen war aber natürlich keine Option. Am nächsten Tag war das Heft verschwunden.

Nur ein paar Tage nach dem unangenehmen Moment mit dem Elternheft kam ich von der Schule und fand Mutter in sich zusammengesunken auf der Eckbank sitzen. Ich bekam einen großen Schreck: »Mama, was ist los mit dir?«, fragte ich. Sie gab erst lange nichts von sich. Dann sprach sie mit einer seltsam verwaschenen Stimme: »Ach, nichts. Ich glaube, ich muss mal zum Doktor.«

Später, nachdem Mutter bei einem Spezialarzt gewesen war und im Bett lag, sagte sie zu mir: »Im Kühlschrank ist Tomatenfisch und Brathering.« Es war Freitag. Wir sollten ohne sie zu Abend essen. Ich wusste, dass Mutter wieder einmal traurig war, aber ich sagte nichts. Nur Vater stand nach dem Abendbrot an ihrem Bett und schüttelte ratlos den Kopf. »Es sind die Nerven«, sagte er zu mir.

Seit mehreren Wochen lag sie nun schon fast jeden Tag im Bett. Noch immer musste sie sich ausruhen, von ihrer Arbeit und von sich selbst. Sie sah blass aus, ihr Gesicht seltsam wächsern. Ihr Blick verlor sich an der Deckenlampe. Sie aß kaum. Ich wusste, dass sie seit Längerem Tabletten einnahm, die sie wieder froh machen sollten. Niemand von uns wusste, was wir für sie tun konnten. Niemand wusste genau, was jemand, der es an den Nerven hatte, brauchte, um gesund zu werden. Niemand wusste, wo es herkam und was der Auslöser war. Und vor allem wollte niemand laut darüber reden. Wir hielten den Zustand aus, genau wie Mutter. Ich musste leise sein in Mutters Anwesenheit. »Sei ruhig, der Mutter geht es schlecht.« Dieser Satz beugte sich über unser Haus. Alle Geräusche sollten weichen, und es herrschte nicht nur Friedhofsstille, es war auch dunkler geworden, als würde sich kein Lichtstrahl mehr zu uns verirren. Die Düsternis meiner Mutter steckte mich an. Wie sie, konnte ich mich immer weniger freuen. Ich schlich nur noch durch das Haus, als wäre es leer, und suchte nach etwas, das mir Behagen oder Frohsinn geben konnte, nach etwas, das hell und schön war. Aber Musik zu hören war keine gute Idee. Es wäre eine Missachtung von Mutters Krankheit gewesen. Ich musste raus aus dem Haus, weg von ihr, um Luft zu schnappen. Aber ich hatte kein gutes Gefühl dabei.

Einmal mittags nach der Schule, Mutter ging es etwas besser, wagte ich es trotzdem: »Mama, ich geh zu Sonja.«

Bei Sonja gab es immer etwas zu lachen. Aber das durfte Mutter auf keinen Fall wissen, sonst ginge es ihr sicher gleich wieder schlechter.

»Geh du nur«, sagte sie tonlos aus dem Kissen heraus. »Du machst ja ohnehin, was du willst.«

Sie seufzte, und ich konnte die Rüge heraushören.

Nachdem sie zu Ende gesprochen hatte, lullte uns der Nebel des gesamten Maintals ein, dass ich nur noch rennen wollte. Den Gefallen, zu Hause zu bleiben, konnte ich ihr einfach nicht mehr tun. Ich wusste nicht, wohin mit mir, außer zu Sonja zu gehen. Um meine Flucht für sie erträglicher zu machen, sagte ich: »Ich gehe ja nur hin, weil wir blöde Mathe lernen.«

»Ja, ist gut«, sagte sie und schloss die Augen.

Ich wusste nicht, ob sie mir das glaubte. Ich stand auf dem Bettvorleger und schaute auf die Frau hinunter, die meine Mutter war. Sie sah traurig aus, wie ein achtlos hingeworfener Bademantel. Und doch hatte sie so viel Macht über mich, dass ich mich wahnsinnig schuldig fühlte, weil ich mich so gern amüsieren wollte. Ihre Ergebenheit machte mich auf einmal wütend, ihre kraftlose Stimme rasend. Ich ballte die Fäuste und brüllte, aber nur in Gedanken: »Hör auf mit dem Scheiß! Sei endlich lebendig!« Ich stellte mich auf die Zehenspitzen, stemmte die Arme in die Rippen, bis sie wehtaten. Ich zog die Lippen nach innen und biss auf das Fleisch. Es war, wie die Fäuste zusammenzuballen. Mutters Körper schob sich tiefer in die Kissen. Und meiner näher zur Tür.

Wir backten Kartoffelhörnchen. Sonjas Mutter lachte hell, als sie die vollen Bleche sah: »Ihr seid ja verrückt!« Sie strahlte dabei über das ganze Gesicht. Ihr Lippenstift war grell und machte ihren Mund riesig. »Wer soll die alle essen?«

Mit dem Bauch voller noch warmer Kartoffelhörnchen erfanden wir geniale Werbespots, die wir auf Sonjas brandneuen Kassettenrekorder sprachen: »Stauben Sie ab, aber keine Möbel, sondern Zeit für die beste Freundin!« Ich textete Rocksongs, in denen es um Ausbruch, Spießer, Selbstmord, Drogen, Wut und Liebe ging. Sonja komponierte die Melodie am Klavier, auf der Flöte oder auf der Gitarre. Es gab sogar ein Schlagzeug und einen Hobbyraum. Mit hochroten Wangen schickten wir unseren Hit »Wir machen weiter, wir geben nicht auf, für unsere Freiheit nehmen wir alles in Kauf« zu Thomas Gottschalk, dem aufstrebenden Radiomoderator und Musikexperten. Uns war klar, dass er uns als Pop-Rock-Nachwuchs-Mädels-Band entdecken und groß rausbringen würde. In Sonjas kleiner Dachkammer sah ich mich schon in New York vor Livepublikum stehen. Mick Jagger überreichte mir einen Preis und schrie ins Publikum: »Maria, thank you for your fantastic music and please, never stop to rock and roll! We love you!« Tosender Applaus. Ich nahm Sonjas Lavalampe als Trophäe entgegen und stemmte sie so hoch, dass ich einen Kratzer in der Holztäfelung an der Dachschräge hinterließ. Sonja dokumentierte meinen Auftritt auf Kassette, damit wir uns immer an diesen denkwürdigen Tag erinnern könnten.

Es klopfte. Der rote Mund von Sonjas Mutter erschien in der Tür.

»Was willst du, Mama? Raus!«, rief Sonja, noch immer voll im Produktionsfieber. Niemals hätte ich mich getraut, so zu meiner Mutter zu sprechen. Aber Sonjas Mutter blieb tiefenentspannt.

»Ich wollte der Maria nur sagen, dass es schon sieben Uhr ist. Deine Mutter wird schon auf dich warten.« Sie nickte mir vielsagend zu.

Ich hielt immer noch meine Trophäe, die Lavalampe, in meinem Arm, als ich aus dem Traum erwachte und wieder in der grauen Wirklichkeit stand.

»Ich muss wieder nach Hause in die Gosse«, sagte ich, überließ Sonja meine Auszeichnung und griff widerwillig nach meinem Anorak.

»Ich will nicht.«

»Bleib doch hier«, sagte Sonja.

»Das geht nicht.«


Ich trödelte die Hauptstraße entlang und grüßte niemanden. Ich fürchtete mich vor dem dichten Schweigenebel bei uns. Vielleicht war ich einfach die falsche Tochter für meine Eltern. Die Straßenlaternen gingen an, eine nach der anderen, Scheinwerfer, die ihr fahles Licht auf mich warfen und mir mehr davon in Aussicht stellten, wenn ich nur gleich das Rathaus erreicht hatte. Unser Rathaus war noch aus dem Mittelalter, das Prunkstück unseres Ortes. Es thronte im hellsten Spotlight. Es gab Eisenpranger rechts und links des

Eingangs, an denen die Schlechten sich von den Guten bespucken, mit faulen Eiern bewerfen, schlagen und verhöhnen lassen mussten, bevor sie in den Käfig gesperrt wurden. Dann ließ man sie zur sogenannten Wassertaufe in den Main sinken, bis sie fast ertranken, um sie im letzten Moment wieder hochzuziehen. Spätestens dann gestand jeder die ihm vorgeworfene Tat. Bei manch einem war es auch zu spät. Egal. Irgendeinen Dreck hatte jeder am Stecken.

Welchen Dreck hatte ich am Stecken, dass ich mich immer hundsmiserabler fühlte, je näher ich unserem Haus kam? Ich wusste es, ich hatte Spaß gehabt. Ich war ein Teenager auf dem Gang zu meinem ganz persönlichen Schafott.

Wie gern hätte ich Mutter und Vater von meiner Auszeichnung zur »Besten Sängerin im Protestsong« erzählt, von Mick Jagger, den Kartoffelhörnchen, vom knallroten Mund von Sonjas Mutter. Als ich den Schlüssel ins Türschloss steckte, fiel aller Ruhm des Nachmittags von mir ab und wich einem unaussprechlichen Schuldgefühl. Mein Kichern und Lachen konnte ich niemals mit meinen Eltern teilen.

Die Küche war mit stillem Vorwurf aufgeladen.

»Kommst du auch schon heim«, sagte Mutter.

Zum ersten Mal seit Tagen saß sie wieder beim Abendessen. Vater schwieg. Mein Hals zog sich zusammen, dass er wehtat. Das Wort »Kartoffelhörnchen« wollte nicht raus. Auch nicht das Wort »Lied«. So sagte ich nur: »Guten Abend.«

»Du hast deine Jeanshose enger genäht«, sagte Mutter. Sie klang wie bei einem Verhör. Sie hatte es also doch gesehen.

»Ja«, sagte ich und wurde rot.

»Aha.«

Sie machte eine bedeutungsvolle Pause, in die ich mir automatisch alles hineindachte, was nicht gesagt wurde: »Du hast ein Geheimnis vor mir. Du hast dich meinen Regeln widersetzt.« Mutter nagelte mich fest.

»Da passt doch keine Strumpfhose mehr drunter, so eng ist die.«

Ich sagte nichts. Ihre Worte schnitten die Küchenluft in Fetzen.

»Wann hast du das gemacht?«

»Schon vor Längerem, als du beim Putzen warst.«

Sie war enttäuscht darüber, dass ich den Rock verschmähte, den ich geschenkt bekommen hatte und den sie extra für mich umgeändert hatte. Aber es war noch mehr.

»Niemand trägt so einen Rock«, sagte ich. »Außer Angelika.«

»Du eingebildetes Gesteck«, rief sie.

Mutters Stimme und Vaters Schweigen waren nun die Schläge, die mein Bruder früher abbekommen hatte.

»Man bleibt nicht so lang bei fremden Leuten«, sagte Vater schließlich.

»Sonja ist nicht fremd«, trotzte ich.

»Hast du bei denen was gegessen?«, fragte Mutter.

»Ja«, gab ich zu. Essen war ein Zusatzvergehen. Jetzt war mein schlechtes Gewissen auf dem Zenit. Ich wusste, was sie daraus schlossen. Wenn ich bei Sonja aß, mussten wir ihr das nächste Mal auch etwas anbieten. Und das brachte Unruhe in den geregelten Ablauf und brachte alles durcheinander.

»Dem Kind gefällt es bei fremden Leuten besser als bei uns, so ist das«, fasste Mutter mit Grabesstimme das Verhör zusammen und nickte dazu bestätigend. »Wir haben halt nichts zu bieten.« Sie klang sarkastisch.

Die Anspannung war unerträglich. Wieso konnte ich es nicht herausbrüllen: »Doch, ihr habt etwas zu bieten, aber ihr gebt es nicht her! Warum nicht, verdammt noch mal? Warum verweigert ihr euch dem Vergnügen, dem Lachen, dem Leben! Und warum wollt ihr, dass ich das Gleiche tue?«

Ich setzte mich erst gar nicht an den Tisch, sondern rannte – zwei Stufen auf einmal nehmend – die Treppe hoch.

Dort warf ich mich auf mein Bett und rotzte meine »Zehn Gebote« für die Nachwelt in mein Tagebuch:

1. *Iss nicht bei anderen Leuten.*
2. *Wir sind nichts, und wir haben nichts.*
3. *Gib anderen Leuten keinen Grund, über dich zu reden, denn was die denken, ist wichtiger als das, was du denkst.*
4. *Sei zufrieden mit dem, was du hast.*
5. *Tu dich bloß nicht hervor.*
6. *Lach nicht, das Leben ist ernst.*
7. *Die Welt ist schlecht, und die andern wollen dich nur ausnutzen.*
8. *Sei nicht, wie du bist.*
9. *Das ist doch nichts für dich.*
10. *Gott sieht alles.*

Die Einsamkeit war immer meine Freundin gewesen, aber jetzt wollte sie mich einverleiben. Noch das kleinste Fünkchen Zuhause-Geborgenheit-Heimat war erloschen. Ich atmete stiller, um mich zu beruhigen, denn Wut nützte bei uns nichts. Ganz im Gegenteil: Sie sollte gar nicht da sein.

# Eroberungen

Als ich fünfzehn war, bekam ich endlich ein eigenes Zimmer. Es lag hinter dem Schlafzimmer meiner Eltern. Um dorthin zu kommen, ließ ich das Ehebett links und die Gottesmutter mit dem Jesuskind rechts auf dem Vertiko liegen, und schwups, Sesam öffne dich, einmal den dünnen Stoffvorhang zur Seite geschoben, schon war ich in meinem eigenen kleinen Reich. In dem Zimmer standen eine Schleiflack-Frisierkommode, kurz Frisko genannt, und ein dazu passender massiver Kleiderschrank, der, wenn er umgefallen wäre, nicht nur sieben, sondern alle Einwohner unseres Ortes auf einen Streich getötet hätte. Ich war stolz. Mit viel Mühe hatte ich eine neue Tapete durchgesetzt, die mit der auffällig bunten Blumenwiese. So was Penetrantes komme ihr nicht ins Haus, ein »schreiendes Muster« sei das, hatte Mutter gesagt und die Hände über dem Kopf zusammengeschlagen.

Vater sagte: »Du wirst bald merken, wie schnell du dich an der sattgesehen hast. Dann brauchst du dich nicht zu beschweren.«

Das war mir für den Moment egal, und nun lag ich wie ein Fleischküchlein in der Semmel zwischen zwei Wandseiten in einer fettgrünen Blumenwiese und konnte mein Glück kaum fassen. Ich hatte in unseren eigenen vier Wänden erstmals einen großen Wunsch erfolgreich durchgesetzt. Ein Blumenmeer! Es würde mich vor den Träumen mit den Verfolgern und Gespenstern beschützen, die mich einsperren und an manchen Tag sogar lynchen wollten. Die zwei anderen Seiten waren in einem fahlen Pfirsichbeigeton gestrichen, um die schrillen Farben wieder auszugleichen.

»Die hängt dir sicher auch bald zum Hals raus«, orakelte Mutter weiter. (Die einzige Farbe, die einem nicht zum Hals raushängen konnte, war keine Farbe: nämlich Weiß.)

Schon legten sich erste Zweifel über mich, und ich begann,

meinen Wildblumenentschluss zu hinterfragen: Was, wenn Mutter recht hatte? Was, wenn ich mich falsch entschieden hatte? Immer wieder schaffte sie es, dass ich meinen Willkommensruf für die Freiheit eindämmen musste, dass er nachher klang wie in Tupperware eingetuppert.

Vielleicht inspirierte Sonja und mich der frische Geruch des Tapetenkleisters. Wir beklebten gerade unerlaubterweise die Flächen der Frisierkommode mit Resten der Wildblumentapete, die wir in der Scheune entdeckt hatten, als ich mir eines Wunsches bewusst wurde. Sonja und ich waren begeistert davon. Sonja ging abends brav nach Hause. Beim Abendbrot wartete ich ab, bis wir fast fertig mit Kauen waren. Dann sagte ich es meinen Eltern: »Ich brauche einen Tisch.«

»Du brauchst doch keinen Tisch«, sagte Mutter.

»Für was brauchst du denn einen Tisch?«, der Vater. Er betonte das Du so, dass ich mir wirklich überlegte, ob jemand wie ich überhaupt das Recht hatte, einen Tisch zu wollen. Ja, wie kam ich überhaupt auf diese vermessene Idee, wo es auf der Welt doch so viele Menschen so viel schlechter hatten als ich?

»Auch noch Ansprüche haben«, sagte Mutter.

»Ich hätte gern einen Schreibtisch«, sagte ich und gab mein Bestes, um durchzuhalten und mich nicht davon abbringen zu lassen.

»Was willst du denn schreiben?«, sagte Mutter.

Schon wieder dieses anklagende Du. Als ob Schreiben einer Sorte Mensch zugeordnet war, zu der ich nicht gehörte und auch nicht gehören sollte.

»Tagebuch«, sagte ich forsch. »Was ich so erlebe.«

»Aha. Was erlebst du denn Besonderes? Und wenn das schon unbedingt sein muss, kannst du in der Küche schreiben, da ist der Ofen, da ist es warm. Der Ofen in deinem Zimmer ist eine Geldbüchse«, sagte Mutter. »Du musst mal sehen, wie schnell der Zähler geht, wenn der an ist.«

Damit war die Sache für sie erledigt.

Für mich aber nicht: »Ich brauch den Elektroofen nicht. Ich ziehe mich warm an«, bettelte ich. »Ich kann in der Küche nicht schreiben.«

Nun ging Mutter zum Angriff über: »Warum nicht? Was passt dir an unserer Küche nicht? Sind wir dem Fräulein nicht gut genug?«

Ich schwieg, wollte ihr nicht sagen, dass ich ganz allein sein musste. Ja, mutterseelenallein musste ich sein, damit die Worte fließen konnten. Alleinsein hieß: ohne Eltern, die herumliefen, ohne ihre Worte, ihre Gedanken, die sich immer mit meinen Gedanken vermischten, dass ich keine eigenen mehr zu fassen kriegte. Ihre Gedanken waren bleischwer von Alltagstrott und Sorgen. Und von etwas Altem. Was sie redeten, war immer schon zu Ende, wenn sie es aussprachen. Und nie ging es um sie oder darum, was sie wirklich fühlten. Sie hatten alles ungeprüft übernommen von einer höheren Autorität, die schon immer für die allgemeine Wahrheit im Ort zuständig gewesen war. Wer das war, wusste niemand mehr. Aber es musste jemand gewesen sein, der ihnen den Mund frühzeitig verboten hatte.

Meine Gedanken und Worte hingegen glühten vor Sehnsucht nach Abenteuer. Allerdings klappte das mit dem Glühen in der Küche unter der tickenden Uhr, wenn im Radio Volksmusik lief, nicht sonderlich gut.

»In das Zimmer passt kein Tisch«, sagte Mutter.

»Doch, Mama.«

»Ich will nichts mehr hören.«

Beim Geschirrabräumen wurde wieder geschwiegen und den Rest des Abends auch. Aber allein die Vorstellung, einen richtigen Tisch in meinem Zimmer zu haben, war großartig. Ich fühlte mich jetzt schon etwas stärker, und ich würde Geduld aufbringen, bis ich ihn hatte. Ich beschloss, mit dem Tischthema erst einmal zu pausieren.

Doch schon nach zwei Tagen rutschte mir ein schlimmer

Satz heraus, den ich mit Sonja eingehend erforscht und durchgesprochen hatte: »Es geht um meine Privatsphäre.«

Der schlimme Satz überrollte Mutter wie ein Lkw: »Ich glaub, ich hab mich verhört, Fräulein! Ich hab früher auch keinen Tisch gehabt, und es ging. Du kannst froh sein mit dem, was du hast!«

Dabei gab es ihn ja schon, diesen Tisch. Einen, der wie maßgeschneidert in mein kleines Kabuff passen würde. Er stand alt und eingestaubt auf unserem Heuboden. Der Heuboden war kein ungefährlicher Ort. Man musste in der Scheune eine lange Leiter senkrecht hoch. Oben musste man einen großen Schritt machen. Wenn man den nicht schaffte, krachte man vier Meter tief auf den Betonboden. Mein Vater hatte mir verboten hochzuklettern. Da ich den Tisch unbedingt begutachten wollte, kletterte ich dennoch heimlich hinauf. Wie ein Wolkenmeer streckte sich der Heuboden vor mir aus. Bauschig und flockig türmte sich das Stroh. Hier oben gab es manchmal wilde Katzenbabys, einmal auch eine Eule. Die Bodenlatten trugen mich, aber an manchen Stellen waren sie lose. Ich konnte durch die Ritzen hinunter auf die steinerne Weinkelter am Scheuneneingang gucken. Vater war oft hier oben, warf mit vollen Armen Heu hinunter, und gewiss guckte er durch die schmutzigen Fensterscheiben in den Himmel. Hier konnte er beobachten, wie der Regen kam oder ging. Hier konnte er den Staub in der Luft im Sonnenlicht tanzen sehen. Vielleicht setzte er sich auf den umgedrehten Weidenkorb und ruhte sich aus oder dachte nach. Das Heu um den Korb herum war platt getreten. Jetzt ahnte ich, warum er oft zu spät zum Mittagessen kam. Hier oben war es friedlich. Man konnte seine eigenen Gedanken hören. Der Heuboden verbreitete stille Behaglichkeit und – absolute Privatsphäre. Wenn ich keinen Tisch bekommen würde, würde ich hier heraufziehen, hier oben schreiben und »Ein Bett im Kornfeld« singen.

Und da war es auch schon, das Prachtstück, mitten in Vaters Revier: mein Tisch. Dunkelbraun gebeizt, mit einer Schublade, klein genug für meine Stube, groß genug zum Schreiben. Ich sah mich daran sitzen, die Arme aufgestützt, eine leere Seite im Tagebuch aufgeschlagen.

Jetzt bettelte ich Vater an, beim Essen, beim Fegen des Hühnerhofs und frisch gebadet am Samstag, kurz vor »Musik ist Trumpf«.

Er sagte tagelang: »Mal sehen, hör mir auf mit dem Tisch, ich hab keine Zeit, lass gut sein.«

Irgendwann, ich hatte schon beinahe aufgegeben, segelte der Tisch an einem Strick vom Heuboden herunter. Ich putzte ihn, Vater trug ihn die Treppen hoch, durchs Elternschlafzimmer, an der Muttergottes und dem dünnen Vorhang vorbei, direkt in meine Stube. Vater nickte: »Jetzt hast du deinen Tisch«, und Mutter sagte: »Ich hätte nicht gedacht, dass er passt. Er sieht ja ganz gut aus.«

Ich rückte den Holzstuhl davor, den Vater auf dem Heuboden gefunden hatte. Von da an saß ich nur noch an meinem Tisch, schrieb, hörte Radio und träumte mich irgendwohin, wo die Leute nicht Dialekt, sondern hochdeutsch sprachen und nur selten oder gar nicht in die Kirche gingen. Dort konnten sich die Menschen besser ausdrücken und darüber reden, was sie dachten, und waren dennoch nicht automatisch die so abschätzig benannten »besseren Leute«. Ich wollte mich auch so ausdrücken können. Notfalls wollte ich sogar »bessere Leute« sein.

Seit einiger Zeit zog es mich abends in den Treff der Katholischen Jugend. Der Klubraum dort war verrufen. Er war der Brennpunkt, um auf »dumme Gedanken« zu kommen. Es wurde getrunken und geraucht. Man munkelte, dass man da nicht nur Lieder für den Jugendgottesdienst lernte, sondern dort auch »Sauereien« stattfanden. An Samstagen gab es Disco. Wir tranken Bacardi Cola, stopften tütenweise

Erdnussflips in uns hinein und redeten mit den »Älteren«. Die Älteren waren Fünfundzwanzigjährige mit Schnurrbärten, die tiefergelegte Golf GTI fuhren und »Erfahrung« hatten.

»Hat der Erfahrung?« Die Frage aller Fragen kursierte in der Jugendgruppe. Wer »Erfahrung« hatte, kam in die engere Wahl. Wer keine »Erfahrung« hatte, war keines Blickes wert. Wir probierten die Erfahrenen nach und nach aus, um sie anschließend zu benoten. Dazu musste man natürlich bis zum Schluss bleiben. Im Winter ging ich unter erschwerten Bedingungen hin. Aus weiser Voraussicht trug ich keine Wollstrumpfhosen unter der enger genähten Jeans. Das hatten wir auch untereinander abgesprochen: »Ziehst du ins Jugendheim eine Stumpfhose an?«

»Bin ich bescheuert?«

Damit hätten wir uns als spießig geoutet, wäre einer der Älteren ausnahmsweise bis zum braunen Strickstrumpfhosenbund vorgedrungen.

Es war auf alle Fälle immer besser zu frieren. Aber das Recht auf Frieren musste ich erst einmal durchsetzen: »Mama, ich geh ins Jugendheim.«

»Hast du eine Strumpfhose an?«, bellte es aus der Küche in den Flur.

»Ähhh ...«

»Du ziehst sofort eine Strumpfhose an. Sonst lamentierst du wieder, wenn du krank bist.«

Ich zog sie an und in der Toilette vom Jugendheim wieder aus, um mich frei zu fühlen, strumpfhosenfrei, und um bis weit nach Jugendheimschließung ausgiebig zu frieren.

»Hast du eine Strumpfhose an?«, fragten wir sicherheitshalber untereinander noch einmal.

»Bin ich bescheuert?«, war die Antwort.

»Bin ich bescheuert?«, war die Steigerung von »Auf keinen Fall«, die Revolte gegen jede Einschränkung in Wort und Tat. Für mich war es sogar noch mehr als das. »Bin ich bescheuert?« war ein kleiner Schritt in die Freiheit.

Die Eltern schliefen bereits. Daher wurde der nächtliche Schleichgang vom Schlafzimmer meiner Eltern zu meinem Zimmer zu einer komplizierten Angelegenheit. Ich präzisierte meine Sprünge über knarzende Treppenstufen, nahm zwei, manchmal drei Stufen auf einmal. Gerade als ich versuchte, eine gefährlich morsche Stelle wie ein Tellerminenfeld mit akrobatischen Verrenkungen zu umschiffen, schlug die Turmuhr der alten Kirche dreimal.

»Mach's Licht an.« Die Stimme meines Vaters polterte jäh in die nächtliche Schlafzimmerstille.

»Was du dich traust, hätte ich mich früher nicht getraut.« Mutters Stimme klang wie bei einer Grabrede.

Das Licht machte ich trotzdem nicht an. Mein schlechtes Gewissen sollte im Dunkeln bleiben und der Nachgeschmack der Zigarette, der drei Bacardi Cola und der Geruch des Aftershaves von einem der Älteren von den Älteren unbemerkt. Da fiel es mir siedend heiß ein: Die Strumpfhose war unten im Flur. Ich hatte sie in meine Anoraktasche gestopft. Jetzt noch einmal über das Minenfeld hinunterzuschleichen, um sie zu holen, wäre reiner Selbstmord. Ich hoffte, Mutter würde sie vor meinem Aufstehen nicht entdecken.

Mich trennten nur fünf Meter und der dünne Vorhang vom Bett meiner Eltern. Ich hörte sie flüstern, ich hörte die Federn der Matratze, wenn sie sich umdrehten. Ich war viel zu nah dran. Das schlimme Wort drängte sich erneut auf: Privatsphäre. Ich plante noch in der gleichen Nacht, das Wort mit einem dicken, schwarzen Filzstift auf die blasse Pfirsichwand zu schreiben. Doch das würde nicht ausreichen.

»Mama, weißt du, was ich mir wirklich wünsche?«

Es gab Karthäuser Klöße mit Weinschaumsoße. Die machte Mutter gern, wenn sie gut gelaunt war.

»Was denn?«

Ich zog den zuckrigen Kloß durch Soße und Eischnee, wie ein Schiff durch arktische Eismassen.

»Ich hätte gern eine Tür«, sagte ich.

»Wenn es dem Esel zu wohl wird, geht er aufs Glatteis«, sagte Mutter. »Den Floh hat dir doch die Sonja ins Ohr gesetzt.«

»Das stimmt nicht«, behauptete ich.

Aber es stimmte doch. Das »Projekt Tür« drängte sich beim Thema »Privatsphäre« geradezu auf.

»In dem Zimmer war noch nie eine Tür«, sagte Mutter. Es arbeitete in ihr.

»Ich habe nie ein eigenes Zimmer gehabt und nur auf einem Strohsack geschlafen. Der wurde ab und zu neu gefüllt. Das war's.«

Ich schaute sie an. Sie hatte keine schöne Kindheit gehabt, so viel wusste ich.

»Wir können das Kind einfach nicht zufriedenstellen«, sagte Mutter, als sie den letzten Bissen von ihrem Kloß hinuntergeschluckt hatte.

Ich schwieg und setzte mich aufrecht hin, dass die Hausschuhe nebeneinanderstanden wie zwei Soldaten.

Ich nahm mir vor, erst einmal nicht mehr an die Tür zu denken. Doch die Welt war voller Türen, die auf- und zugingen, überall, wo ich auch hinging: Wohnzimmertüren, Haustüren, Kinderzimmertüren, Kirchentüren, Autotüren, Rathaustüren, Pfarrbibliothekstüren, Klassenzimmertüren, abschließbare Klotüren, Kellertüren, Hasenstalltüren, Hühnerstalltüren. Und ich brauchte auch eine.

Ich weiß nicht, was sie letztlich dazu veranlasste. Jetzt sollte ich doch noch eine Tür kriegen. Doch da stand schon das nächste Problem vor der noch nicht vorhandenen Tür: Es sollte eine hässliche Kunststoff-Ziehharmonika-Tür in Beige sein. Eine, die man einfach nur zwischen die Türrahmen klemmte und die als Tür gar nicht richtig abdichtete.

»Eine andere passt nicht und gibt's nicht«, sagte Mutter und murmelte, dass ich verwöhnt sei.

Jetzt durfte ich keinen Fehler machen. Ich rannte ins Schlafzimmer und demonstrierte vor Ort, wie phänomenal gut dort eine Tür hineinpasste. Ich schob den Vorhang zur Seite und legte die weiß gestrichenen Angeln frei, in die man sie nur noch hineinheben musste. Mutter seufzte. Vater sagte: »Mal sehen.«

Dumm war nur, dass ich noch eine weitere Veränderung eingeläutet hatte. Sonja und ich hatten ausgerechnet am Tag der Türverkündung die ausklappbaren Spiegel meiner Frisierkommode ungefragt abmontiert. Und anschließend auf den Speicher transportiert. Das erzürnte die Gemüter und verzögerte die Anschaffung der Tür noch mal um einige Wochen.

Aber dann kam sie. Sie war aus sonnenhellem Echtholzfurnier. Es war die schönste Tür, die ich je in meinem Leben gesehen hatte. Sie machte ein beruhigendes, sattes, endgültiges Geräusch beim Schließen. Ich war überglücklich.

»Danke«, sagte ich. »Danke!«

Ich setzte mich an meinen Tisch und schaute von meinem Stuhl aus immer wieder auf meine neue Errungenschaft. Hinter verschlossener Tür konnte ich endlich ungestört denken, was ich wollte. Ich schrieb in mein Tagebuch: »Ich flipp aus. Ich habe ein richtiges Zimmer.«

# Vaters Schweigen

Am Freitag kam Vater früher von der Arbeit. Ich hörte gerade
»Another Brick in the Wall« in der Küche und versuchte dabei, Mathe-Hausaufgaben zu machen: »We don't need no
education ... we don't need no thought control ...«

»Mach das Gedudel leise«, sagte er mürrisch.

Er war Arbeiter in einer Oblatenfabrik, er trug Verantwortung. Jeden Tag verließ er das Haus früh am Morgen und
hörte auch nach Schichtende nicht auf zu arbeiten. Bei uns
gab es immer etwas zu tun. Schließlich lebten wir nicht für
den schönen Müßiggang. Die Verfinsterung seines Antlitzes
musste wegen meiner Musik gewesen sein. Sonst hätte er
doch gesagt: »Ich bin müde.« Oder: »Der Tag war anstren-
gend.« Doch in unserer Gegend redete niemand so etepetete
daher.

Neben der normalen, ganz alltäglichen Mauer, die mein
Vater um sich heraufgezogen hatte, gab es zwischen Vater
und mir jetzt auch einen Grenzzaun, weil ich mitten in
feindlichem Rock-'n'-Roll-Gebiet stand. Die Leute, die
dieses Gedudel fabrizierten und damit auftraten, waren für
ihn nichts als langhaarige Gammler, Arbeitslose und Nichts-
nutze, die dem Staat das Geld aus der Tasche zogen und die
Jugendlichen verdarben.

»Du kennst die doch gar nicht«, verteidigte ich meine
heimlichen Verbündeten.

»Von denen hat bestimmt noch keiner eine Kirche von innen gesehen«, sagte er erbost.

Von jetzt auf gleich hätte man die Luft mit dem Messer
vierteilen können, achteln, in tausend Stücke zerreißen. Den
ganzen Ort hätte ich damit versorgen können, vom Mainufer
bis hoch in die Weinberge und den Wald: reinste dicke Luft.
Entstanden aus Pink Floyd, Barclay James Harvest, Boom-

143

town Rats, AC/DC und aus allem, was mir wichtig war und – das schien mir damals gleichbedeutend – was Vater nicht mochte.

Unsere Sprachlosigkeit wurde immer selbstverständlicher. Wir hielten sie aus und staunten, wie lange sie sich ausdehnen ließ, über Stunden und Tage. Sie trennte uns voneinander, verband uns aber auch, während wir gemeinsam unter ihr litten, weil wir echte Zuneigung zueinander nicht richtig spüren konnten. Ich hoffte darauf, dass Hilfe von außen kam, durch ein Gebet, ein Wunder, Einsicht – oder ausgelöst durch meine stumme, anhaltende Rebellion.

Es gab ein ungeschriebenes Gesetz: Wenn du nicht für mich bist, bist du gegen mich. So hatte ich es gelernt. So hatten Mutter und Vater es von klein auf gelernt. Zwischentöne gab es keine. Damals verstand ich nicht, warum ich lustlos und traurig war, warum jegliche Sympathie füreinander leise ausplänkelte. Vater verschwand aus der Küche. Was blieb, waren meine Schuldgefühle, für seine Stimmung verantwortlich zu sein. Am liebsten wäre ich ihm hinterhergelaufen, nur, um zu fragen: »Bist du jetzt sauer auf mich?« Ich hatte aber meistens den Eindruck, er wollte allein sein.

Vielleicht hatte auch Mutter den Eindruck, dass Vater am liebsten allein sei. Jedenfalls musste sie ständig hinter ihm herlaufen, ihn immer rufen.

»Vater, wir essen, komm rein.«

Vater kam nicht. Mutter schickte mich nach ihm: »Vater, wir essen.«

»Gleich«, sagte er, und er kam immer noch nicht. Ich sah seinen Schatten hinter der Tür zum Hühnerhof. Die Kartoffeln wurden kalt, Mutter ärgerlich. Manchmal ging er sogar genau dann in die Scheune, wenn Mutter gerade das Essen auf den Tisch stellte.

»Das gibt's doch nicht, sagte sie, wo ist der denn jetzt schon wieder hin?«

Irgendwann kam er, wusch sich die Hände, setzte sich zu uns. Mutter füllte ihm den Teller.

Wir aßen still. Nach einer Weile sagte er: »Die Dachrinne hinter der Scheune rinnt.«

Mich interessierte nichts mehr von dem, was er sagte. Nichts. Der ganze Vater interessierte mich nicht mehr. Bald schon stellte ich ihn vor eine schwierige Aufgabe.

An dem Tag bekam ich gleich zwei Klassenarbeiten raus. Mathe und Deutsch. In Deutsch hatte ich eine Eins und in Mathe – oh Wunder – eine Zwei. Ich zeigte Vater beide Arbeiten, als er ungläubig den Kopf schüttelte: »So viele Seiten! Hast du das alles geschrieben?«

»Gut«, sagte er. »Was du alles kannst.«

Ich merkte, wie er sich bemühte. Aber seine Freude über meine Noten kam zu spät. Ich sah meinen Vater an.

Er war demütig, so klein in seinem kleinen Leben, nie konnte er zeigen, dass er stolz auf sich war. Er hätte doch sicher einen Grund dafür finden können. Überhaupt zeigte er wenig von sich. Von seiner Kindheit wusste ich kaum etwas, seine Erzählungen von der Kriegsgefangenschaft waren nicht mehr als kurze Erinnerungsfetzen. Auch sonst tat er sich niemals hervor.

Ich konnte ihn für nichts verehren, für nichts hochleben lassen. Ich war taub geworden, fand nichts Lobenswertes an ihm. Und dann war es wie damals, als ich Opfer der Blutwurstgang geworden war. Nur andersherum. Wer kein Paroli bieten kann, wird eingemacht.

Ich baute mich vor ihm auf und sagte die binomische Formel auf: »A und B im Quadrat ist A Quadrat plus 2 AB plus B Quadrat.«

»Was es alles gibt«, sagte er und lachte. Er wich mir aus, schaute weg.

Die binomische Formel war die Strafe dafür, dass er mich jahrelang immer wieder von seinem Hosenbein abstreifte, wenn ich mich an ihn klammerte. Wie sehr hätte ich mir damals Zuneigung gewünscht. So, wie ich mir jetzt wünschte, dass er mich auf Augenhöhe gesehen hätte. Aber er kam nicht mehr hoch zu mir.

Ich provozierte ihn in einem Moment, in dem ich ihn als schwach und in sich gekehrt empfand. Er würde keinen Nerv haben, mich zurechtzuweisen. Deshalb stach ich in die offene Wunde: »Hör mal, das ist Gloria Gaynor«, und drehte das Radio laut, bis die Sängerin mit »I Will Survive« die ganze Küche füllte.

Ich sagte es so unschuldig, als ob ich davon ausginge, dass er doch noch ein Fan meiner geliebten Popmusik werden könnte.

»Die kenne ich nicht«, sagte er sehr leise, als hätte er akzeptiert, dass ich ihm plötzlich überlegen war.

Vater geriet ins Wanken. Seine Autorität hatte Risse bekommen. Ich sprach Englisch mit ihm, aber er verstand nichts, sein Vokabular beschränkte sich auf »You fuckin' German«.

Die Rute hinter der Eckbank war längst verschwunden. Ich hatte es gar nicht bemerkt. Was muss Vater dabei durch den Kopf gegangen sein? Jetzt sind die Kinder zu alt, um sie zu brechen?

Im Jugendgottesdienst las ich die Fürbitten und sang mir die Seele aus dem Leib: »Herr, deine Liebe ist wie Gras und Ufer, wie Wind und Weite und wie ein Zuhaus.« Aber wo war diese verdammte Scheißliebe? Und wo war eigentlich dieses Zuhause?

# Das Guckloch

Es war Zeit für »Pop nach acht« mit Thomas Gottschalk. Mit seiner Radiosendung, die täglich auf Bayern 3 lief, war er innerhalb kürzester Zeit zum Kultstar geworden. Seine Stimme kam gefühlt aus einer glanzvollen Zukunft, direkt in meine Kleinstadt und in meinen Radiorekorder. Ich setzte mich nah ans Radio, um ihn nicht nur moderieren, sondern auch atmen zu hören. Er klang verwegen schön. Ich lernte die Songtexte der von ihm vorgespielten Lieder auswendig. Immer ging es um Freiheit, die irgendwo da draußen auf mich wartete. Ich inhalierte seine Stimme, bis mir Flügel wuchsen, mit denen ich zu jeder Tages- und Nachtzeit von allen Kleindenkern, Stillstehern, Duckmäusern, Anpassern wegfliegen konnte. Einige Zeit später stand in meinem Tagebuch:

*Freiheit bedeutet: nicht mehr denken, dass alles an dir*
*falsch ist. Freiheit bedeutet: nicht hundert Mal am Tag*
*deine Gangart zu überprüfen, dein Gesicht im Spiegel,*
*ob es auch wirklich deins ist, und nicht neben dir zu stehen,*
*wenn du sprichst. Freiheit heißt: aufhören mit dem,*
*was du sonst immer tust, und anfangen mit dem, was du*
*noch nie getan hast.*

Ich wollte mich der Länge nach ins pralle Leben werfen, obwohl es immer hieß, dass Übermut selten guttäte.

Ich brauchte Thomas Gottschalk als Verbündeten. Bei ihm tat Übermut extrem gut. Er missgönnte mir nichts. Außerdem machte ich durch ihn eine unglaubliche Entdeckung: Es gab Berufe, die Spaß machen konnten und bei denen man trotzdem Geld verdiente. Wenn ich ihm zuhörte, konnte ich mich vom traurigen Mädchen in ein extrem fröhliches verwandeln. Ich war der »Fox on the Run« mit Manfred Mann

147

und sehnte mich mit der Nick Straker Band nach dem »Walk in the Park«, sang zum hundersten Mal »Bright Eyes«, die like fire burnten und vor allem mit Cliff Richard »It's so funny why we don't talk anymore«. Nach seiner Sendung war ich wie ein frisch geladener Akku, durch mich floss Energie. Aber je öfter ich abends vorm Radio saß, umso schlechter wurde die Stimmung anschließend unten in unserer Küche.

Dass er mich ja sicher verstehen würde, denn er spiele ja all die Lieder, die vom richtigen Leben handelten, das die ganze Zeit ohne mich stattfand, und dass sich sehr bald was bei mir ändern müsse, weil ich es zu Hause nicht mehr aushalte und ich mit niemandem darüber reden könne – diesen Hilferuf schickte ich, geschrieben auf grauem Umweltschutzpapier, bald an Thomas Gottschalk in den Bayerischen Rundfunk.

Ein paar Wochen später – es war ausgerechnet der Buß- und Bettag – passierte es. Es war kalt, ich hatte schulfrei. Ich saß mit dicker Strickjacke in meinem Zimmer und schrieb in mein Tagebuch. Was ich niederschrieb, war aus dem Kopf draußen, und dann war Platz für neue Gedanken.

Ich war überrascht, als Mutter zu mir hochrief: »Telefon für dich!« Seit ein paar Wochen hatten wir ein Telefon. Es war grün, hatte eine Wählscheibe, und wenn es klingelte, verursachte es große Aufregung: Wer könnte es sein? Wer hatte unsere Nummer? Wer könnte etwas von uns wollen?

Ich analysierte Mutters Stimme. Fröhlich war sie nicht. Sie war eine Mischung aus gereizt, mit einem Hauch Aufregung.

Ich rannte die Treppen hinunter, griff den Hörer, und da war sie dran: die Stimme. Vom echten Thomas Gottschalk. Kein Stimmenimitator. Er war es selbst.

»Hey, hier ist der Thomas. Du hast mir ja den Brief geschrieben«, sagte er fröhlich.

»Äh, ja«, stammelte ich.

»Du machst aber keine Zicken, ja?«

»Äh …«

Etwas vollkommen Unmögliches war eingetreten. Thomas Gottschalk hatte mich erhört.

Ich hatte mich erfolgreich bemerkbar gemacht. Die kalte Flurluft tanzte in Form kleiner Atemwolken vor meinem Mund. Ein Blick in den Garderobenspiegel bestätigte mir, dass ich es war, die mit dem großen Star aus München telefonierte.

Mutter werkelte in der Küche. Vater war in der Scheune. Und ich war im siebten Himmel. Thomas Gottschalk hatte meine katholische Gosse, mein persönliches Jammertal mal eben blitzartig in einen Ort gigantischen Glücks verwandelt.

»Weißt du, das ist jetzt schwierig«, plauderte er weiter. »Ich kann ja nicht sagen, vergiss es, ich kann aber auch nicht sagen, komm.«

In meinen Ohren war das reinste Philosophie.

»Ja, ich weiß, ich freu mich so, dass du anrufst«, hauchte ich in den Hörer und wäre am liebsten hineingekrochen.

»Heute hast du schulfrei, gell?«

»Ja.«

Es gab kein anderes Wort, das besser zu Thomas Gottschalk passte, als: Ja. Immer nur: Ja.

»Du kannst mich ja wieder anrufen«, sagte er. »Aber pass auf, dass die Mutter nicht schimpft.«

Entweder kannte er meine Mutter, oder er kannte Mütter im Allgemeinen.

»Ich freu mich so«, stotterte ich. »Ich freu mich so.«

Ich legte auf. Die Tatsache, dass Thommy sich die Mühe gemacht und mich angerufen hatte, zeigte mir, dass er mich verstand, obwohl er mich nicht kannte. Die Kälte im Flur spürte ich nicht mehr.

Doch sogleich überwucherten mich Gewissensqualen, so, wie Spinnweben die alten Säbel überzogen, die noch vom Ersten Weltkrieg auf unserem Speicher lagerten: Ich hatte Mutter nicht eingeweiht. Ständig hatte ich Geheimnisse. Das größte Geheimnis vor ihr war ich selbst. Sie hatte vollkommen recht, als sie mir das einmal vorhielt: Du bist heimlichtuerisch.

Deshalb spielte ich das Spiel, das ich von klein auf kannte: Ich summte ein Lied. Mein Puls klopfte schnell dazu. So ging ich zu Mutter in die Küche. Dabei schwitzte ich schlagartig unter dem gelben Winterpulli, den sie extra für mich gestrickt hatte.

Das Guckloch, das ich zur Freiheit gebohrt hatte, war Hochverrat an unserem Lebensstil, an meinem gesamten Zuhause. Mutters Gesicht sprach Bände, die ich alle auswendig konnte.

Sie schnitt Endiviensalat in hauchdünne Streifen. Es ratschte bei jedem Schnitt. Niemand sonst konnte so dünne Streifen schneiden. Nur wenn sie dünn waren, schmeckte der Salat. Ich übte es oft, aber Mutter konnte es besser und sagte immer: »Du musst mehr üben. Aber du hast ja kein Interesse an der Hausarbeit.«

»Wer war das?«, fragte sie. Das Ratschen hörte auf.

Ich sagte: »Das war der Thomas Gottschalk.«

»Der wer?«

»Der aus dem Radio.«

»Was willst du denn von dem, der ist doch verheiratet?«, sagte sie. Sie klang, als hätte sie nur einen Ton zur Verfügung.

Ich lief knallrot an. Das war zu meinem Verrat noch ein Thema, das ich seit meiner Aufklärung mit dem Elternheft nie mehr berühren wollte: Männer. Und dass es sein konnte, dass man so sehr an sie dachte, dass man ihnen in wildesten Tagträumen hinterherträumte.

»Das ist was anderes, das verstehst du nicht ... das ist nichts«, stammelte ich.

»Wieso hat er dich angerufen?«

Ich bemühte mich um eine starke Stimme.

»Weil ich ihm geschrieben habe, dass mir seine Musik gefällt.«

Die Knie hielten meiner Lüge stand und zitterten nicht.

»Und deshalb ruft der dich an?«

Mutter öffnete und schloss Küchenschranktüren, holte Öl heraus, Essig und Salz.

Ich war ein Mädchen mit eigenständigen Gedanken und Sehnsüchten geworden. Ich guckte nicht mehr nur durch das Oberlicht unserer Küche, ich hatte längst den Kopf hinausgestreckt.

»Da weißt du ja jetzt, was du beichten kannst«, sagte Mutter.

»Unkeusch ist, wer die böse Lust sucht und sich an ihr freut.« So hatte ich es in der Schule gelernt. Doch so weit hatte ich bei Thomas Gottschalk nie gedacht. Meine Begeisterung für den Moderator war weit unschuldiger, als meine Mutter annahm. Es waren seine witzigen Sprüche, die mich euphorisch machten, wie: »Die Oma geht in die Maiandacht, die Mädels hören Pop nach acht.«

In mein Tagebuch schrieb ich eine Art Gedicht:

*Wir gehören zu denen, die unten sind.*
*Wenn du unten bist, kannst du nicht fallen.*
*Du hast dein Universum mit Bodensatz ganz für dich allein.*
*Aber eins darfst du nicht.*
*Nach oben gucken oder aufstehen.*

»Das Kind will hoch hinaus«, höhnte Mutter. »Es will was Besseres sein.«

»Nein, das stimmt nicht«, sagte ich schnell, um ihnen zu beweisen, dass ich sie trotz allem liebte.

Inzwischen ging ich auf die Realschule. Ins Gymnasium sollte ich nicht, das war nur was für Leute, die Geld zum Studieren hatten, und außerdem war ohnehin klar, dass ich heiraten würde. Am ersten Schultag nach Thomas Gottschalks Anruf lief ich ins Sekretariat und bat um ein Gespräch mit dem Direktor. Einige aus meiner Klasse belächelten mich. Als ich wieder rauskam, hielt ich eine Sondergenehmigung in den Händen und hatte einen Plan. Als die anderen davon erfuhren, wich das Grinsen aus ihren Gesichtern.

Bei unserer Klassenfahrt nach München wollte ich Thomas Gottschalk in seiner Sendung im Bayerischen Rundfunk besuchen. Ich musste wissen, wie sein Leben in Freiheit aussah. Ich wollte unbedingt herausfinden, wie jemand war, der seinen Beruf mochte. Denn diese exotische Vorstellung – etwas tun, was man gerne macht, und damit Geld verdienen – ging mir neuerdings nicht mehr aus dem Kopf.

Beim sechsten Versuch in der Telefonzelle klappte es. Thomas erinnerte sich gleich an mich. Er war mit meinem Besuch einverstanden. Ich war high vor Glück. In der Klasse wurde gerätselt, wie viele wohl in so ein Sendestudio reinpassen und ob wir mit fünfzehn Personen zu viel seien.

Das »heilige Mariale« von damals wurde plötzlich zur »unmöglichen Maria«, die Unmögliches möglich machen konnte, fast wie Jesus, der auf Wasser ging.

»Maria, du bist unmöglich«, sagten sie. Und dieses »unmöglich« klang so, wie ich mir das immer gewünscht hatte – anerkennend.


Wir kamen zu spät. Wir sollten eine halbe Stunde vor Sendebeginn am Empfang des Bayerischen Rundfunks sein. Thomas Gottschalk wollte uns abholen. Jetzt hatte die Sendung längst angefangen. Schweißig quetschten sich mein Klassenlehrer und ich durch die Drehtür am Rundfunkplatz, ich rannte an die Rezeption und sagte in meinem besten Hochdeutsch, denn jetzt kam es drauf an, dass wir »bestellt seien« und Thomas uns erwarte. Eine Dame begleitete uns mit dem Aufzug und einen Gang entlang, bis sie eine schwere Türe aufzog und den Blick freigab: Da saß er und trommelte mit der Hand auf sein Knie, schwadronierte fröhlich vor sich hin: Thomas Gottschalk. Die blonden Locken und die Beine wippten im Takt eines Popsongs. Er trug Turnschuhe, die über die Knöchel gingen.

Ich war an der Zentralstelle der Veränderung angekommen.

Sprachlos saß ich auf meinem Hocker neben Thommy. Er las die Grüße an meine Eltern vor, obwohl ich wusste, dass sie sie nie hören würden. So gerne wollte ich ihnen von hier oben zuwinken.

Thomas Gottschalk sah mich an. Er kam aus Franken – wie ich. Er war früher Ministrant, ich Schola-Sängerin. Er kannte alle Kirchenlieder und ich auch. Er war überhaupt wie ich, nur dass ich ein Mädchen war und keine Locken hatte. Zur Verabschiedung nahm ich das Lederbändchen, das ich um den Hals trug, und schenkte es ihm.

»Ist das dein Schnürsenkel«, sagte er und lachte meinen Lehrer statt mich an. Im Aufzug nach unten beschlich mich das Gefühl, dass ich es vergeigt hatte. Ich hatte meine Chance nicht genutzt, herauszufinden, was mir weiterhelfen konnte, um meiner Heimat zu entfliehen. Die Angst wuchs, dass alles so weitergehen würde wie bisher.

Es war fast Mittag. Der Milchmorgennebel über dem Main hatte sich aufgelöst. Hell spiegelten die Schaufenster vom Sattler und vom Metzger das Sonnenlicht. Leicht geblendet stieg ich aus dem Bus und lief die Hauptstraße entlang. Unser Weinort gab alles, um mich hoffnungsfroh zu stimmen. Ein Traktor rollte die Hauptstraße im Takt zu dem Lied, das ich gerade summte: All we are saying is give peace a chance.

Die Begrüßung in der Küche fiel aus.

»Wie war es?«

»Gut.«

Schweigen.

»Hast du Hunger?«

»Nein.«

»Wie war es in der Jugendherberge?«

»Gut. Wir waren zu sechst im Zimmer.«

Längeres Schweigen.

»Warst du bei dem ›Kerl‹?«

»Mhhmm.«

»Aha ... das hab ich mir doch gedacht.«

Universelles Schweigen. Kaltes Schweigen. Die neue Eiszeit. Ich zwang mich, ein paar Sätze zu erzählen, vom schönen Wetter, von der beeindruckenden Technik im Sendestudio, davon, wie nett mein Klassenlehrer war und wie beeindruckt selbst er von Thommy schien. Doch alles, was ich mit Begeisterung sagte, erstarb im Moment des Aussprechens, und es blieben leere Worthülsen im Raum hängen. Ich versuchte, das Schweigen wegzureden, und fühlte mich dabei hilflos und oberflächlich. Ich stopfte meine Wäsche in die Waschmaschine und rannte hoch in mein Zimmer, ritzte mit der Zirkelspitze ein »T« für Thomas in meinen linken Unterarm, bis es blutete, und rotzte in mein Tagebuch:

*Wir müssen nach außen immer die Fassung wahren,*
*weil es sich so gehört. Niemand sagt, was er wirklich denkt,*
*weil niemand weiß, was er wirklich denkt. Aber so kann ich*
*nicht leben.*

# Fluchtorte

Sonjas Mutter öffnete mir die Tür, genau die richtige Person.

»Ich halte es daheim nicht mehr aus.«

Ich fiel geradezu in ihre Küche, Frau Feser schenkte mir Apfelsaft ein und tröstete mich. Aber Sonja wiederholte:

»Sie hält es daheim nicht mehr aus, Mama!«

»Kann ich bei euch einziehen?«

Sonjas Mutter lachte, aber dann wurde sie wieder ernst.

»Die Maria könnte doch bei uns wohnen«, sagte Sonja.

»Also von mir aus ja«, sagte Sonjas Mutter. Sie pausierte: »Aber das geht nicht so einfach.«

»Wieso nicht? Könnt ihr mich nicht adoptieren?«

»Sie hat Selbstmordgedanken«, sagte Sonja zu ihrer Mutter.

Es stimmte. Ich hatte bereits über verschiedene Selbstmordarten nachgedacht. Sich erhängen, Schlaftabletten überdosieren, die Pulsadern aufschneiden oder von der Mainbrücke springen. Das schienen mir die naheliegendsten Methoden. Da ich vom Nachbarn Hugo wusste, dass das mit dem Erhängen nicht so einfach war, schied diese Methode aus. Springen war mir zu brutal, und wie ich an so viele Schlaftabletten kommen sollte, wusste ich nicht. Aber eine Rasierklinge von Vater nehmen, das war möglich. Und so lag die Klinge scharf und glänzend zwischen meinen Tagebuchseiten.

Meinen Bruder sah ich nur noch selten. Er war fünf Jahre älter als ich und entkam der Beklemmung unseres Elternhauses mit zahlreichen Hobbys. Er war bei der katholischen Jugend, in der freiwilligen Feuerwehr und spielte Bass in der örtlichen Blaskapelle.

Nachdem ich von Sonja nach Hause gekommen war, legte ich ihm einen Zettel auf seinen Nachtschrank, auf dem

stand: »Ich halte es nicht mehr aus, ich bringe mich um.«
Das war mein Plan. Abends am Tisch in meinem Zimmer
probierte ich die Rasierklinge aus. Zaghaft fuhr ich mit der
scharfen Kante über mein Handgelenk. Der Gedanke, diese
letzte Grenze zu überschreiten, war unheimlich und faszi-
nierend zugleich. Was würden Mutter und Vater wohl tun,
wenn sie mich morgens in blutdurchtränkten Laken tot im
Bett finden würden? Aber noch schlimmer: Was für ein To-
desschweigen würde ich verursachen, wenn ich nicht ganz
tot war?

Am nächsten Tag wachte ich auf und lebte noch immer.
Ich merkte es daran, dass sich die völlige Hoffnungslosigkeit
auf mich senkte. Sie hatte an der Zimmerdecke tapfer bis
morgens ausgeharrt, um dann auf mich zu fallen wie ein
schweres Tuch.

Ich betete: »Jesus, soll ich abhauen? Aber wohin? Sag mir,
was ich tun soll. Hilf mir, bitte.«

Aber ich kriegte keine Antwort. Früher hatte er mich mit
seiner blutigen Dornenkrone bis in die Träume verängstigt,
und jetzt, wo ich ihn brauchte, schwieg er. Drei Tage später
fragte ich meinen Bruder:

»Hast du meinen Zettel gelesen?«

»Welchen Zettel?«

»Der, auf dem steht, dass ich mich umbringen will und
dass alles aus ist.«

»Nein, wo war der?«

»Auf deinem Nachtschrank, neben dem Wecker.«

»Da war nichts.«

Ich konnte mir nicht vorstellen, dass Jesus den Zettel ent-
materialisiert hatte. Irgendjemand musste ihn weggenom-
men oder weggeweht oder weggesaugt haben.

Dann sagte mein Bruder einen bedeutungsvollen Satz:
»Wir müssen wieder eine Familie werden.«

Ich schaute ihn an: »Wie denn?«

Doch das wusste er auch nicht so genau.

Sonjas Mutter brachte das Wort »Jugendamt« ins Spiel. Ein Amt, das sich unter anderem für jemanden wie mich für zuständig erklärte. Ich schloss daraus, dass es vielleicht noch andere gab, die Probleme hatten wie ich. Sonja brachte das Telefonbuch, ich nahm den schwarzen Telefonhörer, wählte und wartete. Es war ungeheuerlich, was ich hinter dem Rücken meiner Eltern tat. Nach so vielen Heimlichkeiten gab es bestimmt kein Zurück mehr. Ich lebte nicht nur ein Doppelleben, ich war das Mädchen aus einhundert Teilen. Ich setzte mein bestes Hochdeutsch auf, als jemand abnahm, und sagte: »Ich brauche eine Beratung.«

Ich bekam einen Termin bei Frau Wieselhuber. Die konnte mir helfen, dafür war sie ja da. Jetzt wurde es amtlich, jetzt unternahm ich etwas, jetzt würde sich jemand kümmern, der sich mit so etwas wie mir auskannte.

Das Büro von Frau Wieselhuber war aufgeräumt. Kulis, Bleistifte, Mappen – alles lag an seinem Platz. Sie trug eine lange Kette mit bunten Edelsteinen. Neben dem Locher stand eine kleine Setzkasten-Spieluhr, die »Pour Adeline« spielte, wenn man an der Kurbel drehte. Ich wollte Frau Wieselhuber die ganze Wahrheit erzählen. Aber wenn man nicht hundertprozentig genau weiß, ob man mit der eigenen Wahrheit richtigliegt, ist das nicht so einfach.

Ich zweifelte keinen Moment daran, dass es gut war, hier zu sein, obwohl ich weder geschlagen noch vergewaltigt worden war. Aber so richtig einordnen konnte man meinen Fall nicht. Sie hörte zu und machte sich Notizen. Ich verbrauchte eine halbe Packung Tempotaschentücher und ein Stofftaschentuch.

Danach schrieb ich die wichtigsten Aussagen in Stichpunkten auf:

*29.4. Die Frau Wieselhuber ist so nett. Sie meinte, ich müsste jetzt reden und mir ein eigenes Zimmer nehmen. Ich erzählte*

*mindestens eine Stunde lang. Der erste und wichtigste Schritt
sei das Reden, sagte sie. Wenn ich daran denke, wird mir
schlecht. Sie sagte, ich kann wiederkommen. Sonjas Mutter
bot mir sogar an, bei ihnen zu wohnen. Frau Wieselhuber
meinte, das sei der erste Schritt, wenn ich wegziehe und
Abstand gewinne. Und mit 18 kann ich dann ganz weg. Klingt
alles einfacher, als es ist. In mir ist dieses beschissene Gefühl.*

Mutter und Vater empfingen mich in der Küche. Sie waren
misstrauisch: »Mit dir ist doch irgendwas?«

Ich sah in ihre Gesichter. Sie hatten keine Ahnung, wo ich
gerade gewesen war.

»Maria, sag etwas«, sagte ich zu mir selbst. »Erzähle!
Rede! Jetzt liegt es an dir.« Aber die Angst vor ihren kurzen,
scharfen Sätzen ließ mich wieder den Mund halten. Die
Hürde war zu groß. Ich musste sie schonen. Die traurige
Mutter und den stummen Vater. Ich konnte sie unmöglich
noch mehr belasten, als sie ohnehin schon belastet waren.
Sie brauchten ja selbst Hilfe. Denn sie misstrauten nicht nur
mir: Sie vertrauten nichts und niemandem. Auch wenn sie
das selbst nicht zugegeben hätten. Mutter, Vater und ich, wir
waren einander vertraute Misstrauende. Und waren es schon
immer gewesen. All ihre Bemühungen, mich ihnen anzu-
gleichen, ein liebes Mädchen aus mir zu machen, das alles
hatte nichts geholfen.

Ich sagte: »Nichts ist.«

Ich ging nicht noch einmal zu Frau Wieselhuber. Ich wollte
wohl selbst nicht glauben, dass ich ein Problem hatte.
Schwierigkeiten, die man nicht ordentlich beschreiben
konnte, für die es kein eindeutiges Etikett gab, das waren
letzten Endes doch keine.

Das Jahr, in dem sich das Schweigen vollends in unserem
Haus ausbreitete, begann an einem Herbsttag. Der Nebel

wollte sich selbst am Mittag nicht lichten. Im Schulbus roch es nach Bücherranzen, Radiergummi und Apfel. Ich hielt mich an einem der Griffe fest, die Schultasche zwischen die Beine geklemmt. Der Busfahrer raste wie immer an unserem Haus vorbei. Wie fast immer wurde er vor der alten Pfarrkirche zum Bremsen gezwungen, weil ein Auto entgegenkam. Ich rempelte das Mädchen vor mir an. Ihre Mütze rutschte ihr ins Gesicht. In der Parkbucht hinter der Kirche kamen wir zum Stehen. Die Bustüren öffneten sich mit einem luftigen Zischen. Mir war übel von der kurvenreichen Fahrt und der stickigen Heizungsluft. Ich sprang hinaus und wechselte die Straßenseite. Zu meinem Haus waren es hundert Meter. Autos aus Frankfurt, Würzburg, Mainz und Berlin rollten an mir und an unserem Haus vorbei. Irgendwo gab es etwas mit Bratensoße und Zwiebeln zu Mittag.

Im Winter klemmte der Eisengriff und klackte lauter. Vater hatte das Moos zwischen den Pflastersteinen entfernt. Der Hof sah nackt aus.

»Grüß Gott«, sagte ich zu Mutter.

Sie hatte den Tisch gerade gedeckt, es gab Nudeln und Tomatensoße. Der Mund der Mutter war dünn wie ein Strich. Daran konnte ich sehen, dass es ihr nicht gut ging.

Wir aßen schweigend. Damit ich schneller erlöst würde, schlang ich die Nudeln hinunter.

Ich sagte ein schnelles: »Danke«, räumte meinen Teller in die Spüle und verschwand in meinem Zimmer.

So ging das ungefähr ein Jahr lang. Es gab keinen speziellen Auslöser dafür, dass sich unsere ohnehin kurzen Unterhaltungen fast völlig in Luft auflösten. Man hätte die Worte, die wir täglich wechselten, an zehn Fingern abzählen können.

Ich verschanzte mich in meinem Zimmer, wo ich oft einfach nur am Fenster stand und über die Nachbarhäuser hinweg auf die »Mainhölle« am anderen Flussufer starrte. Als Thomas Gottschalk aufhörte, seine Sendung für Bayern 3 zu moderieren, trauerte ich wochenlang. Ich grübelte darüber, was ich tun könnte, damit mein Verhältnis zu Mutter und Vater besser wurde. Ich hätte mich noch mehr verleugnen müssen, als ich es schon tat. Wie gern hätte ich einmal mit ihnen gezankt, wie es in anderen Familien manchmal vorkam. Sie fetzten sich, und danach war alles wieder gut. Aber um sprechen, sogar um streiten zu können, hätte es Interesse aneinander gebraucht. Dafür hätten wir zuerst die Angst voreinander besiegen müssen. Und ich hatte Angst vor den Konsequenzen.

Wir waren Abhängige der Gunst einer Stunde, dem Zufall oder dem »Das-vergeht-wieder-von-allein«. Nein, gestritten wurde bei uns nicht.

Ich duckte mich unter meinen Missetaten hinweg und reckte mich in meinen Tagträumen etwas entgegen, das vollkommen schuldlos war – die Freiheit. Durch diese Untreue gegenüber meinen Eltern wurde ich allerdings umso schuldiger.

Ich konnte längst nicht mehr beichten gehen. Meine Sünden bewegten sich abseits des gängigen Sündenregisters von »Ich habe gelogen« oder »Ich habe unkeusche Gedanken«. Sie waren monströse Tyrannen, aus Ängsten bestehend und aus Fluchtgedanken. Eingeklemmt zwischen den Wänden mit der Blümchentapete, wurde ich nachts regelmäßig von Horrorträumen malträtiert.

In der Kreisstadt gab es eine Jugendinitiative. Dort trafen sich Langhaarige, die Selbstgedrehte rauchten, Birkenstocksandalen mit gestrickten Socken trugen, in der Altstadt gegen Atomkraft und Plastik demonstrierten und die die Ersten waren, die Jute-Taschen im Dritte-Welt-Laden vertrieben. Das waren Leute, die weiterdachten als bis zum Abendessen. Manchmal hatten sie auch Besuch von der Polizei wegen Drogen oder sonst was.

Zu denen wollte ich gehören. Das Problem war nur, dass

es schwer war, von ihnen akzeptiert zu werden. Niemand kannte die Aufnahmeregeln in den Kreis, und mir war zu Ohren gekommen, dass sie die ständig änderten.

Ich versuchte es mit Äußerlichkeiten. Ich zog meinen dicksten, größten und kratzigsten Shetlandpulli an und radelte ins Gemeindehaus am Mainufer. Ich rannte die ausgetretenen Sandsteintreppen hoch – Dynamik zu zeigen war immer gut –, als mir das Ende von Frank Zappas »Bobby Brown« entgegenröhrte. Sonja und ich hatten den Song übersetzt – der Text handelte von sexuellen Vorlieben, von denen wir noch nie zuvor gehört hatten – und waren schockiert.

Die Leute von der JUI waren von der ganz harten Sorte: alles aufgeklärte, absolute Gymnasiasten. Ich setzte mich auf einen leeren Stuhl, schwieg, wippte im Takt der Musik und guckte so wichtig, wie ich nur konnte. Ihre Pullis waren alt und ausgeleiert, wie Kunstwerke. Bei einem ging er bis zum Knie wie ein Glockenrock. Dagegen wirkte meiner plötzlich spießig und sah genauso aus, wie es war: danach, dass ich mir den ganzen Tag überlegt hatte was ich anziehen soll. Ich kriegte kein Wort raus. Um nicht ganz blöd rumzusitzen, bat ich den Hübschesten der Langhaarigen um Tabak. Jetzt hatte ich mir was eingebrockt: Ich musste mir zum ersten Mal in meinem Leben eine Zigarette drehen – unter den Augen vom langhaarigen Rainer. Die Zigarette sah aus wie eine längliche Schupfnudel, bereit zum Braten. Rainer guckte stumm und fragte nach meinem ersten Lungenzug, ob ich mit ihm Flugblätter verteilen wolle. Ich sagte »Ja«, rauchte die ganze Schupfnudel, ohne zu husten, und trank Rotwein aus der Flasche dazu. Selbst als ich betrunken war, kriegte ich keinen Draht zu den Leuten. Sie redeten Gymnasialsprache, ja manche sogar Bessere-Leute-Jargon, zu dem ich artig nickte. Das Wichtigste war, dass ich an einem Ort sein konnte, wo etwas bewegt wurde. Die Hoffnung war, dass ich mich gleich mitbewegen würde. Deshalb war Zimperlichkeit nicht angesagt. Außerdem gab es sonst nichts, wo man in unserem Landkreis abends hätte hingehen können.

In der Nacht verteilte ich die Flugblätter für die Anti-Atomkraft-Demo und rauchte mit Rainer einen Joint, der verursachte, dass mein Kopf nicht mehr aufhörte, sich wie ein Kreisel zu drehen, und die Steinstufen wie Schaumgummi nachgaben. Mein anschließender Hindernislauf am Elternbett und an der Gottesmutter vorbei dauerte gefühlt eine Ewigkeit. Die Nacht war wohl gesegnet, denn weder Vater noch Mutter wachten auf. Vielleicht hatte der Joint auch bis zu ihnen gewirkt.

Erst spät bemerkte ich, dass Rainer an mir interessiert war. Aber wir kamen einfach nicht zusammen. Der Grund war recht simpel: Der Langhaarrebell bekam den Mund nur langsam auf, und wenn er ihn aufkriegte, kamen seltsam vage Sätze heraus, die ich auch nach mehrmaligem Nachfragen nicht deuten konnte. So blieb es bei ein paar unentschlossenen Küssen auf den wackeligen Stühlen der Jugendinitiative und bei bedeutungsvollen Blicken. Vielleicht tobten auch in ihm Tyrannen. Wer Tyrannen in sich trägt, kann sich nur langsam bewegen.

# Der Beruf

Dass es in der nahe gelegenen Kreisstadt Ballett gab, war ein Fehltritt Gottes. Wie hatte er das nur zulassen können? Er hätte doch wissen müssen, dass ich sofort darauf anspringen würde.

In der Küche schien die Mittagssonne durch das Oberlicht, als ich sagte: »Ich will Ballett lernen.« Natürlich war mir schon im Vorhinein bewusst, dass Ballett »überflüssig wie ein Kropf« wäre und ich »eine blühende Fantasie« hätte.

Aber Ballett war auch gut gegen das Hohlkreuz. Aus dem hautfarbenen Mieder war ich längst rausgewachsen. Und für noch etwas war Ballett gut: um den Hals zu recken und stolz gucken zu lernen.

Ich bestellte Ballettschläppchen im Katalog und trainierte mit kleinen rosa Tüll-Mädchen bei Frau Eckert an der Stange vor dem großen Spiegel: halbe Spitze, Plié, Grandplié. Frau Eckert war früher eine bekannte Schauspielerin gewesen, oder doch zumindest fast, und brachte mir im Anschluss an eine Unterrichtseinheit bei, wie man sich über eine Überraschungstorte freut. Das sei eine gute Schauspielübung, sagte sie. Sie positionierte sich vor der unsichtbaren Torte mitten im Tanzraum, bäumte sich auf, als hätte sie von hinten ein Windstoß erfasst, formte einen Mund, in den man problemlos ein Ei längs hätte stecken können, und riss die Augen auf: Fertig war das staunende Gesicht. Sie gestikulierte dazu in Wellenbewegungen auf Brusthöhe, hin und her, her und hin, und sang erregende Flattertöne dazu: »OOOHHH, AAAHHH, OOOHHH!«

Ich war schwer beeindruckt. Ich hatte es mit einer richtigen Schauspielerin zu tun. Jetzt sollte ich es nachmachen: »Oh«, sagte ich, »ahh.«

Aber da stimmte etwas nicht ganz. Ich bewegte mich ungelenk und fühlte mich peinlich berührt. So peinlich wie damals mit elf, als die Passanten beim Spaziergang durch das Neubaugebiet auf mich zeigten und sagten: »Ach, das ist gar kein Bub, das ist ein Mädchen.«

»Das musst du aber noch üben«, sagte Frau Eckert. Als Hausaufgabe gab sie mir auf, ein Gedicht auswendig zu lernen, und entließ mich aus ihrem Ballettstudio.

Zu Hause übte ich es immer wieder in meinem Zimmer: »Oohh, aaahhh, oohhh.« Und ich suchte Gedichte in unserem Haus, aber es gab nichts außer einem Band über Vogelarten und den Fotoalben mit den Schwarz-Weiß-Bildern von Vater als Soldat und Mutter beim Heugabeln hoch oben auf einem Heuwagen.

In der Pfarrbücherei wurde ich fündig. Ich rezitierte das Gedicht »Möwenflug« von Conrad Ferdinand Meyer und legte alle Bedeutung hinein, die ich kannte. »... oder hast du Blut in deinen Schwingen?« In meinen Schwingen war ganz eindeutig Blut, und deshalb waren die Flügel zu schwer zum Abheben. Es galt, das Blut »rauszuwaschen«. Doch darüber konnte ich nicht einmal mit Frau Eckert sprechen. Sie ließ mich immer wieder die Überraschungstorte mit »Ohs« und »Ahs« loben, bis es mir irgendwann zu bunt wurde und damit egal war, wie ich dabei aussah oder wie meine Stimme klang. Das war der erste schauspielerische Durchbruch: Mir wurde klar, dass es einem egal sein muss, wie es aussieht. Und noch egaler, was die anderen Leute denken. Das Gefühl, das sich dabei einstellte, erinnerte mich an meinen Schaulauf auf dem Catwalk in der Kindererholung. Ich fühlte mich jeansgirlig frei und nicht mehr in meiner eigenen Haut gefangen.

Meinen Eltern konnte ich unmöglich erklären, dass ich erfolgreich eine nicht vorhandene Torte bewundert hatte und mich das sehr faszinierte. Das war etwas ganz anderes beim Gitarrenunterricht, wo ich aufrecht auf unserer Polster-

couch saß, die Gitarre zwischen die Beine geklemmt, und
»Kommt ein Vogel geflogen« zupfte, wie man es im Zillertal
spielte. Ich hatte dem Gitarrenlehrer noch vorsichtig gesagt,
dass ich gern »Streets of London« lernen würde, aber er beharrte auf »Kommt ein Vogel geflogen«. Dann versuchte ich
es mit »Blowing in the Wind«. Aber den Bob Dylan, den
kannte er nicht.

Sehr geehrte Damen und Herren, hiermit bewerbe ich
mich ...

»Du wärst in der Mittagspause immer zum Essen daheim
und am Freitagmittag hättest du frei«, hörte ich Mutter in
meinen Rücken hineinsagen.

... um einen Ausbildungsplatz.

Widerwillig tippte ich meine Bewerbung in die Olympia-
Monica-Reiseschreibmaschine: erst Sparkasse, dann Rathaus, dann Raiffeisenbank.

Recht hatte sie. Ich wäre immer daheim. Es gäbe kein Entkommen. Ich hatte nicht mal die leiseste Ahnung davon, was
es bedeutete, Interesse an irgendwas anderem zu haben, außer Musik zu hören, die das Ödland in mir erträglich machte.
Ich hatte keinen Schimmer, was ich werden wollte. Ich wusste noch nicht einmal, dass ich nichts fühlte. Und Bauchgefühl hatte ich auch keins, aber auch das wusste ich nicht.

Denn der stumme Bauch fühlt sich völlig in Ordnung
an, wenn man seine wahren Gefühle, seinen kindlichen
Überschwang und seine Begeisterung aus Sicherheitsgrün-
den schon früh verstecken muss. Man kennt es dann nicht
anders.

Mutter und Vater rätselten monatelang: »Du hantierst
doch gern mit Stift und Papier, geh aufs Büro.«

In mir stiegen Bilder von Schreibtischen, trockener Luft

und Zahlen auf. Zahlen, vor allem Zahlen, und jetzt auch noch Schubladen, Blaupapier, Vervielfältigungsgeräte und Telefaxe. Mein Hals wurde eng.

... Ich würse mich über einen persönlichen Vorstellungstermin sehr freuen.

Das »s« konnte ich nicht tipp-exen. In einer Bewerbung durften keine Fehler sein. Ich riss das Blatt aus der Maschine und spannte ein neues ein.

»Hast du dich wieder vertippt?«, hörte ich Mutters Stimme aus der Tiefe der Küche.

Wie kam es, dass andere ihren Koffer packten und in eine andere Stadt zogen, obwohl sie noch keine achtzehn waren? Woher wussten die, was sie wollten, und wie kam es, dass sie es sogar machten? Und wie ging das vor sich, dass deren Eltern sie sogar noch hinfuhren, in ihr neues Domizil fern von zu Hause, und ihnen alles Gute wünschten? In meinem Kopf dagegen war eine Wüste voller Nullen, durch die ich mich durchkämpfte, ohne Aussicht darauf, je das Ende zu erreichen.

»Wir werden dich doch noch irgendwo unterkriegen«, meinte Mutter halb im Scherz, halb ernst.

Statt einer bodenständigen Zukunftsvision hatte ich wieder diesen Tagtraum. Ich sah mich als Schauspielerin. Die Ballettlehrerin war schuld daran, genau wie Lehrer Becker, Thomas Gottschalk und eine Freundin aus der katholischen Jugend, die einfach sagte: »Wieso wirst du denn nicht Schauspielerin?«

Ich sah, wie ich mich als Schauspielerin über das gesamte Nebelmaintal erhob. Ich schwebte über dem Rathaus, über Sparkasse und Raiffeisenbank, über dem Main, den Weinbergen und dem Neubaugebiet. Ich konnte nicht nur fliegen. Ich konnte sogar astreines Hochdeutsch sprechen. Ich konnte, ohne mich zu verheddern, lange Sätze bilden, die ausdrückten, was ich sagen wollte. Ich war heimatlos und frei.

Die Menschen um mich herum lachten und mochten mich, und ich war ein Teil von etwas völlig anderem, was es hier nicht gab, von etwas, von etwas ...

»Beeil dich, das Rathaus macht gleich zu.«

Ich steckte die Bewerbung in den Briefumschlag. Auf dem Weg zum Rathaus fiel es mir ein: von etwas, das Sinn machte! Es war eine berauschende Fantasie. Sinn musste es einzig für mich machen. Aber durfte ich mir das herausnehmen? Ich hatte keine Ahnung, wie man Sinn macht oder einen findet oder gar Sinn stiftet. Dazu brauchte man großes Selbstbewusstsein, das ich nicht hatte. Dazu brauchte man Platz im Gehirn für freilaufende Gedanken, Gedanken, die nichts Besonderes sein mussten, aber etwas Besonderes werden konnten.

Sinnvolles gab es schon auch bei uns, im Pausenhof der Schule. Ich beobachtete das. Es gab dafür eine Art Ritual. Sie saßen im Kreis auf dem Betonboden. Es fehlte nur noch das Lagerfeuer in der Mitte, ein Schlafsack und eine Gitarre. Sie redeten laut oder leise, ereiferten sich, hörten einander zu, unterbrachen sich. Niemand war wegen der Meinung des anderen eingeschnappt, wie es bei uns zu Hause der Fall war. Nicht mal, wenn jemand widersprach. Niemand wurde dabei als falsch hingestellt.

Ich pirschte mich heran: »Was macht ihr da?«

»Wir diskutieren.«

Was das sei, wollte ich wissen.

»Jeder sagt seine Meinung zu einem Thema.«

Zuerst verstand ich nicht, was das für einen Sinn machen sollte.

»Und über was sagt ihr eure Meinung?«

»Über Umweltverschmutzung. Morgen über Rauchen. Willst du mitdiskutieren?«

Ich wurde furchtbar aufgeregt. Die Vorstellung, dass man länger über etwas sprechen könnte, was normalerweise mit einem Satz erledigt war, war atemberaubend. Das war absolutes Neuland für meinen darbenden Geist. Das war so etwas wie … Kunst.

Zu Hause sagte ich: »Mama, du, die in der Schule diskutieren.«

»Aha.«

»Die sagen ihre Meinung über ein Thema.«

»Wenn sie sonst nichts zu tun haben, können die das gern machen. Du kannst mal den Küchenschrank abwaschen und das Bad putzen.«

Und dann putzte ich, wie jeden Samstag, mit HAKA-Seifenwasser den ganzen Küchenschrank. Obwohl der gar nicht schmutzig war, nicht mal an den Griffen. Danach schrieb ich mir Gedanken zum Thema »Rauchen« auf, die ich am nächsten Tag in der Diskutier-Sitzrunde einbringen wollte: »Rauchen erhöht nur scheinbar das Selbstbewusstsein. Man kann damit angeben. Wie findet man heraus, ob man Zigaretten wirklich mag oder nur aus Gruppenzwang mitraucht?« Mir zitterte der Unterkiefer vor lauter Aufregung. Ich hatte etwas zu sagen, und dort war es erwünscht.

Aber am nächsten Tag fand ich die Diskutiergruppe nicht mehr. Sie hatte sich aufgelöst.

Dann kriegte ich dieses Buch von Hermann Hesse in die Hände. Jeden Abend freute ich mich darauf, ins Bett zu gehen, weil ich dann lesen konnte. Hermann Hesse hatte die gleiche Meinung wie ich, wusste nur sehr viel mehr davon und konnte sein Wissen besser formulieren, als ich es je gekonnt hätte. Ich dachte: »Er muss mich schon lange heimlich beobachtet haben. Er musste in meiner Seele nachgeschaut haben, was mich beschäftigte, damit er dann *Narziss und Goldmund* schreiben konnte.« Ich las *Siddhartha*, *Demian* und seine Gedichte, so bekam mein eingekerkerter Verstand Flügel. »Der wahre Beruf für den Menschen ist nur, zu sich selbst zu kommen«, stand da in meiner zerlesenen Taschenbuchausgabe.

Das hatte er nun wirklich für mich geschrieben! Mein Tagtraum nahm erstmals Gestalt an. Ich erzählte meinen Eltern nichts von meiner bahnbrechenden Erkenntnis: Es ging nicht nur um Ackern und Pflicht. Als sie in der Kirche waren, schrieb ich noch einen weiteren Brief. Er ging ans Arbeitsamt:

Sehr geehrte Damen und Herren, bitte teilen Sie mir mit, wo es die Möglichkeit gibt, eine Schauspielausbildung zu machen. Vielen Dank für Ihre Auskunft. Mit freundlichen Grüßen.

Beim Eintreten in die Küche wanderte mein Blick nun täglich die Küchenschrankablage ab, in banger Erwartung eines Antwortbriefs und des Verhörs, das so ein Brief mit sich bringen würde. Aber: Es kam kein Brief vom Arbeitsamt. Kein Verhör. Über Wochen nicht. Bei den anderen Ausbildungsplätzen hatte ich todesmutig und in letzter Sekunde abgesagt, und es machte keinen guten Eindruck. Nun war ich unter Zeitdruck. Wer sich nicht rechtzeitig um eine Lehrstelle gekümmert hatte, gehörte zu den Dummen, die niemand wollte, und verlor kostbare Zeit zum Geldverdienen.

# Im kalten Wasser

Ich hob den Kopf und sah mal wieder durchs Oberlicht unserer Küche. Der Himmel war hinter einer Schlierenschicht aus Regentropfen und Blättern vom letzten Gewitter nur zu ahnen.

»Ich werde Arzthelferin«, sagte ich.

»Arzthelferin! Wieso willst du denn ausgerechnet das werden?« Mutter sah mich entsetzt an. »Das hältst du doch gar nicht aus. Urin, Blut abnehmen, kranke Leut' und so lange Arbeitszeiten.«

Sie hatte recht. Aber ich wollte mich beweisen. Ich kannte eine Arzthelferin, die gern zur Arbeit ging. Ich hatte mich über den Beruf informiert. Arzthelferin sein war das Aufregendste, was es im Umkreis gab. Ich hoffte, als Arzthelferin meine Stärke zu finden. Das sagte ich mir zumindest.

»Vater, rate mal, was des Mädle werden will.«

»Was denn?«, fragte er, als er die Küche betrat und seine Aktentasche abstellte.

»Arzthelferin!«

»Kind, das ist doch nichts für dich«, sagte er. »Du wirst schon sehen, was du davon hast.«

Ich hielt mit aller Macht dagegen: »Ja, das werde ich sehen.«

»Du wirst dich schön umgucken«, sagte Vater.

Das konnte gut sein. Aber ich musste dringend etwas tun, das ich selbst entschieden hatte.

Das Vorstellungsgespräch lief gut. Der Urologe Doktor Schüller wollte mich zur Arzthelferin ausbilden.

»Hat er dich gewollt?«, sagte Mutter und war zufrieden.

Ich sagte: »Ja, er wollte mich.«

Es ging nicht darum, ob er mich oder ich ihn wollte, sondern hauptsächlich, ob ich es schaffen würde, überhaupt von irgendjemandem gewollt zu werden. Mit dem Gewolltwordensein bei Doktor Schüller übersprang ich eben mal so das Lebensmotto meines Vaters: »Wir sind nichts und wir haben nichts.« Denn wer nichts ist, konnte ja wohl kaum gewollt werden. Was ich zu bieten hatte, galt es allerdings noch zu beweisen.

»Sprechen Sie lauter am Telefon«, mahnte mich der Herr Doktor nach der ersten Woche. Ich wurde knallrot. Er hatte mich ertappt. Mir war schon aufgefallen, dass ich einem spontanen Fluchtreflex erlag, wenn ich das Telefon in der Anmeldung klingeln hörte. Ich war es nicht gewohnt, mit fremden Menschen zu telefonieren. Die Patienten wollten alles Mögliche: einen Termin, Untersuchungsergebnisse, ein Attest, den Arzt persönlich sprechen, was aber nur in absoluten Ausnahmefällen möglich war.

Klar, meine Stimme war zu leise, und dazu kamen noch Herzrasen und Schwitzfinger. Und als wäre das Telefonieren nicht schon schlimm genug, wurde ich dabei auch noch von mehreren Patienten in Mänteln beobachtet, die gerade vor der Anmeldung warteten.

»Wie bitte?«

Ich verstand den Namen der Patientin nicht.

Die Frau am Telefon wiederholte ihn. Und ich verstand wieder nichts. Irgendetwas mit »Glut« hinten.

Ich brachte die Frage nicht noch einmal über die Lippen: »Wie war noch mal Ihr Name?« Ich hätte es nur sagen müssen. Es ging nicht. Der Satz blieb in meinem Mund kleben. Christiane riss mir den Hörer aus der Hand. Ungeduldig.

Sie rief hinein: »Wie der Name?« Wartete ab, genoss das Bad in der Patientenmenge vor sich, lächelte jetzt. »Name? Ich nix verstehen.« Sie wurde ernst. »Noch mal: Name?« Sie lauschte angestrengt, schrie jetzt: »Naaaame!« Christiane wartete ab, rollte mit den Augen, sah mich an. Dann weiter: »Schon mal da gewesen?«

Genervter: »Schon mal da gewesen? Nix da gewesen? Doch da gewesen. Wann da gewesen?«

Sie riss die Schubladen auf, durchfingerte zackig die Patientenunterlagen, knallte eine bestimmte Akte auf den Schreibtisch und schrie wieder in den Hörer: »Schmerzen wo?«

Die Patientenmenge beobachtete die Szene gespannt.

Dann noch lauter: »Schmerzen wo, Frau Sülemanoglu? Frau Sülemanoglu, ja Schmerzen oder nein Schmerzen?«

Christiane wartete kurz ab, niemand hustete, völlige Stille vor der Anmeldung. Sie drückte mir den Hörer zurück in die Hand und sagte mit gelangweilter Stimme: »Termin.« Dabei wendete sie sich schon dem nächsten Wartenden zu: »So, wer ist der Nächste, bitte?« Sie strahlte.

Ich bewunderte Christiane. Wie sie das nur immer hinbekam. Aber da drang schon Frau Sülemanoglus Stimme vertraut an mein Ohr.

»Sie wollen einen Termin?«, fragte ich, ohne Frau Sülemanoglu dabei zu sagen, denn die ungewohnte Aussprache des Namens hätte mich mit sofortiger Wirkung aus der Kurve geworfen. Ich hörte irgendwas, was ich wieder nicht verstand. Das durfte doch nicht wahr sein!

»Termin!?« Ich gab mehr Druck auf die Stimme. Ich hatte den Eindruck, laut zu schreien.

Christiane verdrehte die Augen. Ob wegen mir oder etwas anderem, war so schnell nicht auszumachen.

»Zur Kontrolle?«

Wieder verstand ich nichts. Schweißperlen liefen mir den Rücken hinunter. Die Patienten hörten alle gespannt zu, wie die Terminvergabe wohl weitergehen würde. Nun hörte ich Schritte auf dem Teppichboden. Sie näherten sich. Es war der Herr Doktor höchstpersönlich. Ich blickte auf, er nickte uns zu, suchte irgendetwas im Karteischrank, stand direkt hinter mir. Ich machte mich lang, hob den Kopf, wie ich es im Ballett gelernt hatte. Jetzt sah ich alle Patienten direkt an: wieder Gesunde und Kranke, ja sogar Sterbenskranke, Leute, die Hilfe brauchten, meine Hilfe. Würde ich ihnen gerecht werden können?

»Nächste Woche? Vormittag? Nachmittag? Mittwochnachmittag keine Sprechstunde.«

Ich ließ überflüssige Wörter weg, wie Christiane. Doch es nützte nichts.

Frau Sülemanoglu redete genau dann, wenn ich auch redete. Und wenn ich eine Pause machte, sagte auch sie nichts. Der Kloß im Hals wurde dicker. Ich wünschte mir, der Chef würde aus meinem Rücken verschwinden. Aber er blieb. Ich presste den Hörer fester ans Ohr. Frau Sülemanoglus Singsang bohrte sich in meine Ohren. Dort angekommen, verpuffte der Klang ins Nichts: Ich war so nervös, dass ich sofort vergaß, was sie grade gesagt hatte.

»Wie bitte?«

Ich steckte in der Klemme. Im Schwitzkasten vom Chef, von Christiane und den Zuschauern. Niemand durfte merken, dass ich gleich aus Versagensangst sterben würde. Dann hätte in der Lokalzeitung gestanden: »Tragischer Todesfall: Junge Frau stirbt beim Telefonieren – wie sicher sind die Apparate?«

Ich wollte gerade Frau Sülemanoglus Termin für die nächste Woche im Terminkalender notieren, als sich Doktor Schüller zu mir umdrehte. »Fräulein Maria, den Herrn Berger setzen Sie um halb fünf ins Privatwartezimmer, ja?«

Ich nickte und wiederholte den Termin für die Patientin ins Telefon: »Dienstag, fünfzehn Uhr dreißig.«

»Wann kommen?«

»Halb fünf kommen! Auf Wiederhören.«

Ich legte auf, und der Chef verschwand aus meinem Rücken.

»Na also, geht doch«, sagte Christiane. »Was wollte sie?«

»Kontrolle«, murmelte ich und notierte geschäftig ihren Namen, den ich von der Patientenakte abschrieb, in den

Kalender. Ich flüchtete zurück ins Labor und stürzte mich auf die vollen Reagenzröhrchen. Das Plasma hatten wir am Vormittag verarbeitet, jetzt konnten die Blutkuchen, die Zellbestandteile des Blutes, entsorgt werden.

Ich hoffte einfach, dass Frau Sülemanoglu keine Schmerzpatientin war. Sonst hätte sie sofort kommen müssen. Sicher war ich mir nicht. Die Blutkuchen flutschten wie Blutegel aus den Reagenzgläsern in die Toilette. Mit einem Zisch aus der Klospülung war alles weg. Nicht aber meine Angst vorm Telefonieren.

Hinter der Anmeldung stand ich wie auf einer Bühne. Das hatte ich doch immer gewollt! Aber ich fühlte mich regelmäßig seziert, bewertet und für ungut befunden. Ich wusste nicht mehr, wie ich sein sollte, und wenn Christiane gesagt hätte: »Sei doch normal«, hätte ich auch nicht gewusst, was »normal« ist. Ich war überzeugt davon, dass meine Bewegungen und erst recht meine Stimme meine Gemütslage verrieten. Also kaschierte ich sie und verstellte mich. Um Peinlichkeitspausen zu vermeiden, musste ich immer irgendetwas reden. Ich entwickelte sogar eine eigene Sprachmelodie, um von meiner Unsicherheit abzulenken. Als ich zum ersten Mal meine eigene Stimme auf einem Anrufbeantworter hörte, war ich entsetzt: Das klang wie zittriges Mäusefiepsen. Ich musste selbstbewusster werden, egal, ob mit oder ohne Chef im Rücken.

Die Woche darauf saß ich am Mikroskop und zählte weiße und rote Blutkörperchen im Urinsediment, bewegte mich fasziniert in meinem eigenen Kosmos zwischen Epithelien, Thrombozyten und Kristallen, als ich Christiane wieder einmal brüllen hörte:

»Halb vier! Fünfzehn Uhr dreißig! Jetzt halb fünf!«

»Halb fünf«, bestätigte die Frau.

»Zu spät«, schrie Christiane. »Eine Stunde zu spät. Nicht gut!«

»Nix gut?«, sagte die Frau.

»Nein, nix gut.« Christiane murmelte irgendetwas und schickte die Patientin ins Wartezimmer.

Es war Frau Sülemanoglu, die Patientin, deren Termin ich mit dem Chef im Nacken notiert hatte. Ich schrieb sie bei fünfzehn Uhr dreißig ein, sagte dann aber vier Uhr dreißig. Halb fünf. Ich blickte vom Mikroskop auf. Ich hatte Mist gebaut.

»Einmal Kontrolle.« Christiane winkte mit der Patientenakte zu mir ins Labor.

Keine Schmerzpatientin. Ich war erleichtert. Kurz. Sie legte die Akte quer auf den Tresen. Eine längs liegende Akte hieß: Spontanurinprobe. Eine quer liegende Akte hieß: K-Urin! Sie warf mir einen vielsagenden Blick zu, und ich wusste, was er bedeutete. Heute musste ich erstmals eine Patientin katheterisieren. Lehrlinge lernten das bereits nach der ersten Woche. Mit dem Harnkatheter gewann man Urin, der frei von Bakterien war. Ich hatte mittlerweile schon ein paar Male zugeguckt und übersprang meine Scham vor dem intimen Anblick des Geheimsten einer Frau, der sich mir so plötzlich offenbarte. Das hatte ich noch nie gesehen. Jetzt musste ich selbst ran.

»Das schaffst du«, sagte Christiane, als sie meine Aufregung bemerkte.

Ich ging ins Wartezimmer: »Frau Sülemanoglu?«

Die Frau mit dem schwarzen Kopftuch stand auf, nickte mir zu und folgte mir ins Katheterzimmer. Christiane kam mit und schloss die Tür hinter uns dreien. Drei Frauen und ein Katheter.

Ich zog meinen Kittel straff, wusch mir die Hände. Vielleicht hatten meine Eltern recht gehabt und ich war wirklich fehl am Platz in einer Arztpraxis. Ich lächelte die Frau an und hoffte, dass sie nicht sah, dass ich sie als Versuchskaninchen nutzen musste. Ich war kurz davor, es ihr zu sagen, um mich im Vorhinein zu entschuldigen. Aber das war unmöglich. Ich musste größtmögliche Sicherheit ausstrahlen. Wie sollte sie mir sonst vertrauen?

»Frau Sülemanoglu, bitte ausziehen. Untenrum, und hinlegen.«

»Ausziehen?«, wiederholte sie.

»Ja, ich nehme Ihnen Urin ab.«

»Toilette?«, sagte sie.

Ich schüttelte den Kopf: »Hier, mit Katheter. Tut nicht weh.«

Ich war mir nicht ganz sicher, ob das stimmte, aber wir sagten es immer. Ich zog Einmalhandschuhe über, öffnete mit zitternden Händen die Plastikverpackung mit dem Einmalkatheter, stellte Tupfer, Urinbecher und Petrischale bereit.

»Ausziehen?« Die Augen von Frau Sülemanoglu wurden groß und fixierten den Katheter.

»Ja«, sagte ich und deutete ihr an, wie sie sich hinzulegen hatte. Christiane nickte mir beruhigend zu.

»Steril«, sagte Christiane, zog bedeutungsvoll die Augenbrauen nach oben und machte eine Handbewegung, als wolle sie gleich ein Sinfonieorchester dirigieren.

»Nix Toilette! Steril hier.«

»Nicht schlimm«, sagte ich und schenkte Frau Sülemanoglu mein angsterfülltes Herz – vor meinem ersten Mal.

»Gleich vorbei?«, fragte sie, und ich nickte. Ich hoffte es so sehr, für sie und für mich. Als die nackte, ängstliche Frau vor mir lag, ihre Scham, zart, exponiert und mir völlig ausgeliefert, wollte ich gar nicht richtig hinschauen. Sie hatte das Schamhaar rasiert. Es sah aus wie bei einem Kind.

Ich musste aber hinsehen, und dabei wurde ich mir der Verantwortung bewusst, die ich für sie hatte.

Und noch etwas wurde mir bewusst: Ich wusste jetzt, dass ich etwas zu geben hatte. Das »Wir haben nichts« meiner Eltern stimmte einfach nicht. Ich würde meine Aufgabe richtig und mit Bedacht erfüllen, auch wenn mir die Hände leicht zitterten. Das war überhaupt die einzige Möglichkeit, Dinge zu tun. Mit ganzer Hingabe, so wie beim Freuen über die Überraschungstorte bei Frau Eckert.

»Jetzt einmal tief atmen.«

»Attmenn?« Frau Sülemanoglu schaute mich fragend an.

»Nefes almak!« Christiane konnte Türkisch. Ich hatte jetzt keine Zeit mehr, sie zu bewundern für alles, was sie in dieser Praxis im Handumdrehen hinkriegte. Nun nickte ich bestätigend, sagte ebenfalls »Nefes almak« und machte es ihr pantomimisch vor. Es klappte auf Anhieb: Frau Sülemanoglu schnaufte, und ich gewann sterilen Urin. Christiane nickte die ganze Zeit und hob hinter Frau Sülemanoglus Rücken den Daumen hoch. Die Patientin stand auf, rückte ihre Kleidung zurecht und bedankte sich bei mir.

»War es schlimm?«, fragte ich sie.

Sie schüttelte den Kopf.

Frau Sülemanoglu und ich waren nun alleine und lächelten uns schüchtern an. Vor fünf Minuten war sie für mich noch die größte Herausforderung, an der ich grausam hätte scheitern können. Auf einmal war sie die Frau, mit der ich meinen sehr persönlichen Moment teilte. Im Hinausgehen drückten Frau Sülemanoglu und ich uns die Hand. Es war wie ein Abkommen, das wir besiegelten: Wir kämpfen weiter, egal, was passiert. Sie gegen eine mögliche Nierenerkrankung, ich gegen die Angst vor dem Unbekannten.

Jetzt war ich geadelt. In der Praxis stießen wir mit Sekt an.

Zu Hause konnten es Mutter und Vater nicht fassen.

»Du bist tüchtig! Aus dir wird doch noch was!«

Wir machten einen Frankenwein auf, und Mutter sagte: »Du bist halt doch unser Mädle.«

Brauchten sie etwa Beweise, um an mich glauben zu können? Ja, ich war ihr Mädle. Aber ich würde noch viel mehr werden als das.

# Der große Traum

Von jetzt an hatte ich es täglich mit den intimsten Stellen von vielen Frauen, Männern und Kindern zu tun. In unserer Praxis konnte sich niemand verstecken, der krank war. Die Krankheiten mussten schonungslos betrachtet werden, ja kompromisslos, bis zur Heilung. Schonungslos betrachtete ich auch mich selbst. Und immer wieder quälte mich die Frage, ob ich hier wirklich richtig war. In unserem fensterlosen Kabuff, der Oase für sterilen Urin, träumte ich mich neuerdings an eine Schauspielschule in einer fremden Stadt. Ich träumte mich in eine Studentenbude, von mir aus auch ohne Fenster, aber weit weg.

»Ich will Schauspielerin werden«, sagte ich Mutter nach dem ersten Lehrjahr beim Mittagessen.

Mutter hielt die Gabel so fest, als müsse sie sich an etwas festklammern. Sie dehnte das Wort, als hätte sie mich nicht richtig verstanden.

»Schau-spie-lerin?«

»Ja.«

»Was willst du denn als Schauspielerin machen?«

»Na, schauspielern«, sagte ich. »Im Fernsehen oder auf der Bühne.«

»Du spinnst doch.«

Sie tippte sich mit dem Zeigefinger an die Stirn, um mir zu verdeutlichen, wie sehr.

»Du träumst!«

Am liebsten hätte ich gesagt, ja, ich träume, Mama. Ich träume von einem anderen Leben als dem, das ihr für mich vorgesehen habt. Ich träume von einem Leben, das ihr euch wahrscheinlich gar nicht vorstellen könnt. Aber das wäre ein Angriff gegen sie gewesen, der sie sofort in den Trübsinn getrieben hätte. Und zu diskutieren, hatten wir nicht gelernt.

»Das kannst du dir gleich aus dem Kopf schlagen. Du hast einen Beruf. Dabei wird geblieben.«

Am Abend stopfte ich meinen weißen Kittel in die Waschmaschine, als Mutter so, dass ich es hören konnte, zu Vater sagte: »Rate mal, was das Mädle werden will: Schauspielerin.«

»Für was soll das denn gut sein?«, sagte er.

»Ja, das frage ich mich auch«, sagte Mutter und schnaufte schwer. Und schon war es wieder geschehen: Ihr Gesicht verschloss sich, und ihre Augen verschwanden darin. Ich konnte förmlich zusehen, wie sie an Kraft verlor.

»Was haben wir bei dir nur falsch gemacht?«

Und nach einer Pause: »Du bist doch größenwahnsinnig.«

»Sei doch endlich zufrieden mit dem, was du hast«, sagte Vater verärgert.

»Wer hat dir bloß den Floh ins Ohr gesetzt! Der Gottschalk?«

»Niemand«, sagte ich.

»Du hast keine Ahnung vom Ernst des Lebens«, sagte Vater. Er goss sich ein Glas Selterswasser ein und trank in winzigen Schlucken wie in der Wüste.

Immerzu begnügte er sich mit dem wenigsten. Ich wollte schreien: »Trink, Vater, trink! Nimm große Züge! Mach die Flasche leer, nimm dir alles! Du musst nicht mehr sparen! Der Krieg ist vorbei.«

»Da verdienst du doch nichts«, räsonierte er.

Das stimmte. Die Ausbildung kostete sogar einiges. Das Geld hatten wir nicht. Ich rannte in mein Zimmer, spulte meine Kassette zu »Don't Bring Me Down« von ELO, stellte laut und überlegte. Ich musste beim Arbeitsamt anrufen. Mein Brief war vielleicht untergegangen. Unter dem Vorwand, die Blumen auf dem Friedhof zu gießen, ging ich in die Telefonzelle bei der Post. Mein Herz hämmerte. Ich wurde hin und her verbunden. Als sich jemand meiner erbarmte, hörte ich: »Schauuuuspiiieler ... das gibt es bei uns nicht, Fräulein.«

»Aber das ist doch ein Beruf. Das muss man doch irgendwie werden können.« Ich presste den Hörer ans Ohr, er roch nach Zigarette und Schweiß.

»Da müssen Sie sich anderweitig informieren«, sagte der Angestellte.

»Wo kann ich mich informieren?« Ich blieb beharrlich.

»Das kann ich Ihnen nicht sagen«, antwortete er ungeduldig, »vielleicht im Telefonbuch.«

»Es kann doch nicht sein, dass es diesen Beruf bei Ihnen nicht gibt.«

»Tja«, sagte er.

Ich legte auf. Die Schauspielerei war ein Beruf, den es nur draußen in der anderen Welt gab, nicht an Orten, in denen Feuerwehr- und Winzerfeste stattfanden. Ich brauchte Musik. Sie war mein einziger Mutmacher. Ich sang mit Hot Chocolate: »I believe in miracles«, und träumte. Ich betete, dass Gott mir meinen Weg zeigen möge. Hauptsache weg. Wo »weg« war, dort würde sich alles andere zeigen. Wegsein wäre der Weg. Aber Wegkommen war so gut wie unmöglich. Zu sehr nagten meine Unsicherheit und das schlechte Gewissen an mir, meine Eltern zu enttäuschen.

# Die junge Frau

# Der Auszug

Es war Winter. Ich hatte viel hinter meiner verschlossenen Tür nachgedacht. Ich dachte über all das nach, was ich gern tun würde und nicht konnte. Vielleicht hatten sie recht. Vielleicht war ich wirklich undankbar, weil ich mehr wollte, als ich hatte. Vielleicht gehörte ich ja doch hierher, in unsere kleine Stadt. Wie sollte ich, ausgerechnet ich, es denn draußen in der weiten Welt zu etwas bringen? Ich, das Mädchen, das Angst hatte vor Menschen, die belesener waren (das waren viele), vorm Alleinsein und davor, nie irgendwo dazuzugehören. Immer wieder quälten mich solche Gedanken, bis sich mir eines Sonntagnachmittags die einzig richtige Lösung offenbarte: ein radikaler Schnitt.

Nachdem wir das sonntägliche Kaffee-und-Kuchen-Ritual absolviert hatten, spülte ich das Geschirr und stellte es in den Schrank. Vater kam vom Hasenfüttern herein, drehte den Wasserhahn auf, dass ein Rinnsal herauströpfelte, und wusch sich darunter die Hände.

Die Küchenuhr tickte bedrohlich laut. Ich drehte mich zu ihm um und sah ihn an.

»Ich will hier weg«, sagte ich.

Ich hatte es ausgesprochen. Jetzt stand der Satz mitten im Raum. Niemand von uns redete so. Ich klang wie aus einem Roman und hatte es auch noch auf Hochdeutsch gesagt.

»Ich will hier weg« war ein Pfeil, der Vater mitten ins Herz traf.

»Weg?«, sagte er und pausierte. »Nix wie weg, du willst nur weg! Was willst du denn woanders?«

Er ging zum Tisch und ließ sich unter die Küchenuhr auf den Stuhl sinken. Er sah müde aus, gequält. Seine Umrisse verschwammen. Wir hätten bereits das Licht anmachen müssen, um uns genau zu sehen.

Er blieb eine Weile sitzen und sagte dann: »Wir haben dich doch lieb.«

Er weinte lautlos.

Er griff in seine Hosentasche und zog sein Taschentuch heraus.

Es war eine entsetzliche Situation. Das, was ich all die Jahre hatte vermeiden wollen, war eingetreten. Ich hatte ihn zutiefst verletzt. Gleichzeitig wurde ich wütend. Konnte er mich nicht einmal verstehen? Ermutigen? Mir sagen: »Geh raus in die Welt und erobere sie!« Oder wenigstens: »Mir wäre es lieber, du bleibst, aber mir soll's recht sein.« Konnte er nicht einmal für mich stark sein, damit auch ich stark sein konnte?

Doch aus seiner wüsten Gefangenschaft gab es kein Schlupfloch.

Ich sah zu, wie er seine Tränen abwischte und sich schnäuzte. Jetzt tat er mir wieder unendlich leid. Ich hätte ihn trösten wollen.

Mutter trat in das Zwielicht der Küche.

»Es will fort«, sagte er.

Und Mutter: »Vater, wir müssen das Kind gehen lassen, dem gefällt es bei uns nicht.«

»Das stimmt nicht«, rief ich verzweifelt.

Mit diesem einen Satz – ich will hier weg – fand ich mich plötzlich in einem unerträglichen Zwischenraum, in dem alles, was ich sagte, nicht verstanden und gegen mich verwendet wurde.

Ich blieb mitten in der Küche stehen, freihändig. Ich würde gehen, auch wenn mir nichts einfiel, um meine Eltern zu beruhigen. Gleich würde ich mein schlechtes Gewissen endgültig an den Handtuchhalter in die Küche hängen. Möge es dort verhungern. Ich würde nicht mehr am Radio kleben und mich mit Musik wegträumen.

»Dann geh halt«, sagte meine Mutter unvermittelt, die Enttäuschung in ihrer Stimme unüberhörbar.

Ein paar Wochen später schloss Vater mit Bedacht das Hoftor vor neugierigen Blicken und öffnete die Heckklappe meines froschgrünen R 4, den ich mir von meinem Lehrlingsgehalt gekauft hatte. Niemand sollte sehen, was hier eingeladen wurde: Mutters saftiger Marmorkuchen, die selbst gemachte Erdbeermarmelade, Kartoffeln aus der neuen Ernte, die eingemachten Gurken. Jede Ritze wusste er mit meinen Gepäckstücken zu stopfen. Ich reichte ihm die Taschen an, den Rest wollte er machen. Mich überkam eine tiefe Zärtlichkeit. Ich umarmte ihn und drückte ihn fest an mich, bis ich seinen Körper durch meine Kleidung spürte. Mein Vater, der Meister im Verstauen, der Gutmeiner, der Gründlich-Macher, der treue Versorger für immer. Doch genauso der Schwarzseher und Verurteiler, der König des Misstrauens und Kleinbleibens, der Zweifler an allem, was gut war.

»Aber wo übernachtest du heut?«, fragte Mutter. Sie stand im Hof dabei und sah beim Packen zu.

»Das werd' ich schon noch sehen«, sagte ich. Meine Aufregung zeigte ich ihr nicht.

»Heiliger Gott, nee«, sagte sie und blickte mich skeptisch an.

»Danke für alles«, sagte ich.

Und Mist, großer Mist, liefen mir auch schon Tränen über die Wangen. Immer wieder brachten sie mich dazu, dass ich heulte und sie sehr mochte und an ihnen hing, sogar an ihren verletzten Seelen hing, wo ich doch nichts mehr wollte, als weg sein von ihnen, weit weg von ihrem »Sei zufrieden« und all dem »Du weißt ja gar nicht, wie gut du es hast«.

»Ruf an, Kind«, sagte sie.

»Emmendingen ist nicht das Ende der Welt«, sagte ich. Und dann rollte ich über das Pflaster aus dem Hoftor hinaus und winkte, bis ich um die Rathauskurve fuhr und im Rückspiegel nicht mehr meine Eltern, sondern nur noch den fahlrot aufragenden Steinbruch der Mainhölle sah.

Ich hatte mich für mich entschieden. Ich drehte »Relax« von Frankie Goes to Hollywood laut. Auf der Autobahn trat ich das Gaspedal bis zum Anschlag durch, glückselig, mein R 4 fuhr seine grünen Flügel aus, ich überholte einen Linienbus, als unter meiner Jacke auf dem Beifahrersitz eine Tafel Nugatschokolade hervorblitzte. Sie war von Mutter. Jetzt war Emmendingen doch ein kleines bisschen das Ende der Welt.

Ich hatte einen Plan ausgetüftelt. Er war umständlich, aber aus meiner Sicht der direkteste Weg. Ich wollte Krankenschwester werden und meine freie Zeit am Theater Freiburg verbringen. Sicher würden sie mich als Kleindarstellerin brauchen können. Im Breisgau gab es auch Schauspielgruppen, denen ich mich anschließen wollte. Ich würde Bühnenluft riechen und dort alle wichtigen Informationen bekommen.

Doch vorerst wusch ich die Schwerkranken auf der Inneren Station, lagerte sie vorschriftsmäßig, damit sie nicht wundlagen, bezog Betten und übte mich in Geduld. Ich hatte ein eigenes Apartment mit einem riesigen Fenster auf den Krankenhausparkplatz. Ich war Krankenschwesterschülerin, nicht mehr Arzthelferin. Und ich war weg. Ich hatte es geschafft. Dachte ich zumindest.

»Noch ein Löffel, Frau Lohmeyer.«

Ich stand im Krankenzimmer und hielt der alten Dame den Kartoffelbrei mit Soße vor den Mund. Ein paar schwarze Haare wuchsen ihr aus dem Kinn, und ich dachte an Tante Arthur.

»Sie«, sagte die Frau und deutete auf mich.

»Ich?«

Sie schob den Löffel in meine Richtung.

»Ich habe schon gegessen«, sagte ich. »Das ist für Sie.«

»Nein«, sagte sie und drehte das Gesicht weg.

Ihr Kopf rutschte zur Seite.

»Ich komme nachher noch mal mit Pudding«, sagte ich. »Ich weiß ja, dass Sie den lieber mögen.«

Ihre Augen fielen zu, als ich Breireste von ihrem Kinn wischte. Ich nahm das Lätzchen weg, fuhr das Kopfteil hinunter und deckte sie zu. Auf dem Gang ging es hektisch zu. Ein Mann hatte nach seiner OP randaliert und sich alle Infusionen rausgerissen. Die Apparate in seinem Zimmer piepten, er schrie: »Flossen weg! Ich will heim! Ein Affenstall ist das!«

Ich sollte ihn festhalten, beruhigen, während der Arzt versuchte, zu retten, was zu retten war. Der Patient war verwirrt. Es waren Nachwirkungen der Narkose. Er musste festgeschnallt werden, er brauchte Infusionen. Ich musste seine Arme hinunterdrücken, damit er fixiert werden konnte. Ich fühlte, wie er sich unter meinem Druck wand, er war stark. Ich musste stärker sein. Es war ein grauenvolles Ringen. Dann wurde er festgezurrt.

»Es ist nur vorübergehend«, flehte ich ihn an. »Es ist nur kurz.«

Mit irrem Blick spuckte er mir flächig in die Haare und auf die Bettdecke, dann schrie er: »Arschlöcher!«

Sein Speichel war eine Ohrfeige. Er klebte, ich suchte panisch nach Zellstoff. Schamrot wischte ich die Spucke ab. Ich putzte das Blut vom Boden und bezog seine Bettdecke. Sie raschelte frisch und bedeckte nun den bewegungslosen Mann. Man hatte ihn sediert. Aber ich war noch immer in Aufruhr. Voller Abneigung gegen die Gewalt, die ich gegen ihn aufbringen musste. Voller Ekel wegen der Spucke.

»Ich darf nicht darüber nachdenken«, sagte ich.

»Du musst es einfach tun«, sagte meine Schwesternkollegin.

Im gleichen Atemzug fragte sie mich, ob ich mit ihr auf ein Konzert nach Freiburg gehen wolle. Etwas Ablenkung würde mir guttun.

»Klar«, sagte ich. »Ich komme mit.«

# Der Rahmensprenger

Schwarzwaldhalle Freiburg. 1984.

Dieser Kerl trat auf die Bühne und sang, röhrte, trippelte. Tanzte einen unmöglichen Stil, wand sich wie ein Aal auf dem Boden, schleuderte das Mikrofon wie ein Lasso und fing es wieder auf. Auf seinem Oberarm entzifferte ich das Wort »Panik«. Das musste ihm jemand mit Permanentmarker draufgeschrieben haben – so, wie ich »Privatsphäre« auf die blasse Schlafzimmerwand schreiben wollte, die Vernunft mich aber zurückgehalten hatte.

Der Mann war unvernünftig. Und von Panik konnte ich ein Lied singen. Ich sage nur: blutender Jesus mit Dornenkrone auf dem Kopf, Horrorträume und Mutters dünne Lippen. Panik hatte ich all die Jahre: Panik vor dem Stillstand. Panik, dass ich einging wie eine Primel. Aber für ihn musste Panik auch etwas Gutes sein, denn er rief es von der Bühne, als würde er uns einen guten Abend wünschen: »Keine Panik auf der Titanic!« Panik stand für Aufruhr, für Rebellion, für Individualismus, für Freiheit, für Mut. Für Andersdenken. Er redete von »der großen Familie«, zu der wir alle gehörten, der »Panikfamilie«. Wie bitte? Dieser Typ war wahnsinnig. Er sang:

»Ja, der Rahmen war schon fertig
und der Rahmen war nicht schlecht
jetzt muss nur noch der Mensch reinpassen
und den biegen wir uns schon zurecht!«

Der sang eindeutig von mir. Der Typ hieß: Udo Lindenberg. Zu Hause in Franken hätten sie ihn wie im Mittelalter an den Rathauspranger gestellt, mit faulen Eiern beworfen, ihm beim Verhungern zugesehen, anschließend auf den Misthaufen gekippt und den Schweinen zum Fraß vorgeworfen. Oder im Käfig so lange in den Main gehalten, bis er gestanden hätte, dass die Wahrheit zu sagen eine Sünde ist. Er sprach das aus, was ich die ganze Zeit dachte. Er fand Worte, wo mir der Mund wie zugemauert war. Er sang: »… die Nacht ist schwarz, der Nebel so dicht und schon seit Jahren kein Land in Sicht … das ist die Odyssee, die Odyssee … und keiner weiß, wohin die Reise geht …« Er hatte vor niemandem Angst. Er war alles das, was ich nie sein durfte: wild, laut und hemmungslos. Wie konnte man nur so werden wie er?

Nach dem Konzert stand ich unter einem Baum, in einigem Abstand zu der wartenden Menge. Ich wollte noch einen letzten Blick auf den wilden Mann erhaschen und für die nächste Spätschicht eine Portion Freigeist tanken.

Unter dem Grölen seiner Fans stieg er in den Bus und setzte sich in die erste Reihe. Plötzlich nahm er mich ins Visier. Er winkte in meine Richtung. Er winkte mich zu sich. Ein Koloss von einem Bodyguard kam auf mich zu und sagte: »Du sollst mal zum Meister.« Er hob mich kaugummikauend über die johlende Menge, die zusehen musste, wie ich vom »Meister« auserwählt wurde, und setzte mich erst vor Udo Lindenberg im Bus wieder ab.

Gerade noch hatte der Popstar sich auf der Bühne geräkelt, geschwitzt, gekeucht und gezappelt. Jetzt saß er frisch geduscht vor mir. Er wolle noch feiern gehen, sagte er und fragte, ob ich mitkomme. Er guckte mir tief in die Augen, so tief, wie noch keiner hineingeguckt hatte.

Er sagte: »Du bist etwas ganz Besonderes, weißte, nä?« Ich wünschte mir, dass Udo Lindenberg meinen Rahmen sprengen würde, in dem ich festgeklemmt war, seit es mich gab. Wer sollte das bewerkstelligen können, wenn nicht Deutschlands rebellischster Rockstar? Ich war die Nadel im Heuhaufen, die gefunden werden musste, weil sie gefunden werden wollte. Von Udo-Heiland-Superstar.

Ich sagte: »Ja, ich komme mit.«

Es war einer dieser Momente, die man einfach geschehen lassen muss, auch wenn sie noch so irrsinnig erscheinen.

Man muss sie geschehen lassen, ohne zu denken, was andere von einem halten könnten. Man muss sich selbst aus dem Weg gehen.

Die Bustüren schlossen sich seufzend, und wir fuhren los, zuerst zum Essen und dann ins Hotel. Ich war zwanzig und er neununddreißig. Während der Fahrt fühlte ich mich noch ein letztes Mal bodenlos schuldig, damit er mich anschließend von meiner Gesamtschuld befreien konnte. Ich war mir sicher, das hier würde ich nie bereuen, nie beichten, nie verleugnen. Recht schnell kamen wir auf die großen Themen, auf denen ich sonst immer alleine sitzen blieb: Freiheit, Selbstbestimmung, Hermann Hesse. Wir waren beide große Bewunderer. Neben dem Autor war Udo der Einzige auf diesem Planeten, der wusste, wovon ich rede.

»Das Leben ist eine Wundertüte«, sagte er.

Für mich, das Mädchen ohne Schultüte, eine schöne Vorstellung. Er fing in der gleichen Nacht mit dem Befreien an und machte am nächsten Tag damit weiter. Mit ihm war ich bereit, alles zu erfahren, was ich bislang versäumt hatte. Zum ersten Mal in meinem Leben trank ich Champagner.

»Ich glaube, du inspirierst mich«, sagte er.

Ganz sicher wusste ich, dass er mich inspirierte.

Und dann: »Hätt'ste gestern nich' gedacht, dass du heute bei mir bist, nä?«

»Nö«, sagte ich. »Machst du das oft?«

»Was?«

»N' Mädchen mitnehmen.«

»Nö.«

»Glaub ich dir nicht«, sagte ich.

Ich wusste, dass er Routine darin hatte.

»Ich hab so was noch nie gemacht«, sagte ich. »Ich bin nicht so eine.«

»Aber dann haste mich gesehen ...«, sagte er.

An Künstlerego mangelte es ihm nicht.

Er machte seine Augen schmal. Sie flimmerten. Vielleicht lag es auch am Kajal.

»Und du bist wirklich Krankenschwester?«

Er konnte es nicht fassen.

»Gelernte Arzthelferin, mit fünf Jahren Berufserfahrung. Ich war beim Urologen und danach beim Internisten. Krankenschwester werde ich jetzt noch. Umschulung. Aber eigentlich möchte ich gern Schauspielerin werden.«

Bei »Umschulung« hörte er schon nicht mehr zu.

»Du bist ja auch so 'ne Wilde, nä?«

»Ja«, rutschte es mir raus. Dabei wurde ich rot. Ich war in meinen Träumen wild und frei.

»Schauspielerin, ja?« Er hatte doch zugehört.

»Ja.«

»Dann mach das doch.«

»Du meinst, einfach machen?«

»Ja, klar.« Er gähnte.

»Wie denn?«

»Leute kennenlernen, einfach loslegen.«

Er war das Gegenteil meiner Eltern, das Gegenteil meiner gesamten Pfarrgemeinde am schönen Main. Er war das Gegenteil von allem, was je erlaubt war. Ich staunte darüber, wie entspannt er dem Leben gegenübertrat. Er nahm sich einfach alles: Spiegelei, Ruhm, mich. Er machte das, worauf er Lust hatte. Und hatte sogar noch eine Botschaft dabei. Oder war das alles nur Show? Ich merkte, dass ich das Misstrauen von daheim mitgenommen hatte. Ich balancierte zwischen Neugier und Angst hin und her. Aber auf Nummer sicher war ich lange genug gegangen. Und laut Udo war man nicht auf der Welt, um einen guten Eindruck zu machen.

»Wie soll ich denn Leute kennenlernen, wenn ich sie nicht kenne?«, fragte ich.

»Anfangen damit«, sagte er. »So hab ich das auch gemacht.«

Ich musste bei ihm bleiben. Egal, was es mich kosten würde.

Ich fuhr mit in die nächste Stadt, ohne Geld, ohne Zahnbürste, ohne Unterhose zum Wechseln. Ich hatte meine Mutter im Ohr: »Kind, zieh eine frische Unterhose an, falls dir was passiert.« Ich musste nicht mal lächeln. Tollkühn schwänzte ich den Krankenpflegeunterricht. Dachte an Jesus, der gesagt hatte: »Lasst die Toten ihre Toten begraben.«

Udo redete von der Angst vor dem Versagen und dem absoluten Nichtsein. Das kannte ich alles. Er sprach von Größenwahn und Genialität. Und davon, dass ich wie er sei. Ich merkte, wie sich etwas in mir aufrichtete. Vielleicht war es mein Rückgrat. Ich brauchte kein orthopädisches Mieder, ich brauchte Udo Lindenberg. Mir blieb nichts weiter übrig, als mich wahnsinnig in diesen Mann zu verlieben.

»Komm doch nach Hamburg«, sagte er.

»Ich bin doch grade erst in den Schwarzwald gezogen«, entrüstete ich mich. Ich sagte ihm nicht, wie lange es gedauert hatte, um so weit zu kommen.

»Was willst du denn in dem langweiligen Kaff? Wie heißt das?«

»Emmendingen«, sagte ich.

Auf einmal fragte ich mich das auch. Und schon wieder spaltete ich mich in zwei Teile: in die Frau, die von nun an durch Udos Freiheitsbrille in eine Welt der mannigfaltigen Chancen blickte. Und in Maria, deren Füße noch im Betonkübel der Verbote und Angst feststeckten. Udo bezeichnete sich und mich als »Schizos« – Gespaltene, im ewigen Wandel, hin- und hergerissen und immer auf der Suche. Er, der Querdenker, der kreative Freie, der Dorn im Auge der Spießer wurde zu meinem Lebenselixier. Nur, wenn ich in Udos Nähe war, wenn ich ihn sehen, ihn spüren und mit ihm reden konnte, ging es mir gut. Er spielte die Hauptrolle in meinem Leben – und in seinem. Wie sehr wollte auch ich sein Mittelpunkt sein. Doch bei allen Bemühungen, frei zu sein, fiel ich doch immer wieder in alte Muster zurück: Ich fuhr meine Spürantennen aus, um herauszufiltern, wie ich für ihn sein sollte. Ich achtete auf jede seiner Regungen, auf jede seiner Äußerungen, um mich ihm entsprechend anzupassen. Genau wie ich es zu Hause gelernt hatte.

# Der Besuch

Meine Eltern kamen mit dem Zug. Wir machten zusammen eine Sightseeingtour durch Freiburg. Sie waren hin und weg von der schönen Stadt, den kleinen Bächen, die durch die Fußgängerzone flossen, und meinem kleinen Schwestern-apartment mit Teppichboden, Kochzeile und Badezimmer. Mutter stellte eine Dose Leberwurst und Brot von unserem guten Bäcker auf die Spüle, dazu Gurken aus dem Garten, zwei Gläser selbst gemachte Marmelade, und packte Schinken und Salami vom Metzger in meinen Kühlschrank.

»Schön hast du's hier«, sagte sie.

»Ja, sehr schön«, sagte Vater.

»Ja, finde auch.«

Ich hatte Udo häufig getroffen, hatte ihn in Berlin besucht, in München, war verzweifelt, weil er sich nicht genug Zeit für mich nahm und unsere »Komplizenschaft« davon abhing, wie »stressfrei« ich mich verhielt. »Schizo Maria« wankte auf einem Seil ohne Fallnetz, über einem großen Abgrund.

Vater und Mutter ahnten von alldem nichts. Wir aßen an meinem Schreibtisch zu Abend und guckten dabei aus dem Fenster auf den Parkplatz, wo alle Ärzte und Schwestern der Klinik parkten. Die Ärzte erkannten wir an den teureren Autos. Wir aßen nichts von den eigens für mich mitgebrachten Sachen. Die sollte ich ganz für mich haben, wenn sie abgereist waren. Ich erzählte begeistert von meiner Arbeit auf Station und der Ausbildung. Sie sollten sich keine Sorgen machen, jetzt, wo ich mich durchgesetzt hatte und sie mich hatten gehen lassen. Als sie in den Zug stiegen und aus dem Fenster winkten, hatte ich einen großen Klumpen im Bauch. Im Moment des Abschieds war ich so gern ihre Tochter. Ich fühlte mich ihnen plötzlich nahe, denn die schwierigen

Zeiten hatten uns ja auch zusammengeschweißt. Hatte ich es gut gemacht? Hatte ich die lebenslustige Schwestern-schülerin gut gegeben? Dafür waren Abschiede ja da. Zum Überprüfen, ob alles gut war.

Erst Jahre später sollte Mutter zu mir sagen: »Wir haben gleich gemerkt, das Kind ist nicht glücklich.«

Nun kam die alte Verzweiflung in einem neuen Gewand über mich. Sie sagte: Jetzt bist du weg, wie du immer wolltest. Aber wo gehörst du jetzt hin? Das hier, das ist es nicht. Das hier kann nur ein Übergangsort sein, aber kein Zuhause. Das hier ist noch nicht dein Leben, ganz und gar nicht. Du musst erfinderisch werden. Du musst etwas aus dir machen. Wenn du das nicht schaffst, gehst du unter. Wie gern hätte ich mein »Haus auf einem Felsen gebaut«, wie Jesus es empfoh-len hatte, doch da, wo ich stand, gab es nur Sand, auf dem ich bei jedem Schritt ins Straucheln geriet. Am Theater brauchten sie mich nicht, und für die Theatergruppen hatte ich wegen meines Schichtdiensts nicht regelmäßig Zeit. Ich ging dafür in die Disco in Emmendingen.

»Du bist ziemlich gehemmt«, musste ich mir vom Türste-her anhören. Tatsächlich stand ich wie ein Holzklotz am Rand der Tanzfläche, dachte an Udo und grübelte, wie es mit mir weitergehen sollte.

»Das legt sich bestimmt noch«, tröstete mich der Mann hinter der Bar und gab mir einen Gin Tonic aus. Es wurden mehrere.

# Schlussmachen

In der gleichen Nacht noch entwickelte ich eine Theorie: Wenn ich dünn wäre, wäre ich stärker und ungehemmter. Weil ja Gewicht weg wäre, das mich ausbremst. Ich wollte mich auf das Wichtigste reduzieren: Mit weniger Fett am Leib wäre mehr Platz fürs Denken. Außerdem würde ich besser aussehen, so wie die großen Stars und all die Frauen, die hinter Udo her waren. Mit Schmerzmittel gegen den Herzschmerz hatte ich schon angefangen. Das gab es gratis auf Station. Jetzt brauchte ich nur noch Abführmittel und Appetithemmer. Und Udos Stimme.

Ich ging als eine der Letzten die Stufen aus dem Discokeller hoch – sie waren versifft von Zigarettenstummeln, Pappdeckeln und Bierpfützen – und blickte in die Nachtschwärze. Ich war zu dünn angezogen und schlang meinen Trenchcoat um mich. Ich hatte ihn in einem Secondhandshop gefunden. Er war lässig und ließ mich ebenso aussehen. Dazu trug ich eine Karottenhose, genäht aus buntem, altem Vorhangstoff vom Flohmarkt. Hier konnte ich mich kleiden, wie ich wollte. Ich rannte den Berg hinauf, die blanken Sterne über mir. Im Schwesternflur rief ich Udo an. Er nuschelte. Ich drückte den Hörer fest an mein Ohr, um seine Silben blitzschnell zu dechiffrieren.

»Wir sind doch Kumpels, so richtig dufte, die sich gut verstehen«, sagte er. »Du gehörst doch zur Familie«, meinte er, und ich sagte: »Ja.«

Das mit der Familie musste ich hören. Udo. Udos Bodyguard. Udos Ärztin Bärbel, Udos Sekretärin Gabi Blitz. Udos Sängerinnen. Udos Anwälte. Udos Roadies, deren Namen ich zum Teil verwechselte: Olaf oder Oliver, egal. Udos Bandmitglieder. Aber bei einer richtigen Familie findet man im Normalfall Geborgenheit. Und davon hätte ich eine übergroße Portion gebrauchen können, weil ich ein Nimmersatt war. Familie, das war doch das, bei dem sich die Menschen gegenseitig Mut zusprachen, sich Halt gaben, sich tröstend in den Armen lagen und sich gegenseitig sagten, was sie über sich und über die Welt dachten. Oder auch mal schwiegen und es wohlig war und nicht peinlich. Und sich stritten, aber irgendwann war es wieder okay. Vielleicht gab es das nur im Fernsehen und ich war weltfremd. Aber ähnlich konnte es durchaus sein, denn ich hatte von einigen Freunden gehört, dass sie mit dem Vater Skifahren gingen, Karten spielten und mit der Mutter kichernd neue Kochrezepte ausprobierten, Ausstellungen im Museum besuchten oder Wanderungen unternahmen. Mit Udo würde es weder mit Kochrezepten noch mit Wandern etwas werden. Aber mit dem Rock 'n' Roll des Lebens.

Ich musste nach Hamburg zu der neuen Familie.

Ich zweifelte daran, ob ich jemals dünn genug sein würde, dass Udo Lindenberg sehen konnte, wer ich hinter oder in diesem sperrigen Körper in Wahrheit war. Dass er mehr Sehnsucht nach mir bekäme, so wie ich nach ihm. Ich nahm all seine bunten Schmetterlinge neben mir in Kauf, die in kürzeren Röcken und wilderen Mähnen bei ihm aufkreuzten. Es gab Riesenkrach zwischen uns: »Wenn du so sehr verliebt bist, hat es keinen Sinn mit uns.« Mein Rahmensprenger erwies sich als freiheitsliebend. Er war ein Weltenöffner, kein Gammeljunge, mit dem man abends vorm Fernseher Erdnussflips essen konnte. Deshalb litt ich zwischendurch wie in der Hölle. Dabei war die Hölle in mir selbst. Ich fegte sie kurzzeitig mit ein paar Drinks und einer Tüte schwarzem Afghanen weg. Ich zweifelte daran, ob ich jemals die Kraft haben würde, Schauspielerin zu werden. Vielleicht war es nur eine alberne Schwärmerei, um vor mir selbst weglaufen zu können. Täglich rutschte nun eine Handvoll Zehner-Valium in meine Kitteltasche, wenn ich die Station verließ. Für einen Selbstmord hatte ich nun genug. Ich brauchte ja einen Notausgang, falls ich mich selbst nicht mehr aushielt.

Frau Doktor Tasche saß hinter ihrem Schreibtisch und stützte die Arme auf: »Sie wollen nichts weiter als neben einem großen Star im Rampenlicht stehen. Sie wollen selbst nichts tun, sondern nur etwas von seinem Ruhm abbekommen.«

»Wie bitte?«

Ich saß in einem Zimmer, das komplett mit schwarzem Holz getäfelt war, selbst der Boden war dunkel. Ich kam mir vor wie im Hohlraum einer großen Tafel Zartbitterschokolade.

»Ich will ja viel tun, aber weiß nicht wie«, sagte ich und rang nach Worten.

Ich schaute der Frau mit der gestärkten Hemdbluse fest in die Augen.

»Ich bin in ihn verliebt«, sagte ich zu meiner Verteidigung.

»Und deshalb wollen Sie sich umbringen? Das ist doch kein Grund!«

Ja, ich hatte versucht, mich umzubringen. Aber so einfach ist das nicht, wenn einem der Mut für das Grande Finale fehlt. Ein Hoffnungsfunke, dass ich vielleicht doch eine Menge versäumen könnte, hielt mich davon ab, alle Tabletten zu schlucken. Ich fiel nur in einen tiefen Schlaf. Danach schleppte ich mich zum Arzt, und der schickte mich in das Zartbitterschokokabinett, in dem ich nun saß.

Die Analytikerin ließ nicht locker.

»Weil ich so nicht mehr weitermachen kann. Ich weiß nicht weiter«, sagte ich. »Es ist nicht nur wegen ihm, es geht um alles. Um meine Zukunft.«

Ich klang wie in einer amerikanischen Fernsehserie. Wieso musste ich mich bei der Seelenärztin verteidigen? Sie verstand ohnehin nichts von dem, was ich sagte.

Nach einigen Sitzungen sagte ich ihr: »Sie wollen mich in das Loch zurückstoßen, aus dem ich hinauswill.«

Sie sah mich streng an: »Sie dürfen die Therapie auf keinen Fall abbrechen.«

»Ja«, sagte ich. Danach ging ich nicht mehr hin.

Vielleicht wäre nach ein paar Jahren etwas dabei herausgekommen, aber die Zeit hatte ich nicht. Ich war getrieben wie eine Dampflok.

Tagebucheintrag:

*Ich bin gefangen in der Vorstellung, in Hamburg am Theater mein Glück machen zu können. Wenn ich wirklich will, dann wird es auch klappen. Ich muss halt durch die Scheiße gehen, um zu finden, was ich suche. Andere müssen den Sprung erst gar nicht machen, um glücklich zu werden. Ich habe solche Angst. Riesige Angst vor dem Auf-die-Schnauze-Fallen ... Ich weiß auch sicher, dass ich die Umschulung abbreche.*

Am nächsten Tag ging ich mitten in der Schicht von Station und fuhr mit dem Aufzug runter in den Keller, der das Krankenhaus mit dem Schwesternwohnheim verband. Im kühlen Keller wurden auch die Leichen in die Pathologie gefahren. Heute kam mir glücklicherweise keine entgegen. Es wäre ein schlechtes Omen gewesen, hätten auf dem letzten Gang Leichen meinen Weg gepflastert. Ich hatte gekündigt und wusste, dass es gut war.

# Ortsfremd

Hamburg wartete auf mich. Ich hatte erneut die Koffer gepackt und in meinen grünen Renault 4 geladen. Ich fand Zwischenheimat bei den Eltern von Udos Tontechniker. Er sagte ihnen, ich sei eine gute Freundin von Udo Lindenberg. Keine Ahnung, wen sie erwarteten. Ich bekam ein eigenes Zimmer, und überall standen Bücher. Sogar auf dem Flur und der Toilette. Wann hatten sie die Zeit, um so viel zu lesen?

Beim Abendessen saß ich mit der Familie am Tisch, nichts ahnend, dass mich ein gewöhnliches Essen mit Menschen derart herausfordern würde.

»Wie kommt es, dass du nach Hamburg wolltest?«

»Ich möchte ein neues Leben anfangen.«

Ich klang, als wäre ich jahrelang im Knast gewesen.

»Ah«, sagte die Mutter von Olaf freundlich. »Hast du denn schon so viel erlebt?«

»Ja«, sagte ich.

Dann war für einen Moment alles still am Tisch, und ich kratzte behutsam die Soße auf meinem Teller zusammen. Es gab Penne all'arrabbiata. Rabiate Nudeln, wie ich sie von zu Hause nicht kannte.

»Nimm dir noch«, sagte sie.

Ich hätte nur die Schüssel nehmen müssen und zulangen. Aber ich traute mich nicht.

»Nein danke, ich habe keinen Hunger«, sagte ich.

Die Nudelsoße stand viel zu weit weg, um sie zu erreichen, da hätte ich sagen müssen: »Geben Sie mir bitte die Soße«, und das konnte ich auf keinen Fall bringen. Sie hätten mich für gierig halten können. Und die Nudeln trocken … nein, das brachte es auch nicht. Doch dann fing das Hirnzermartern an. Hatte sie das eigentlich ernst gemeint mit dem »Nimm dir noch«? Oder war es nur eine so dahergesagte Floskel? Ich war selten irgendwo zu Gast. Bei uns sagte man früher zu einem Angebot, beispielsweise: »Willst du noch ein Stück Kuchen?«, immer erst einmal »Nein danke«. Man musste sich so lange zieren, bis es einem praktisch aufgedrängt wurde und man es endlich auf dem Teller liegen hatte. Es war ein Ritual des Anstands. Ehrlichkeit, wie »Her damit«, wäre als Egoismus ausgelegt worden, und dann hätte es geheißen: »Die frisst ja wie ein Scheunendrescher.« Blöd war, wenn einem nach dem ersten Stück nichts mehr aufgedrängt wurde. Dann musste man hungrig heimgehen, konnte sich aber hintenrum beschweren, dass man nichts gekriegt hatte. Andersrum konnte es genauso sein: Wir sagten oft Ja, obwohl wir Nein meinten. Wir wollten andere Menschen nicht enttäuschen. Was hätten die über uns denken können! Manchmal ging es mir selbst mit Männerbekanntschaften so. Ich sagte Ja, obwohl ich mir nicht hundertprozentig sicher war. Nur, damit ich niemanden enttäuschte. Ja und Nein richtig einzusetzen war eine Kunst, von der ich hoffte, dass es noch nicht zu spät, war sie zu erlernen.

Ich saß verkrampft bei Tisch und traute mich nicht, mich zu bewegen. Der Soßentopf wurde immer leerer. Wenn ich nicht gleich zugriff, war es zu spät. Aus Verzweiflung fing ich an zu reden. Aber das nächste Problem war: Die Familie sprach reinstes Hochdeutsch. Ich konnte es immer noch nicht.

Wie bildet man einen grammatikalisch richtigen Satz? Wie betont man den so, dass er klingt, als sei er einem gerade spontan eingefallen? Meine Taktik war es, die Sätze knapp zu halten. Aber dann sagte ich ausgerechnet Sätze, die, wenn ich glaubte, sie wären gleich zu Ende, doch noch weitergingen, manchmal zwei Halbsätze sogar, weil sie sonst keinen Sinn gemacht hätten. Manchmal gab es noch eine Wendung, mittendrin, sodass es inhaltlich plötzlich in eine ganz andere Richtung ging. Dann wusste ich nicht mehr genau, wie ich angefangen hatte, und musste abrupt innehalten. Mir wollte partout nicht mehr einfallen, wie ich thematisch bis hierher gekommen war. Ich lief rot an und brach mitten im Satz ab. Ich kriegte zudem die hochdeutsche Sprache nicht mit meinen Gefühlen zusammen. Deshalb klang ich immer, als würde ich einen Sprechgesang aus dem Telefonbuch vortragen.

Zu guter Letzt sagte ich: »Na ja, so war das jedenfalls.«

Ich schrieb in mein Tagebuch: »Hochdeutsch macht mich mir noch fremder, als ich mir eh schon bin.«

Darf man eigentlich nachts bei fremden Leuten an den Kühlschrank gehen? Was, wenn mir der Vater im Schlafanzug begegnete? Zum Glück hatten sie keinen Hund, der das ganze Haus hätte wachbellen können. Mein Magen knurrte aber wie einer. Ich schlug die Bettdecke zurück, huschte den Flur entlang in die Küche und suchte nach etwas Essbarem, nach etwas, bei dem es nicht auffallen würde, dass es fehlte. Infrage kamen: Butterbrot, Käse, Apfel und Nutella.

Wieder Gewissensbisse und die ewige, verdammte Heimlichkeit. Vom Käse nahm ich zwei Scheiben und drapierte ihn genauso wieder in den Kühlschrank, wie ich ihn vorgefunden hatte: hinter die Salami, vor den Joghurt. Ich rannte auf Zehenspitzen zurück in mein Bett. Ich hoffte, dass Olafs Mutter die Käsescheiben nicht abgezählt hatte wie Mutter früher die Brausestangen im Küchenschrank.

Vater verstand nicht, warum ich freiwillig nach Hamburg ziehen wollte, in eine so große Stadt. Mit so viel Kriminalität und Ausländern. Und der Reeperbahn.

»Hm-hm-hm«, machte er am Telefon.

»Du willst halt hoch hinaus«, sagte Mutter.

Ich glaubte, ihr Urteil zwischen den Zeilen zu spüren, wurde wütend und schwieg. Mittlerweile war meine Haut in Sachen Kritik dünn geworden, ich hörte jeden Floh husten. »Hoch hinaus« bedeutete für sie, anders sein zu wollen, als sie waren, aber vor allem, aus der Reihe zu tanzen. Sie konnte nicht verstehen, dass dies heute keine standrechtliche Erschießung mehr nach sich zog und nicht gegen sie gerichtet war. Meine Eltern, die sich nie auch nur einen Genuss oder eine Pause gönnten, nie ins Kino gingen, nie in ein Theater, nie zum Tanzen – sie sollten nun den Berufswunsch der Tochter akzeptieren, der für sie nichts mit Arbeit zu tun hatte und »überflüssig wie ein Kropf« war. Ich fühlte mich, als würde ich sie mit meinem gesamten Dasein permanent betrügen. Ich durfte jetzt auf keinen Fall darüber nachdenken. Erst einmal musste ich die Aufnahmeprüfung an der Schauspielschule schaffen.

»Du wirst schon wissen, was du machst«, sagte sie und seufzte resigniert.

Danach brauchte ich ein hoch dosiertes Gegenmittel: Ich rief Udo an.

# Die Mauer

Beim Vorsprechen in Hamburg an der Schauspielschule hieß es: Alles oder nichts. »Warum haben Sie die Erde geküsst, über die ich gegangen bin? Totschlagen müsste man mich!« Ich wollte sie gern verstehen, Tschechow, Goethe und Schiller, so, wie ich Hermann Hesse verstand: tief. Ich erhob Haupt und Stimme, sang ohne Klavierbegleitung und ohne Noten. Noten konnte ich nicht lesen. Ich schmetterte den Zuhörern »Loverman, oooh, where can you be ...« um die Ohren, den Song, den ich Udo neulich nachts nach einer Runde an der Alster vorgesungen hatte. Jetzt, im heiratsfähigen Alter, wollte ich eine neue Ausbildung beginnen und endlich an mich selbst glauben. Ich hielt den prüfenden Blicken der Jury stand. Sie wollten mich. Und ich wollte sie. Ich war bei meinem Traumberuf angekommen.

In Improvisation steckte Anja ihren Kopf in einen Eimer kaltes Wasser und ließ ihn sehr lange drin. Wir saßen als Zuschauer an der gegenüberliegenden Wand im Trainingsraum der Schauspielschule und sahen ihr dabei zu. Manchmal blubberte sie. Allmählich wurden wir unruhig, nur unser Improlehrer nicht. Endlich zog sie ihren Kopf heraus, japste nach Luft, schleuderte ihr nasses, langes Haar nach hinten, dass es spritzte, und schrie: »Ihr habt ihn umgebracht! Ihr Schweine!«

Sie steckte ihren Kopf erneut in den Wassereimer, den sie als Requisit von zu Hause mitgebracht hatte. Am Morgen hatten wir sie noch ausgelacht: »Was willst du mit dem Eimer? Die Arsch-auf-Eimer-Impro machen?«

Aber nun: höchster Respekt. Wieder blieb sie lange unter Wasser, bis sie den Kopf rauszog, diesmal langsam, dass das Wasser an ihrem Kinn heruntertriefte und ihr Haar im Gesicht kleben blieb. Dann brach sie in animalisches Schluchzen aus.

Tosender Applaus. Das war das Mutigste, was wir seit Studienbeginn gesehen hatten. Anja hatte Ideen, auf die ich nie gekommen wäre. Sie beherrschte es, den ganzen Raum zu bespielen, sie zauberte Atmosphäre, dass wir alle an ihr klebten wie die Schmeißfliegen, um ihre nächste Regung bloß nicht zu verpassen. Sie konnte mit ihrem Körper sprechen, bis hin zum kleinen Finger. »So erzählt man Geschichten«, dachte ich.

Jetzt musste ich ran. Ich hätte gern Anjas Eimer als Requisit benutzt, um hinein zu brechen, so übel war mir. Aber ich bekam ein anderes Requisit: Manfred. Ich sollte ihn verführen. Nicht mit Worten, sondern einzig mit meinem Körper, mit meiner Stimme und einer Fantasiesprache. Dazu sollte ich meine Stirn frei machen. Ich sollte Stirn zeigen.

»Ich brauche die Haare in der Stirn«, dachte ich panisch. Mein Pony war mein Schutzvorhang. Wenn ich den jetzt freilegte, das war wie nackt sein und jeder könnte wieder in mich hineinschauen, wie früher. Widerwillig schob ich den Pony zur Seite.

»Ne, richtig raus aus der Stirn«, beharrte Alfred.

Ich bekam einen Schweißausbruch, als ausgerechnet Anja großzügig gleich zwei Schiebespängchen aus ihrem Geldbeutel zog. Ich klemmte mir die Haare weg, fand mich hässlich, wurde rot. Ich musste ab jetzt dem Impuls widerstehen, immer wieder an die Stirn zu fassen, um sie zu verdecken oder um abzutasten, wie groß die freie Stelle war.

Ich tänzelte um Manfred herum, machte Geräusche wie eine Katze. Nicht, dass ich miaute: Ich schnurrte und fauchte, lockte, fuhr imaginäre Krallen aus, verbog mich vor seinen Augen wie eine Pooltänzerin auf dem Kiez. Ich legte mich flach auf den Boden, war Füchsin, wartete auf die Gelegenheit, um ihm, dem Hahn, die Gurgel durchzubeißen. Ich umflatterte Manfred, stieß hohe Geräusche aus. Es gab Applaus. Doch Alfred war es nicht körperlich genug.

Er sagte: »Du musst näher ran! Pack ihn dir! Riskier mehr!

Du sollst sein Gesicht in deinen Schoß drücken oder umgekehrt. Lass dir was einfallen, aber nich' so provinziell bitte.«

Alfred war von der harten Sorte.

Ach so. Ja. Nicht provinziell.

Aber da kam ich her, aus der Provinz.

Also noch mal von vorne. Ich zog Manfred an den Armen durch den Raum. Ich rollte mich auf ihm hin und her, wie das Nudelholz auf dem Mürbeteig, wenn Mutter gedeckten Apfelkuchen machte.

»Sag, ich zeig's dir«, befahl Alfred.

»Ich zeig's dir«, rief ich.

»Glaub ich dir nicht, lauter«, befahl Alfred.

»Ich zeig's dir«, schrie ich.

»Sag es in Fantasiesprache!«

»Ruuuuaaaahhhhhhcchschschschaaaaaaaackckckckckck-ckckckaaaaahhhh!«

Ich schob meinen Leib vor und zurück, auf Manfred. Meine Knie waren hinterher aufgeschürft. Aber das war gut. Wenn man nach der Impro eine Verletzung hatte, zeigte das, dass man ganzen Einsatz gebracht hatte.

»Gut gemacht, aber da musst du dran arbeiten«, sagte Alfred abschließend. »Spontaneität! Du musst alles benutzen, was du fühlst. Ein Tipp: Fake it till you make it.« Dann gingen wir in die Pause.

Ich merkte es selbst. Es fehlte der Flow, das animalische Etwas. Ich war wieder einmal hohl, als hätte man mich mit einem Strohhalm ausgesaugt. Nur ein Gefühl war da: die alte Beklemmung. Dabei wollte ich mich verschwenden, endlich! Jetzt, wo es nicht um falsch oder richtig ging, wo alles erlaubt und sogar erwünscht war und ich mich ausprobieren konnte, merkte ich, dass es nicht so einfach ging. Etwas bremste mich aus. Und Faken wollte ich ja gerade nicht mehr.

»Mach für die nächsten Wochen den Pony aus dem Gesicht«, sagte Alfred im Vorbeigehen. Mir schauderte.

Dann hatte ich Stimmunterricht. Die Dozentin drückte an meinen Rippen herum, knetete mein Steißbein und brachte mir »Atemstütze« bei. Das Problem war, dass ich nicht fühlen konnte, wovon sie sprach. Wie sollte ich da den Atem beeinflussen? Ich blies die Luft langsam aus und sollte dabei sparen.

»Sparensparensparen«, sagte sie ohne Unterlass, sodass es sich wie »Schmarrnschmarrnschmarrn« anhörte.

Ja, Sparen, das kannte ich. Aber jetzt auch noch beim Atmen?

Ich sagte: »Irgendwie klappt das nicht.«

Sie sagte, ich hätte Zinkmangel. Deshalb sei ich nicht leistungsfähig genug. Ich solle jeden Tag eine Zinktablette nehmen.

Zu Hause schluckte ich brav Zink mit Sekt, bis ich irgendeine Wirkung merkte, und übte Atemstütze. In der Nacht träumte ich wüst. Jemand verfolgte mich mit einem Gewehr. Ich flüchtete aus einer Stadt mit Häusern ohne Türen, überall Sand, kein Versteck. Als ich mich hinter einer Düne flach auf den Boden legte, hatte ich plötzlich den Gewehrlauf über mir. Ich wollte schreien, ich strapazierte meine Stimmbänder, aber es kam kein Ton. Eine Sekunde vor meiner Erschießung wachte ich auf.

Ich steckte die Haare nur zu den Improstunden mit Alfred weg. Stirnfrei gab ich das hungrige Weib, bis ich die Scheu überwältigt hatte, weggeschrien, tierisch wurde, schwitzte und begann, mit meinem Kommilitonen zu kämpfen. Wir rangelten auf dem Boden, verkeilten uns.

»Jetzt war es gut«, sagte Alfred, »jetzt verstehe ich es, klasse.«

Ich hatte mit meiner Willenskraft die Schallmauer durchbrochen, war ganz tief in mich vorgedrungen. Es war eine emotionale Entjungferung. Und dennoch, es gab da dieses Gewicht auf meiner Brust, wie ein schwerer Panzer, der trotz aller erkämpfter Freiheit in der Improvisationsstunde nicht weichen wollte. Er drückte mich nieder, wenn ich eigentlich Grund zum Fröhlichsein hatte. Ich konnte den Panzer einfach nicht abschütteln.

Ich fing an mit Fitness-Aerobic, und zwar verbissen. Zusätzlich morgens um fünf bei den Bhagwananhängern dynamische Meditation. Alle zwei Wochen schrie ich in einer Bioenergetikgruppe herum.

»Du musst an deine Wut ran«, sagte mir der Therapeut. »Das ist der Panzer!« Ich hatte lediglich Wut auf alle, die problemlos wütend werden konnten. Es war offensichtlich, dass ihre Gefühle direkt unter der Haut lagen, immer zum Abruf bereit. Meine waren in den Eingeweiden versteckt. Wahrscheinlich hatte ich sie schon selbst verdaut. Ich strapazierte lediglich meine Stimmbänder und wurde heiser.

»Weil du falsch schreist«, sagte die Stimmlehrerin.

Dann kursierte eine neue Methode im Semester: Stocktraining. Das Stocktraining fand in den Proberäumen des Schauspielhauses Hamburg statt und wurde vom großen Schauspielhausmimen Hans Gröber angeleitet. Wir stürzten uns auf die Stöcke. Manche stellten den Stock wie einen Spazierstock auf und vollführten einen Stepptanz drum herum oder hievten ihn über den Kopf wie eine Hundertkilohantel. Andere benutzten ihn zum Flaschendrehen oder machten an seiner Längsseite entlang Spagat. Manfred benutzte ihn als Penisverlängerung, röhrte wie ein Hirsch und ging damit im Kreis. Unser Semester war ein Haufen profilierungssüchtiger Irrer, da fiel ich gar nicht auf.

Doch dann kam Hans Gröber. Wir stellten uns in einem großen Kreis auf und sollten uns dann auf die Holzstöcke legen, entweder längs oder quer auf oder zur Wirbelsäule. Dann hieß es: warten, bis der Schmerz kam. Wenn der Schmerz da war, galt es, dann ging es erst los.

Du gibst dem Schmerz einen Ton, du lässt ihn raus, so, wie du ihn spürst. Lass Erinnerungen kommen, wer dir diesen Schmerz zugefügt hat. »Use the pain«, sagte Hans Gröber. »Use it.«

Manche legten eine kolossale Schmerzjaulimpro hin. Ich selbst aber rollte auf dem harten Holzstängel hin und her und fakte »till I would made it«, aber das war bei Hans der falsche Ansatz: »Glaub ich dir nicht, Maria«, sagte er. »Du versuchst es zu sehr.«

»Weniger versuchen?«, fragte ich vom Boden aus und sah den schwarzen Urwald in seinen Nasenlöchern.

»Es geht um Durchlässigkeit, du bist noch total isoliert vom Schmerz.«

»Kann sein«, sagte ich.

»Ja, du vertraust dir nicht«, sagte er. »Das muss sich ändern.«

Mein Rücken war am nächsten Tag voller blauer Flecke vom Stock. Aber ich nahm mein Kreuz auf mich und folgte Hans weiterhin nach. Schließlich war es ein ganzer Durchlässigkeitskurs, der uns körperlich präsent machen sollte. Durchlässigkeit hieß auch, Berührungen zuzulassen. Ich lernte, mein Gegenüber bei Begrüßungen oder Verabschiedungen zu umarmen. Ich tätschelte fleischige und knöchrige Rücken, Norwegerpullis, T-Shirts und Mäntel. Dann kamen noch Küsschen rechts und links dazu, die das Ganze etwas verkomplizierten. Manche verrutschten, sodass man sich am Mundwinkel traf. Das war Alltagsnähe für Fortgeschrittene.

In einer Übungsszene ergab es sich, dass ich den Kopf in den Schoß meiner Mitstudentin legte und sie mir über den Kopf streichelte. Ich lag da wie ein Brett, hielt die Luft an und hielt es aus. Zärtliches Über-den-Kopf-Streicheln mit jemandem, mit dem man kein intimes Liebesverhältnis hatte, das gab es nur im Film. Und da war ich jetzt so gut wie angelangt.

Dann fiel die Mauer. Nicht die in mir, die mich von meinem Schmerz isolierte, sondern die in Berlin. Ich blieb seltsam unberührt davon. Meine Mitbewohnerin aber kriegte sich kaum ein: »Die Mauer ist weg, die Mauer ist weg, Waaaaahnsinn!« »Ja, Wahnsinn«, sagte ich. Dabei froren meine Mundwinkel ein. Udo Lindenberg fuhr mit seinem Porsche spontan nach Berlin. Lange hatte er darauf hingesungen, die Botschaft auf jeder Bühne hinausgerufen: dass wir die Scheißmauer nicht brauchen. Ich fühlte mich unendlich von ihm getrennt und betrank mich am helllichten Nachmittag. Wenn auch ich in der jubelnden Menge gestanden hätte, hätte ich vielleicht gespürt, wie sich Befreiung anfühlen kann.

Vater räsonierte am Telefon: »Die kommen jetzt alle rüber, ihr werdet schon sehen! Die nehmen uns die Arbeit weg.«

Ich redete dagegen an, sagte, dass es doch nichts Besseres als Freiheit für alle gibt. Was man halt so sagt, wenn man sich selbst nach Freiheit sehnt, obwohl man nicht hinter der Mauer aufgewachsen ist.

»Mädle, du wirst schon sehen«, sagte er. »Es kommt nichts Gutes nach.«

Und dann ging es um mein BAföG, ob es ausreicht. Und ich sagte: »Ja, ich putze in einer Firma, morgens um fünf.«

Vielleicht ist Einheit nur zu begreifen, wenn man mit sich selbst zu einem großen Ganzen geworden ist. Wenn man nichts mehr ausschließen muss, was zu einem gehört, und der Kampf im eigenen Innern aufgehört hat.

# Euphorie und Panik

Werbung war verpönt, vor allem zu Beginn der Schauspiel-
laufbahn. Aber nun wurde mir ausgerechnet ein Werbean-
gebot zusammen mit einem schönen Batzen Geld auf dem
Silbertablett serviert. Beim Casting durfte ich frei improvi-
sieren. Ich stand in einem nüchternen Studio mit Betonboden und erzählte wie besessen von einem Nachbarn, dem
ich als unglückliche Frau mit schmutzigen Gläsern gefallen
wollte. Ich wusste ja aus jahrelanger Erfahrung, was man
alles tut, damit man ja bloß gemocht wird. Man passt sich
an, man hat im Vorfeld immer ein schlechtes Gewissen,
nicht gut genug zu sein, man probiert in vorauseilendem
Gehorsam alles aus, was einem geraten wird und was dazu
beitragen könnte, endlich perfekt zu sein. Hier war ich absolute Expertin. Zur Krönung kauft man sogar ein ganz spezi-
elles Mittel für die Spülmaschine, nur damit das Glück mit
dem Nachbarn nicht an fleckigen Weingläsern scheitert.
Und ich ahnte es schon: Das kam gut an. Das hatte hohes
Identifikationspotenzial. Weil nicht nur ich so war, sondern
Zehntausende von Frauen. Wie ich zwängten sie sich außerdem noch in enge Korsetts, machten Diäten, trugen High
Heels, bis die Zehen sich verkrümmten und die Achillesferse
sich verkürzte, sie getrauten sich nicht zu sagen, was sie
wirklich dachten, weil sie gar nicht genau wussten, was sie
wirklich dachten, und zogen beim Sex den Bauch ein. Alles
nur, um zu gefallen und die Bestätigung zu bekommen, die
sie dringend brauchten.

Vor dem Dreh schlief ich nicht, war hypernervös und fühlte mich leer. Ich füllte die Leere mit Schokolade, mit Chips,
mit allem, was ich in die Finger bekam, sodass ich innerhalb
von zwei Tagen eineinhalb Kilo zunahm. Wie sollte ich so
vor die Kamera? Wo die Kamera einen bekanntlich eh um
zwei Kilo dicker macht? Was, wenn ich die falsche Entschei-

dung getroffen hatte? Wie würde ich ankommen? Was würden die Leute denken? Was, wenn ich den humorvollen Ton nicht wiederfand, der mir beim Casting so leichtgefallen war? Der konnte so schnell verschwinden, wie er gekommen war. Ich musste in »Stimmung« bleiben! Ich ging allen auf die Nerven mit meinen Sorgen. Und dann war da plötzlich die alte Kinderdumpfheit, die sich anfühlte, als wäre die Blutwurstbande hinter mir her.

Beim Werbedreh ging alles gut. Die Auftraggeber waren von den Socken: »So ein Testimonial gab's noch nie! Das wird der Knaller!«

Endlich konnte ich etwas bewirken, meine Fußabdrücke auf der Erde hinterlassen, damit sie jemand küssen konnte, wie ich es in meiner Vorsprechrolle von Tschechow Hunderte von Malen rezitiert hatte.

Und trotzdem: Irgendetwas fehlte. Freude muss sich doch irgendwie nach etwas anfühlen. Kurz nach den Aufnahmen wurde ich von Schuldgefühlen geschüttelt. Schon wieder. Irgendeine Stimme prügelte mich mit: »Du warst nicht gut. Du hast versagt.« Ich konnte sekündlich von einem emotionalen Extrem ins andere rutschen. Auf dem Jungfernstieg setzte ich mich auf eine Bank und versuchte, die Passanten zu »lesen«. Wie lebten die? Wie kamen die mit ihrer Versagensangst klar? Oder hatten die gar keine? Ich schaffte nichts anderes, als mich irgendwie durch die Tage zu lotsen.

Einige Wochen später saß ich auf meinem Bett in meiner Hamburger Wohnung und hatte gerade den Fernseher angeschaltet, als ich mich plötzlich selbst sah. Sie strahlten den Werbespot viel früher aus als geplant. Schnelle Schnitte, bäm, bäm, mit einer schrillen Musik, die meine »Dann klappt's auch mit dem Nachbarn«-Sätze brutal in Stücke fetzten. Ich war so laut, so unübersehbar. Die Frau mit dem Nachbarn, also ich, kam in jedes Wohnzimmer deutschlandweit. In einer synchronisierten Version sogar in die Türkei.

Auch meine Eltern sahen mich nun täglich auf dem Bildschirm. So quirlig kannten sie mich nicht. Sie staunten. Sich richtig für meinen Auftritt begeistern, das konnten sie aber nicht.

Ich kam nicht mehr zur Ruhe. Ich konnte mich auf nichts konzentrieren. Aber nicht nur wegen meiner plötzlichen Bekanntheit war ich getrieben. Ich war sowieso rastlos, immerzu. Ich musste die vielen Gedanken ordnen, sie archivieren und aufräumen in meinem Kopf, bevor ich verrückt wurde. Das Tagebuchschreiben reichte nicht mehr aus, um mich lebendig zu halten. Ich hatte schon zwei Koffer voll davon. Ich musste größer denken.

In einem alkoholfreien Vollrausch verfasste ich einen Text, den ich veröffentlichen wollte. Ich war sicher, die, die meine Sehnsucht kannten, würden ihn lesen. Ich nannte das Buch: »Panikrocker küsst man nicht«. Da standen jetzt meine bisherige Auseinandersetzung mit Lebenslust und -leid und meine wahnsinnige Geschichte mit Udo Lindenberg auf zweihundertachtzig Seiten. Alles Wegschweigen, alles Unterdrücken der letzten Jahre ergoss sich kompromisslos auf die Blätter, die ich in meine extra dafür gekaufte elektrische Schreibmaschine mit Korrekturband einspannte. Ich staunte selbst, wozu ich so in der Lage war, wenn ich es niemandem recht machen wollte und vor allem: wenn ich mich nicht anzweifelte. Das ging nur mit einer Überdosis Größenwahn. Den galt es jetzt zu kultivieren.

Erfolg war das Einzige, das mich aufblühen ließ – zumindest kurzzeitig. Mit Menschen war das Aufblühen schwer. Ich fühlte mich mit ihnen unwohl. Sie kamen nicht an mich heran und ich nicht an sie. Dabei sollte ich es doch längst können, das leichtfüßige Miteinander. Oft fühlte ich mich einsam wie ein Straßenköter auf der Autobahn. Einmal schleppte ich mich in ein Schwimmbad. Ich legte mich auf einem Handtuch zwischen die gut gelaunten Leute und wusste überhaupt nicht, was ich da soll. Es roch nach Sonnencreme und Chlorwasser. Der Geruch erinnerte mich an meine Kindheit, in der sie mich wegen meines Hohlkreuzes und des »Einwärtsgangs« im Schwimmbad parodiert und meine Stimme nachgeäfft hatten. Deshalb blieb ich damals so lang im Wasser, bis ich blaue Lippen hatte und die Widersacher nach Hause mussten.

Heute sollte es ein Revival geben. Um mir zu beweisen, dass ich es wirklich versucht hatte, blieb ich über eine Stunde inmitten der sich selbst genießenden Menge auf meinem Handtuch sitzen. Ich blätterte sogar in einer Zeitschrift. Das machte man doch so: ein Sonnenbad nehmen und Zeitschriften lesen. Ich blätterte hin und her, versuchte es mit Hinlegen und Dösen, wie die anderen, sogar mit Schwimmen, bis ich mein Handtuch frustriert zusammenlegte und wieder nach Hause ging. Genießen und Faulenzen, das war einfach nichts für mich.

Mein Manuskript wurde tatsächlich verlegt, und die Resonanz auf mein erstes Buch war riesig. Plötzlich trat ich im Fernsehen auf, gab Interviews. In der Nacht wälzte ich mich hin und her, geschüttelt von quälenden Träumen, schreckte hoch mit furchtbarer Angst. Selbst tief unter der Decke verkrochen, befand ich mich permanent wie kurz vor einer Prüfung. Es war, als steckten meine Finger in einer Steckdose und leiteten Angst und giftige Gedanken in mich.

Ich knipste das Licht an und schrieb:

*Liebe Eltern, ich will euch einen Gefallen tun. Schaut, ich bin gar nicht so toll, dass ihr euch vor mir fürchten müsstet. Ich kann nichts dafür, dass ich auf einmal so nach vorn geprescht bin und gleich mit zwei Sachen erfolgreich wurde. Und so bekannt dazu. Das waren Ausrutscher. Ich mache mich jetzt wieder ganz klein. Für euch, damit wir weiterhin zusammenpassen und eine Familie bleiben können. Ich bin*

218

*zwar weit weggezogen, aber ich bin immer noch euer kleines Mädchen. Ihr braucht nicht zu fürchten, dass ich jemals größer werde als ihr. Ihr habt weiterhin die Kontrolle. Ich verrate euch nicht, das schwöre ich euch. Ihr hattet es so schwer im Leben. Deshalb werde ich mein Potenzial unterdrücken und meine Lebenslust verleugnen. Ich werde alles bereuen, was allzu schön ist, oder es erst gar nicht machen. Ich werde meinen Erfolg boykottieren. Damit alles so bleibt, wie es immer war. Damit ihr ruhig schlafen könnt.*
*Eure Tochter.*

Meine Medienpräsenz stieg weiter. Auf einmal war ich sichtbar, und die Leute erkannten mich. Nur wusste ich nicht, wie man gut für sich sorgt in der Welt, vor der mich mein Vater immer gewarnt hatte.

»Hätten Sie einen Job für mich?«, fragte ich den Musikchef.

Ich stand an der Rezeption des Radiosenders Radio Hamburg. Das Studio war gläsern, man konnte von außen den Moderator sehen, wie er mit Kopfhörer die Technik bediente und live ins Mikro redete. Mein Herz schlug höher: Hier entstand meine Poptraumwelt – Radio.

»Kennst du dich mit Musik aus?«

»Ja«, sagte ich.

Die »Jammermusik«, mit der ich die Ödnis versüßt, die familiären Fronten aber verhärtet hatte, sollte jetzt auf einmal meinen Weg positiv beeinflussen. Als Hardcore-Musikjunkie der Achtziger und Neunziger hatte ich einen gewaltigen Vorteil gegenüber anderen. Ich kannte einfach alles. Ich erkannte die Songs bereits nach dem ersten Ton, wusste den Titel, den Text. Zum Teil wusste ich sogar noch wortwörtlich die An- oder Abmoderationen von Thomas Gottschalk.

»Gut, dann mach doch mal eine Probesendung«, sagte er zu mir. »Stell eine Stunde Musik zusammen.«

»Wann?«

»Jetzt.«

Er führte mich durchs Musikarchiv. Es sah haargenau so aus wie das Röntgenarchiv beim Urologen, die gleichen Regale auf Schienen, nur gab es hier statt Röntgenbildern von Nieren, Blasen und Harnleitern Hunderte von Schallplatten. Zwölf Titel sollten es werden. Ich stand still zwischen den Schieberegalen und hörte schon deutlich das Anfangsstück in meinem Kopf: »Juke Box Hero« von Foreigner.»Roxanne« von Police wollte ich am Ende spielen.

Ich wurde sofort eingestellt.

Der Radiosender hatte ein zweites Studio für Vorproduktionen und zum Lernen der Technik. Wenn Kollege Peter dort Bänder einlegte, schnitt und Beiträge aufnahm, setzte ich mich neben ihn und studierte seine Handgriffe. Ich hörte auf seine Stimme. Sie war hell und fröhlich, sein Mund nah am Mikrofon, er berührte es fast mit den Lippen. So kam er seinen Hörern besonders nah.

Ich sagte: »Ich möchte moderieren.«

»Klar, mach's doch«, sagte er.

Das Gleiche sagte ich Mutter bei unserem nächsten Telefonat: »Stell dir vor, Mama, ich lerne Moderation.«

»Wieso willst du das machen?«, fragte sie, als hätte sie Angst, dass ihr dabei etwas passierte.

»Weil es ein toller Job ist.«

»Kennst du dich da überhaupt aus?«

»Noch nicht, aber bald«, orakelte ich. »Ich lerne es ja.«

»Kriegst du da wenigstens Geld dafür?«, sagte sie misstrauisch.

»Wenn ich auf Sendung gehe, ja.«

»Mach bloß nichts kaputt, sonst musst du es zahlen«, war alles, was ihr da noch einfiel. Und sie meinte es auch noch gut damit.

Nachts war der Sender wie ausgestorben und nur spärlich beleuchtet. Ich setzte mich ins Studio und legte die erste Platte auf. Die Anmoderation musste ohne Versprecher sein, musste lässig klingen und auf dem letzten Takt des Instrumentals kommen, niemals, wenn der Gesang bereits anfing. Ich kämpfte mit Knöpfen, Reglern und Tonbändern und verlor irgendwann den Überblick.

Herbert Grönemeyer sang »Jetzt oder nie, wascht ihr nur eure Autos«. Da stand Peter plötzlich vor der Glasscheibe und winkte. Ich dachte: »Hoffentlich kommt er nicht rein«, da schob er auch schon keck die Studiotür auf: »Lass mal hören!«

»Nein, auf keinen Fall, es ist nicht gut«, sagte ich.

»Ist doch egal.«

»Nein, ich mache das nur so, nur für mich«, sagte ich.

»Ich könnte dir was dazu sagen.«

Ich wollte ihn so schnell wie möglich loswerden. Er würde herausfinden, dass ich nur aus Schwachstellen bestand.

»Du musst jetzt gehen«, sagte ich. Ich konnte mir dabei zusehen, wie ich die Lust verlor, Moderatorin zu werden, und wie wütend ich auf mich selbst wurde. »Ich kann es nicht«, dachte ich und hasste mich dafür, dass ich das dachte.

»Was ist los?«, sagte er. Er legte den Arm um mich.

»Nichts, ich weiß es auch nicht«, sagte ich.

»Nächtelang nachgedacht; Jahrelang überwacht; Tausendmal aufgegeben; Alles falsch, ich will nur leben; Jetzt oder nie ...« Herbert Grönemeyer sang zu Ende, dann steckte ich ihn in die Plattenhülle und kapitulierte. Ich war zum Umfallen müde. »Die Highlights allein zählen nicht«, dachte ich auf dem Nachhauseweg. »Du bist nichts. Was zählt, ist der Alltag.« Und den konnte ich mangels Frustrationstoleranz nur schwer bewältigen. Zwei Tage später ging ich wieder ins Studio. Danach schrieb ich in mein Tagebuch:

*Du beißt dich durch, zerfleischst dich, weil Hilfe anzunehmen ein Armutszeugnis wäre. Du bist bedeutungslos, und jeder kann es sehen. Weil du unterlegen bist, es sei denn, du übertrumpfst sie alle. Du schämst dich. Deshalb machst du es im Alleingang. Du bist eisenhart. Dein Bauch, dein Herz, dein Kopf eisenhart. Nach außen bist du schön. Du fasst wieder Mut und sagst: Ich muss. Du quetschst dir Ideen aus den Rippen, bist wütend, weil es keine besseren, originelleren sind, keine außergewöhnlichen. Du bist nicht gut genug. Du bist neidisch auf alle, die es besser können als du und dafür belohnt werden, beklatscht und geschätzt. Du bist benachteiligt. Die Welt ist gegen dich. Die Welt schuldet dir etwas. Das musst du dir nehmen, und zwar jetzt. Also kämpfe! Sei großartig. Sei genial. Du musst.*

Selbst Udo war gespannt, wie ich hinterm Mikro klingen würde. Er nuschelte: »Du hast 'ne gute Stimme, Süße. Weißte aber selber, nä?«

Ich musste ihm unbedingt beweisen, dass ich die Sendung hinkriegen würde, dass ich zu seiner Welt gehörte, zur Popmusik und zu ihm. Die On-Off-Affäre, die Himmel und Hölle für mich war, hatte sich etwas gelockert. Er wollte seine Freiheit leben, und ich versuchte das ebenso. Trotzdem blieb die innige Verbindung zwischen uns. Er schickte mir sein neuestes Album in den Sender, damit ich es spielte. Auf dem Umschlag stand handschriftlich: »Zu Füßen Maria Bachmann«.

Ich konnte ihn unmöglich enttäuschen.

Also klopfte ich an der Bürotür des Senderchefs und legte ihm ein paar Probemoderationen vor. Am darauffolgenden Wochenende stand ich auf der Moderatorenliste. Es war so weit. Samstagnacht setzte ich mich ins Cockpit des gläsernen Hauptsendestudios. Ich war lampenfiebrig, kontrollierte meine Plattensammlung. Und fuhr den Jingle ab: »Radio Hamburg ... Nachtflug!«, tönte die sonore Stimme des Sprechers, und ich öffnete meinen Mund, wusste, jetzt würde mich ganz Hamburg und Umgebung hören, ich war live, liver geht's nicht, ich war den Zuhörern nah, direkt in ihren Ohren, ganz nah an ihrem Puls, ihrem Herzen. Niemand konnte mich stoppen, das konnte nur ich selbst.

Mein Herzrasen legte sich nach der ersten Stunde. Morgens um sechs hatte ich es mir bewiesen. Von nun an stand ich regelmäßig auf der Moderatorenliste. Trotzdem schlich ich im Sender herum und moderierte mit Tunnelblick. Die Kollegen könnten zu jeder Zeit herausfinden, dass ich gar keine richtige Moderatorin war und mich nur durchgemogelt hatte. Wie bei allem. Udos Worte von damals hallten in mir wider: »Größenwahn und die Angst vor dem absoluten Nichtsein.« Das war auch mein Problem.

# Die Selbstverurteilungsmaschine

Um den Überblick über mich nicht zu verlieren, machte ich Fastenkuren. »Es gibt keine größere Kontrolle als die persönliche über sich selbst«, dachte ich. Niemand konnte mich mehr beeinflussen oder manipulieren. Mein Körper war mir untertan und hatte keine Bedürfnisse mehr, außer, von mir beherrscht zu werden. Vier Wochen ohne feste Nahrung machten mich zu einer Gigantin der Selbstkontrolle. Die Phase gipfelte auf einer Party mit Udo Lindenberg.

»Gut siehst du aus, Süße«, nuschelte Udo und nahm mich bei der Hand. Wir verzogen uns in eine ruhigere Ecke des Lokals. Es war schön, jemandem zu folgen, der ein Rebell war. Er legte seine Hände um meine Hüfte und fragte, was meine Schauspielerei so machte, der Bucherfolg und so. Meine Augen waren riesig, das konnte ich fühlen, die Wangen eingefallen, und die Jeans saß locker. Je weniger ich körperlich war, umso stärker war mein scheinbar über alle Selbstkritik erhabenes Ich.

»Es läuft gut«, sagte ich.

Bei Udo konnte ich mich ein Stück weit entspannen, war er doch selbst ein Getriebener, ein Grenzgänger. Er musste meine Zustände kennen, feierte er doch selbst Exzesse mit sämtlichen inneren Schweinehunden.

»Heute feiern wir, nä?«, sagte er und hob das Glas.

Damit ich den Moët auf nüchternen Fastenmagen vertrug, nahm ich dazu Schmerztabletten. Das hatte schon immer funktioniert. Vielleicht war es auch nur der Placeboeffekt. Ich feierte, bis ich mir bewiesen hatte, dass ich die Königin von Deutschland war. Zu Hause verpuffte mein erhabenes Ich, als hätte es nie existiert, und ich tauchte ab in meine Unterwelt, ganz auf den Grund. Niemand konnte mich von meinem Wunsch abhalten, einfach »weg« zu sein. Ich harrte aus, wartete, schlief, bis es passieren sollte. Aber es passierte nicht. Ich verging einfach nicht. Ich lebte einfach weiter. Zwischendurch synchronisierte ich Zeichentrickfilme, Langzeitserien, drehte »Adelheid und ihre Mörder« und Spielfilme. Irgendwie funktionierte ich. Meine Laufbahn rollte weiter, während ich mich mehrmals am Tag wog. Ich wusste nicht mehr, was ich – außer dünn sein – eigentlich wollte.

Ich stand vor dem Umkleidespiegel im Kaufhaus und drehte mich nach allen Seiten. War es die Neonbeleuchtung? War es die falsche Jeans, das falsche Kaufhaus? Das Überangebot? An der Größe lag es nicht. Sie passte.

Eine Verkäuferin fragte mich: »Kann ich Ihnen helfen?«

»Nein, ich schau nur«, sagte ich.

Mir war nicht zu helfen. Sie legte die Hose zusammen, die ich nicht wollte.

»Sagen Sie, sind Sie nicht die Dame aus der Werbung?«

»Ja«, sagte ich und lächelte.

»Das ist ja toll ... das muss ich meinem Mann erzählen.«

Sie sah mir ins Gesicht, ihres strahlte vor Freude, fragte nach einem Autogramm.

Ich fuhr die Rolltreppe hinunter. Nichts wie weg von diesem Ort. Ich war unfähig, eine Hose zu kaufen. Wieso wollte ich die Hose nicht? So eine hatte ich doch schon seit Wochen im Visier. Dann fiel mir auf, dass ich schon öfter in dieser Situation gewesen war: Ich wusste plötzlich nicht, ob ich beim Bäcker ein Brötchen oder zwei oder eine Laugenbretzel wollte und ging unverrichteter Dinge wieder hinaus. Ich tätigte einen Fehlkauf nach dem anderen, weil ich nicht fühlen konnte, was mir gefiel. Sobald ich mich entscheiden sollte, war mein Kopf wie ein Müllhaufen, in dem kein vernünftiger Gedanke überlebte. Die völlige Überforderung ging so weit, dass ich mir an manchen Tagen nichts zu essen kaufen konnte. Der normale Alltag ließ mich wie unter einer Glasglocke ersticken.

Ich litt wie ein Hund, schämte mich vor mir selbst. Aber das galt es mit sofortiger Wirkung zu kaschieren.

Ich sagte mir, so kannst du nicht weitermachen, wenn du nicht einmal ein Brötchen oder eine Hose kaufen kannst. Die Selbstverurteilungsmaschine schaltete in den nächsthöheren Gang. Meine plötzliche Beliebtheit und Bekanntheit war keinen Pfifferling wert.

»Es ist besser, wenn du an Weihnachten nicht kommst«, hieß es. Ich hatte den Telefonhörer unters Ohr geklemmt.

»Gut«, sagte, ich. »Dann bleibe ich in Hamburg.«

Ich fragte nicht, warum. Ich wusste es. Mein Buch war in der Heimat nicht unentdeckt geblieben. Es war aufrührerisch. Es passte nicht in die Beschaulichkeit unserer Wälder und Weinberge und auch nicht zu der Bodenständigkeit der Menschen.

Über Weihnachten blieb ich bei Udo im Hotel. Er kämpfte mit den Säuferdämonen. Dadurch konnte ich meine eigenen hintanstellen. Ich räumte seine Minibar aus, ließ alles abholen und schlief auf der Couch, immer mit einem Ohr im Nebenzimmer. Es war das erste Weihnachten, das ich nicht zu Hause in Franken verbrachte. Kein Rippchen mit Kraut, an dem Vater so lange am Knochen herumnagte, bis ich ungeduldig wurde, ob das Christkind dieses Jahr überhaupt noch kommen würde. Kein Lametta, kein Glöckchenläuten und keine »Stille Nacht, o wie lacht«. Ich fühlte mich sehr alleine. Aus der alten Welt, der Maintalhölle, war ich nun verstoßen. In der neuen Welt hatte ich keinen Halt, keine Sicherheit.

Mit einem Kloß im Hals rief ich Mutter und Vater an Heiligabend vom Hotel aus an: »Frohe Weihnachten.«

»Frohe Weihnachten«, sagte meine Mutter. »Gehst du wenigstens in die Kirche?«

»Nein.«

Sie seufzte.

»Vergiss unseren Herrgott nicht.«

Wie sollte ich ihn je vergessen, wo ich doch mit ihm aufgewachsen war? Ich hatte nichts gegen ihn, war sogar eine
Zeit lang unsterblich in seinen Sohn verliebt. Jesus, das war
doch der mutige Mann, der vor zweitausend Jahren gesagt
hatte: »Wenn euer Glaube nur so groß wäre wie ein Senfkorn, könntet ihr zu diesem Berg sagen: Rücke von hier
dorthin. Es würde geschehen. Nichts wäre euch unmöglich.«
Wäre doch mein Glaube an mich nur halb so groß wie ein
Senfkorn gewesen.

# Der Absturz

»Frau Bachmann, wir wollen Sie! Für eine große Fernsehproduktion. Freuen Sie sich?«

Das war der Anruf für meine erste große Hauptrolle, Deutschlands erste Eigenproduktion einer Comedy-Serie. Ich musste nicht einmal ein Casting dafür machen. Ich wurde vom Fleck weg engagiert – ein Sechser im Lotto. Jetzt wollte ich allen zeigen, was in mir steckte.

Ich wagte die Flucht nach vorn, packte, zog nach München und stürzte mich in meine Hauptrolle, bis ich sie mit Haut und Haar geworden war: Eva Vierstein. Wir drehten zweiunddreißig Folgen vor Live-Publikum. Fast immer gab es am Tag der Aufzeichnung noch mal eine veränderte Drehbuchfassung mit völlig neuen Dialogen. Wir nannten sie scherzhaft die Panik-Fassung und kriegten es hin. Das schweißte uns zusammen und machte uns zu Schnell-Lern-Giganten. Das Timing, der Humor, die Interpretation der Dialoge, jede Pointe musste sitzen. Die Serie wurde nach jeder Live-Folge im Arri-Studio bis in die Nacht gebührend gefeiert. Wir stießen mit Wodka Tonic an, als meine Kollegin mir ins Ohr flüsterte: »Du könntest deinen Erfolg viel mehr genießen!«

Inzwischen flog ich für Dreharbeiten an die Nordsee, nach Mexiko, Italien, Jugoslawien, Schweden, Österreich und in sämtliche Filmstädte. Ich schrieb Drehbücher, bekam Filmförderung und drehte meinen eigenen Film mit hochkarätigen Schauspielkolleginnen. Jetzt war ich auch noch Regisseurin. Ich spielte die weibliche Hauptrolle in einer Serie für SAT 1 und flog von Berlin nach München und zurück, lernte meinen Text bei einem Gläschen Champagner an der Hotelbar. Ich wurde freundlich mit »Guten Abend, Frau Bachmann« begrüßt und zahlte ausschließlich mit Kreditkarte.

229

Ich stöckelte in High Heels, engem Bleistiftrock und Doppel-Push-up-BH zum Café um die Ecke, zum Kaffeetrinken mit meiner Freundin. Sie saß da in ausgeleierter Jeans und Turnschuhen, stutzte, musterte mich von oben bis unten und sagte: »Was ist denn mit dir los?«

Ich sagte: »Nichts. Wieso?«

»Du bist so aufgebrezelt.«

»Findest du? Ich zeige nur meine Weiblichkeit«, sagte ich und bestellte einen Rosé am helllichten Tag.

Das war meine neue Identität.

Ich fuhr Taxi. Früher ging ich viel zu Fuß, aber das ging jetzt nicht mehr, wegen der hohen Absätze. Ich stand im Blitzlichtgewitter auf roten Teppichen und wurde zu Events eingeladen.

Wie lange hatte ich mich danach gesehnt, dass ich anerkannt wurde. Deshalb folgte ich der Einladung, mit einem Privatjet nach Nizza zu fliegen, um an einer Kreuzfahrt teilzunehmen, mit wehenden Fahnen. Im Flieger belächelte man mich. Weil ich die Rinde des Edel-Camemberts nicht abschnitt, sondern mitaß. Ich konnte meiner Vergangenheit ums Verrecken nicht entfliehen: Was auf den Tisch kommt, wird verdammt noch mal gegessen.

Während das schillernde Äußere immer mehr wurde, wurde ich immer weniger. Obwohl ich wieder einigermaßen normal essen konnte, hatte ich an Bodenhaftung verloren, ohne es zu merken. Ich merkte auch nicht, dass ich kein Gefühl mehr dafür hatte, wo meine Grenzen verliefen. Ich war wie durch eine Nebelwand von mir getrennt.

Und dann kam der Abend in Hamburg. Ich hatte mich gefreut, endlich wieder einmal in meiner alten Heimat einen Film zu drehen und Freunde zu treffen. Seit ich in München wohnte, sah ich sie selten. Ich lief am Hafen entlang. Der Weg war belebt, der Wind zerzauste meine Haare, ein paar Möwen verfolgten mich knapp über meinem Kopf, gierten nach meinem Fischbrötchen, kriegten nichts davon, flogen weiter. Ich rezitierte meinen Text, spielte die emotionalen Etappen der Szenen durch, fühlte mich gut vorbereitet und freute mich auf den Dreh am nächsten Tag. Meine Kollegen und den Regisseur hatte ich schon im Hotelfoyer begrüßt. Ich kannte sie alle von früheren Drehs. Deshalb war dieser Film ein Heimspiel. Wir wollten uns später an der Bar auf einen Absacker treffen.

Später in meinem Hotelzimmer schaltete ich den Fernseher an, dann aus, wurde müde, duschte. Um einundzwanzig Uhr wollten wir uns treffen. Es war kurz nach zwanzig Uhr, als mich ein Zittern erfasste. Ich schaltete den Fernseher wieder an, guckte Tatort, konnte mich nicht konzentrieren, zappte durch die Programme. Ich legte mich aufs Bett, machte ein paar Atemübungen: das Einatmen verlängern, das Ausatmen verlängern. Normalerweise beruhigte mich das. Ich guckte an die Decke, dann an die Tür, hatte plötzlich Befürchtungen, jemand könnte hereinkommen und mich so sehen, wie ich so dalag. Ich stand auf und verriegelte die Tür, legte mich wieder hin. »Ich muss jetzt hinunter an die Bar«, dachte ich. »Das war so ausgemacht.« Eine andere Stimme in mir sagte: »Es geht nicht. Ich kann das nicht.«

»Du wirst doch wohl noch einen Drink mit den Kollegen nehmen können«, sagte ich dieser anderen Stimme.

Ich zog mich an, legte Rouge auf, suchte den Geldbeutel, steckte ihn und mein Handy in die Hosentasche, öffnete die Tür und ging auf den Flur Richtung Aufzug. Er öffnete sich, ich ging rein, fuhr hinunter. Ich hörte von Weitem meine Kollegen an der Bar lachen und reden. Auf halbem Weg blieb ich stehen, keinen Schritt konnte ich mehr weitergehen, ich konnte da nicht hin. Ich sagte halblaut zu mir selbst, falls mich jemand beobachtete: »Ach, ich hab was vergessen«, machte verschämt kehrt, ging wieder zum Aufzug und zurück zu meinem Zimmer. Der Teppichboden unter meinen Füßen war ein Wolkenmeer. Deshalb kam ich nur langsam voran.

Ich schob die Karte ins Schloss, die Tür schnappte auf. Ich zog mich aus, legte mich auf das Bett und wartete ab. Mir war übel. Ich sprang auf, verriegelte die Tür erneut. Niemand sollte sehen, wie die Decke auf mich fiel. Dann klingelte mein Handy. Ich ging nicht ran, stellte auf lautlos. Eine SMS erschien auf dem Display: »Wir sind unten, kommst du?«

Mein Puls beschleunigte, das Herz hämmerte. Ich wollte ja! Unendliche Schuldgefühle. Ich musste hier liegen. Ich wollte lediglich existieren, mehr ging nicht. Alles andere wäre eine totale Überforderung. Ich konnte nicht zuverlässig sein, nicht die lustige, gesellige Kollegin, nicht heute Abend. Die Fantasie ging mit mir durch: vielleicht nie mehr. Vielleicht werde ich verrückt und muss in eine Klinik. Ich könnte all meine wichtigen Termine, meine Vorhaben nicht mehr erledigen. Ich steckte das Handy in die Tasche, damit ich nicht mehr drauf sah, aber ich brauchte es als Wecker, also holte ich es wieder heraus, stellte die Weckuhr und löschte das Licht. Ich wollte diesen Zustand wegschlafen. Aber das ging nicht, weil ich von oben bis unten vibrierte. Es wurde dunkel. Was, wenn ich morgen nicht drehen konnte, wenn ich nicht mehr aufstehen konnte? Wenn jetzt endlich rauskam, dass ich eigentlich gar nichts konnte? Vor meinem inneren Auge sah ich schon fiese Fratzen, die mit dem Finger auf mich zeigten: »Na, heiliges Mariale, wir haben's dir doch gleich gesagt. Du kannst nichts, und du bist auch nichts. Was hast du dir eigentlich dabei gedacht?« Wie lange konnte ich noch die Maske der tollen Frau aufrechterhalten? Wann würde ich überführt werden, an den Pranger gestellt, ohne Prozess für alle Zeiten im Main versenkt werden? Unter warmen Daunendecken lag ich zitternd im Bett, bekam mit jedem Atemzug weniger Luft.

Irgendwann warf der Morgen einen dünnen Lichtstrahl durch die Vorhänge. Ich stellte den Wecker ab, bevor er klingeln konnte, fühlte mich madig im Kopf, obwohl ich keinen Schluck Alkohol zu mir genommen hatte.

Beim Dreh holte ich den Profi aus mir heraus: die »Dreh-Marie«, die konzentriert und vorbereitet war, die liefern konnte. Aber vor jedem Take schüttelte es mich unmerklich, aus Angst vor Texthängern, vor Gehirnlähmung, vor der Furcht, dass ich unangenehm auffiel. Ich floh vor jedem harmlosen Pausengespräch. Ich hatte über Jahre Small Talk geübt. Das war jetzt alles weg.

»Wo warst du gestern?«, fragte mich der Kollege.

Er schlang von hinten die Arme um mich.

»Ich bin eingeschlafen«, sagte ich.

Niemand merkte, was mit mir los war. Ich wusste es selbst nicht. Aber ich musste es herausfinden, weil ich höllische Angst bekam, dass ich meinen Beruf nicht mehr machen könnte. Der Gedanke, dass ich die Kontrolle über mein Leben verlieren und verrückt werden könnte, trieb mich um. Ich informierte mich über Krankenhäuser, in die ich mich einweisen wollte, und ließ es dann doch sein. Was, wenn jemand rauskriegte, dass ich nicht normal war und unter Panikattacken litt? Was, wenn offensichtlich wurde, dass ich in meiner Schauspieltrainingsgruppe als Einzige vor Angst nicht klar denken und sprechen konnte? Dass ich mich minderwertig fühlte, außer ich hatte einen Erfolg zu verbuchen. Dann jedoch vor Scham darüber fast im Erdboden versank, statt mich zu feiern. Was, wenn andere mich dechiffrieren konnten und herausfanden, dass ich nichts als Fake war, eine einzige Vortäuschung falscher Tatsachen?

Anstatt mir professionelle therapeutische Hilfe zu holen, machte ich einen längeren Ausflug auf den Pfaden alternativer Heilmethoden. Ich versuchte es zuerst mit Esoterik, dann mit Spiritualität, um mit den Schwierigkeiten dieses Daseins besser umgehen zu können. Entsprechend tauschte ich die High Heels, den Doppel-Push-up und den Champagner zum Textlernen gegen gestrickte Socken (von Mutter), bequeme Pluderhosen (Geschenk aus Indien) und Kräutertee (selbst gepflückt von einer Freundin). Ich fing an mit positivem Denken, aber das funktioniert nicht bei jemandem, der wirklich Hilfe braucht. Es folgten Rückführungen, Segnungen, Weissagungen. Dann saß ich viele Jahre vor spirituellen Gurus, sang »om«, hielt den Mund in Schweigeretreats und hinterfragte mich bei Lebenslehrern. Ich ließ meine Probleme von Heilern und spirituellen Medien wegchanneln, meditierte bei Buddhisten, Katholiken und Schamanen. Ich machte sechsmal pro Woche Power-Yoga. Ich bewegte mich nur noch in eingeschworenen Sucher-Kreisen mit dem entsprechenden Vokabular: »Das ist nur dein Kopf«, »Das hast du selbst kreiert«. Alles, was mir begegnete, war lediglich Illusion, eine Erfindung meines Bewusstseins.

Ich versuchte, meine trübsinnigen Tage nicht ernst zu nehmen. Ich lag wochenlang im Bett und sagte mir: »Ich bin nicht mein Körper und nicht mein Verstand.« Selbst das Liegen im Bett war nur Vorstellung. So ließen sich sogar die neu aufflammenden Fressattacken einigermaßen aushalten. Die waren ja auch nur Illusion. Ich war eine einzige Illusion, eigentlich gab es mich gar nicht.

Ich gab mich in indianischen Schwitzhütten der Hitze hin, bis ich dachte: »Entweder ersticke ich oder ich werde erleuchtet.« Beides trat nicht ein. Ich wurde aber demütiger. Deshalb war nichts von dem, was ich machte, umsonst.

Erstmals nach langer Suche konnte ich aufatmen. Die Erleichterung war so groß, dass ich am liebsten meine Wohnung aufgeben wollte, um mit meinem Guru durch die Welt zu reisen. Aber dann fielen mir unweigerlich die gemalten Schilder am Autoscooter auf unserem Winzerfest ein: »Junger Mann zum Mitreisen gesucht!« Wir hatten immer Kinder von Schaustellerfamilien in der Klasse. Niemand wollte so recht neben ihnen sitzen. Jetzt würde ich selbst eine davon werden: eine Mitreisende, die in jedem Ort den Meditationsraum mit aufbaut, Lautsprecherboxen

schleppt wie die Roadies bei Popkonzerten, am Verkaufs-
tisch Guru-Sachen verkauft und während der Sitzungen dem
Meister heiliges Wasser einschenkt.

Aber wollte ich mit meinen vierzig Jahren wirklich eine
Aussteigerin werden? Wollte ich im Kosmos des Meisters
verschwinden und mein eigenes Leben aufgeben? Ich beobachtete, wie verzweifelte Devotees reihenweise und kopflos
ihre Jobs kündigten, weil sie sich »danach fühlten«, und
Hartz IV beantragten. Manche verloren ihre Wohnung,
kündigten ihre Lebensversicherung oder schnorrten sich
durch. Der Guru sagte: »Great! Existence cares for you«, und
überließ sie ihrem Schicksal. Da endlich sprangen meine
Alarmlampen an. Auf einmal kam mir mein eigener Guru
neurotisch vor, versponnen und fahrlässig. Ich entwickelte
in kürzester Zeit eine Allergie gegen Meditationsstühle,
Räucherstäbchen und Buddhafiguren, die plötzlich in Mode
kamen wie früher die bestickten Hosensaumbordüren.

Ich traf eine Entscheidung.

# Die Erwachsene

# Die Rettung

Im Therapiezimmer gab es keine Stühle, sondern eine große Fläche bezogener Schaumstoffmatratzen. Und Kissen, jede Menge Kissen, große, dicke Kissen, in die schon viele Klienten hineingeboxt, -geweint, -gejammert, -geschrien hatten. Michael bot mir einen Platz und gleich das »Du« an. Er war ein sympathischer Psychologe mit Nickelbrille und vierzig Jahren Therapieerfahrung. Er selbst fläzte sich in die Kissen, knetete sie zu einem gemütlichen Haufen. Es fehlten nur noch die Weintrauben und die gebratenen Tauben, die ihm in den Mund hätten fliegen können.

»Ich muss die umdrehen«, sagte ich. Michael nickte.

Ich musste gleich mit der ungeschönten Wahrheit anfangen, sonst würde es sich gar nicht lohnen, hier zu sein. Hygienegründe. Ich wollte keinesfalls mit den Tränen, dem Schweiß oder dem Rotz des Vorgängers in Berührung kommen. Ich verbarrikadierte mich hinter zwei umgedrehten Kissen.

Sein erster Satz lautete: »Also, erzähl mal.«

Wo fängt man da an?

»Ich habe keinen roten Faden«, sagte ich.

»Das macht nichts«, sagte er und schenkte mir ein Glas Wasser ein. Ich spürte seinen aufmerksamen Blick. Keine Erwartung war darin, keine Forderung und keine Ungeduld. Ich musste sofort heulen. Michael reichte mir die Taschentuchbox. Er ließ mir Zeit. Und dann redete ich drauflos.

Michael sagte: »Mhm, ja, das verstehe ich, das war für dich nicht leicht ... ja, mhm, ja, das kann ich mir vorstellen.«

Und dann seufzte er tief. Anders als der spirituelle Meister, der mit allem einverstanden war, weil eh alles eine Illusion des Bewusstseins war, egal, ob du Mann, Haus oder Job verloren hattest. Michael seufzte, als wolle er mir meine Lebensgeschichte abnehmen und aus dem Fenster hinausschnaufen, damit sie ein für alle Mal weg wäre. Kaum redete ich weiter, holte er schon wieder tief Luft und atmete laut in meine Sätze hinein. Irgendetwas stimmte nicht mit dem Therapeuten. Ich fand seine Atmerei übertrieben. Ich hoffte, dass er beim nächsten Termin sein Gutmenschentum mir gegenüber ablegte und mich knallhart konfrontierte: mit all meinen Problemen, damit ich mich daran abarbeiten und sie bekämpfen konnte. Nur so ging das bei mir. Auf die harte Tour. An allem anderen war ich erfolgreich gescheitert.

Aber Michael blieb Michael. Er blieb einfach immer freundlich, aufmerksam, ruhig und gelassen. Er war immer auf meiner Seite. Er war nie gegen mich.

Das war beim besten Willen nicht auszuhalten.

Deshalb war ich gegen ihn. Ich dachte mir, wenn er nicht erkennt, was für ein schlechter Mensch ich geworden bin, ist er der Falsche, ein Nichtskönner und ein Fantast. Als es nach vier Wochen keine Besserung meines Zustandes und auch keine Veränderung seines ätzend gleichbleibend zugewandten Verhaltens zu vermerken gab, läutete ich das Ende der Schonzeit ein.

Ich provozierte ihn: »Was soll denn hier herauskommen? Das kenne ich alles schon, da sagst du mir nichts Neues. Wo ist hier bitte schön die professionelle Therapie? Du musst mich konfrontieren, du musst mich knacken! Hör auf mit der Weichzeichnerbehandlung!«

Michael ließ meinen Angriff wie Öl in einer Teflonpfanne abgleiten. Er blieb wie der Fels in der Brandung auf seiner Matratze sitzen, war unnachgiebig aufmerksam und atmete zu allem, was ich sagte, tief aus.

Ich entschied: Der Mann war unseriös. Und wenn ich nicht gewusst hätte, dass einige meiner Kollegen bei ihm erfolgreich in Behandlung gewesen waren, wäre ich sofort gegangen.

»Ich gehe den Weg neben dir«, sagte er und knüllte sein Kissen zu einer Lehne.

Das hatte mir gerade noch gefehlt. Eine Art Siddhartha für Goldmund!

»Ich mache keine Konfrontation«, redete er weiter. »Du kennst es nicht, dass jemand auf deiner Seite ist und zu dir hält. Du bist gewohnt zu kämpfen, deshalb ist das hier für dich schwierig.«

Diesmal atmete ich aus, aber nicht mitfühlend, sondern extrem genervt. Klar war ich gewohnt zu kämpfen. Was denn sonst? Deshalb wollte ich meine Schwierigkeiten brutal zerschmettern, ich wollte den Durchbruch, den bombastischen Urknall. Ich wollte nicht mit Gefühlsduselei und Kindheitskram meine Zeit vergeuden. Dass hier die Regelwerke meiner Vergangenheit regierten, merkte ich nicht.

»Wieso atmest du so komisch?«, wollte ich wissen.

»Das ist eine erfahrungsorientierte Körpertherapie. Es geht um Mitgefühl. Sie heißt Hakomi. Ansonsten machen wir hier eine tiefenpsychologische Psychotherapie.«

Mit Mitgefühl würde er bei mir nicht weit kommen.

Irgendwann sagte ich: »Eigentlich habe ich als Kind nie wirklich Unterstützung bekommen.«

»Das stimmt, du wurdest nie wirklich gesehen«, sagte er.

»Ich wurde schon gesehen, aber vielleicht zu wenig«, sagte ich.

»Ja, sie haben dich nicht gesehen«, sagte er.

Wieso wiederholte er alles? Dachte er, ich wäre taub? Wieso saß er nicht auf einem anständigen Stuhl hinter dem Schreibtisch, sondern lungerte auf einer Matratze wie in den 70ern und trank frisch gepressten Saft? Auch wenn mich Michael und das Hippie-Ambiente in seiner Praxis manchmal zur Weißglut trieben, blieb ich bei ihm. Ich muss wohl irgendwie gespürt haben, dass er genau wusste, was er tat, und dass es gut für mich war. Da war die Sitzetikette zweitrangig.

Seit ziemlich genau einem Jahr ging ich jetzt schon zu Michael in die Therapie. Mir ging es schlechter als je zuvor.

»Ich weiß nicht, wie es weitergehen soll«, sagte ich zu Michael. »Und du kannst mir nicht helfen.«

»Das ist gerade sehr schwer für dich«, sagte er mitfühlend.

»Ja, verdammt noch mal, ich kann so nicht leben«, rief ich. »Ich bin erwachsen und kriege es nicht hin. Ich drehe durch! Ich halte mich selbst nicht aus! Ich bin getrieben, kann nicht mal ein paar Socken kaufen, ohne dabei fast zu verzweifeln, weil ich nicht weiß, welche ich nehmen soll! Ich kann nicht denken, bin innen taub!«

In dieser Stunde erinnerte ich mich daran, dass es mir schon als Kind ganz ähnlich ergangen war. Wie meiner Mutter, die oft wie betäubt im Bett lag oder auch rastlos wie ein Uhrwerk lief.

Danach verschwand ich wieder tagelang in meiner Wohnung und verkroch mich vor allen Menschen. Nur bei Dreharbeiten funktionierte ich.

Ich wusste noch nicht, was es bedeuten würde, mit meinen Gefühlen wirklich auf Tuchfühlung zu gehen, mit der Angst, der Schuld und der Scham. Und dass ich sogar üben musste, diese Gefühle zu akzeptieren und zu mögen, damit ich selbstbestimmt werden und mit offenen Armen im Leben stehen konnte. Davon war ich Galaxien entfernt.

Doch bald schon schaffte ich es, in meinen Therapiestunden die Verbindung zu meinen Eltern herzustellen. Die beiden wurden Mitte der 1920er-Jahre geboren. In einer Zeit voller Unsicherheit, geprägt von Autoritätshörigkeit und Gehorsam. Bereits als Kinder wurden sie gebrochen, entwertet, in ihrem Selbstwert verunsichert und entwurzelt, während der Nazizeit, als galt: »Das Schwache muss weggehämmert werden.« Sie wurden als Kriegskinder und -jugendliche mit Werten infiltriert, die ihnen nicht dienten. Und sie wurden damit allein gelassen, weil ihre Eltern häufig tatsächlich nicht da waren oder nicht für sie da sein konnten. Sie wurden kaum oder gar nicht ernst genommen. Ihre Bedürfnisse wurden abgetan. Kinder mussten brav sein und funktionieren. Es wurde selten zusammengesessen und miteinander geredet, sondern nur gearbeitet. Erlebnisse wurden nicht reflektiert. Das war einfach unüblich. Es klingt naheliegend, vielleicht sogar banal, zu sagen, dass wir von dem, was uns in unserer Kindheit widerfährt, für unser ganzes Leben geprägt werden. Aber jetzt erst wurde mir klar, was meine Eltern geprägt hatte, wieso sie so wurden, wie sie nun mal waren. Und mir wurde noch etwas klar: Sie hatten diese Eigenschaften, ja ihre seelischen Erschütterungen, an mich weitergegeben. Sie flossen in ihre Weltanschauung, in ihre Erziehungsmethoden, in mein Verhalten, in meine Seele, vom ersten Atemzug an.

Ich erinnerte mich plötzlich, dass Mutter von ihrer Mädchenkur in der Nazizeit erzählte: »Ich weiß noch, dass es sehr heiß war und der Koffer schwer. Ich dachte, was mach ich nur, wenn ich den Weg nicht finde? Wir mussten den ganzen Hitlerkram machen, Antreten, Hitlergruß, Turnübungen, die Lieder singen. Wenn du nicht mitgemacht hast, bist du bestraft worden, hast nichts zu essen gekriegt. Ich hatte Heimweh. Es war fürchterlich.«

Michael sagte, dass wir bis zu drei und sogar vier Generationen lang genetisch und psychisch von Erlebnissen und Gefühlszuständen unserer Vorfahren beeinflusst sein können. Aber was nützte mir das, wenn sich nichts änderte? Dies rein vom Kopf her zu begreifen reichte nicht. Ich wurde meine tiefe Verunsicherung einfach nicht los.

Ein Besuch in meiner Heimat wurde dann zu einer extremen Kraftprobe.

Ich spielte gerade mit Mutter im Hof Mensch ärgere dich nicht, als meine Jugendfreundin Birgit am Hoftor stand.

Auch sie hatte unsere Heimat verlassen und kam nur noch hin und wieder zu Besuch. Ich ging zu ihr hin, und wir ratschten ein bisschen.

Sie sagte: »Was ist los mit dir, irgendetwas ist doch?«

Ich sagte. »Keine Ahnung ...«

»Du bist gar nicht du«, sagte sie.

»Wie? Was meinst du?«

Und dann fiel es mir auf. Ich bewegte mich nur noch roboterartig – wie ferngesteuert. Die Frau in mir, die die Situation hätte retten können, war wahrscheinlich schon zurück nach München gefahren und hatte die mundtote Jugendliche und das Kind, das seine Lieblingsfarbe nach Wunsch anpasste, hiergelassen. Wie früher konnte ich nur noch schlichte Sätze denken und sprechen. Meine Meinung verpuffte in keine Meinung. In München gelang es mir besser, ich zu sein, bei mir zu bleiben. Hier war ich wie ein Traktor, der einen anderen Weg nehmen wollte und dabei immer wieder in eine alte Fahrspur abrutschte. Wieder einmal war ich in die Muster meiner Kindheit zurückgefallen.

Birgit sagte: »Du musst weg, du warst schon wieder zu lange hier.«

»Ja«, sagte ich. »Aber ich bin doch erst seit zwei Tagen bei den Eltern.«

Birgit erwiderte mit ernstem Gesicht und sehr eindringlich: »Du musst da jetzt raus, auch, wenn du bleiben willst. Auch, wenn du deinen Eltern etwas Gutes tun willst.«

Ich ging über die Pflastersteine zurück zu Mutter unters Scheunendach. Wir spielten das Spiel fertig. Ich hatte ein unendlich schlechtes Gewissen, weil ich sie gleich verlassen würde. Mutter gewann haushoch. Ich packte meinen Koffer.

In meinen nächtlichen Träumen wurde ich weiterhin mit Waffen verfolgt, einmal sollte ich jemanden durch eine Quetschpresse drehen und umbringen, damit ich nicht selbst getötet wurde. Man verschloss mir den Mund mit

Knetmasse oder mit Gafferband wie in einem Gangsterfilm. Ich fand mein Elternhaus nicht mehr, es war unter einem Müllhaufen. Ich konnte fliegen, aber ich flog ins Kriegsgebiet. Ich träumte, dass Mutter mich anklagend ansah und sagte: »Was hab ich dir angetan, dass du so zu mir bist? Du undankbares Kind!« Worauf ich wieder und wieder keine Antwort wusste, wie damals als Fünfzehnjährige.

Bei Michael insistierte ich: »Kann schon sein, dass ich da einiges geerbt habe. Aber ich bin das Problem. Ich habe mir den Mangel an Zuwendung nur eingebildet.«

Er entgegnete: »Es ist typisch für traumatisierte Menschen, dass sie das anzweifeln. Die Eltern schützt man bis zum Schluss.«

»Du meinst, ich habe ein Trauma?«

»Ja«, sagte Michael.

Ich glaubte es erst, als es mir verschiedene Fachärzte bestätigten.

Ich war gerade von Dreharbeiten aus Berlin zurückgekommen. Die Waschmaschine lief und ebenso ich, getrieben, durch meine Wohnung. Ich schaltete den Fernseher ein, zappte durch die Kanäle, suchte nach Zerstreuung. Bei einer Dokumentation blieb ich hängen. Sie hieß »Die verlorenen Kinder von Cighid«. Es ging um die katastrophalen Zustände in einem Kinderheim in Rumänien. Über hundert Kinder hausten in einem alten Anwesen, einem Horrorschloss. Sie wurden unter der Herrschaft von Ceauşescu von der Gesellschaft weggesperrt, sich selbst überlassen, isoliert und mit Psychopharmaka ruhiggestellt. Ein Journalist nannte das später »Euthanasie durch die Verhältnisse«. Die Bilder der unterernährten, vernachlässigten Kinder waren unerträglich, ich brach vor dem Fernseher in Tränen aus.

Meine eigenen Probleme waren mit dem Elend der Kinder nicht im Entferntesten vergleichbar. Die Not der Kinder, die unermesslich tief war, hatte wirklich nichts mit meinem kleinen Leid zu tun, doch der Film machte etwas mit mir. Er löste etwas in mir aus, und mit einem Schlag ergoss sich ein Schwall von weggesperrten Empfindungen über mich. Es war wie das Aufplatzen einer riesigen Eiterblase.

»Aber mir ging es doch früher gut, Michael«, sagte ich, als ich auf der Matratze zwischen den weichen Kissen um aufrechtes Sitzen kämpfte. »Ich war doch selbst nicht im Krieg, musste nicht um mein Leben bangen. Wieso haut mich das so um? Ich hatte doch alles.«

»Ja, du hattest viel, nur nicht die liebevolle Zuwendung, die jedes Kind braucht«, sagte er leise. »Du hast ein Stück deiner eigenen Not in diesem Film wiedererkannt. Deine Eltern haben dich versorgt, aber sie haben dich nicht umsorgt.«

Ich kämpfte mit dem, was Michael sagte. Es fiel mir schwer, das stehen zu lassen.

Michael wiederholte: »Du hast etwas in dem Film gesehen, das du kennst.«

Jetzt drang er zu mir durch. Und mehr noch: Ich drang zu mir durch, der Gefühlspanzer war aufgebrochen. Lange lag ich danach auf der Matratze, heulte hemmungslos und schwitzte meinen Angstschweiß in den Kissenbezug, wie all die anderen Klienten vor mir: den ganzen beschissenen, alten Kinderschmerz. Das Leid meiner Jugend. Das ewige Schonen der Eltern. Das Aufbegehren. Das schlechte Gewissen.

»Wir haben aber auch gelacht«, sagte ich schließlich und schniefte. »Es gab auch schöne Zeiten, Michael!«

»Ja, klar«, sagte er, und dann schwieg er lange.

Nach einer Weile richtete ich mich auf, blies eine Fanfare in das Taschentuch und sagte: »Ich habe wenig bekommen. Nicht das, was ich gebraucht hätte.«

»Ja, du hast nichts bekommen«, wiederholte Michael.

Diesmal fand ich es nicht zum Lachen, dass er wie ein Echo seiner und meiner selbst klang und dazu mitfühlend nickte. Er wollte unbedingt, dass ich erkenne, dass etwas Wichtiges gefehlt hatte. Das war ja der Grund, warum ich kein Vertrauen hatte, weder in mich noch in andere, weder in die Welt noch ins Leben. Deshalb fehlte mir auch der Zugang zu meinen Gefühlen. Und weil ich so oft nicht wusste, was ich wirklich fühlte und wollte, fiel es mir schwer, Entscheidungen zu treffen. Deshalb funktionierte mein Bauchgefühl so wenig und ich sagte immer: »Mein Bauch sagt nix.« Deshalb brauchte ich mehr Rückzug als andere. Deshalb war ich ständig getrieben. Und so oft erschöpft. Deshalb brauchte ich so viel Bestätigung von außen. Und konnte sie doch nicht annehmen und dachte: »Was müssen das für Idioten sein, die mich gut finden.« Deshalb balancierte ich an manchen Tagen wie auf rohen Eiern durch die Gegend, angewiesen auf die Brotkrumen, die man mir hinwarf. Deshalb!

Ich war beladen mit einem zentnerschweren Rucksack, der mir gar nicht gehörte. Ich hatte ihn geerbt, aufgestülpt bekommen, und war damit losgelaufen. Kein Wunder, dass ich so oft kaum von der Stelle kam.

Beim nächsten Telefonat mit Mutter sagte ich: »Mama, ich unterrichte jetzt an einer Schauspielschule, ich mache mit den Studenten Rollenarbeit.«

»Du? Was willst denn du jemandem beibringen«, sagte sie leichthin.

Es hörte nicht auf. »Ja, ich bringe jemandem etwas bei«, sagte ich.

»Kannst du das überhaupt?«

»Ja, auch wenn du dir das vielleicht nicht vorstellen kannst«, sagte ich.

»Und? Sind die zufrieden mit dir?«, hakte sie misstrauisch nach.

»Ja, natürlich!« Mein Ton wurde bitter.

Ich hatte es schon so viele Male versucht. Aber wir fanden einfach nicht zusammen. Dabei wollte ich ihr noch immer unbedingt beweisen, wie toll ich war. Ich glaubte immer noch, dass ich dadurch ihren Blick auf mich und auch auf die Welt zum Guten ändern könnte. Aber das funktionierte nicht. Was blieb, waren Gespräche über das Wetter, über Hüftbrüche und die neu eröffnete Arztpraxis, über die Todesfälle im Ort, wer wen geheiratet hatte, wer sich von wem hatte scheiden lassen und was es zum Essen gab. Manchmal gab es auch einen Selbstmord zu berichten, wie der von der Frau, die sich mit ein paar Flaschen Schnaps auf den Jägerstand gesetzt und sich erschossen hatte und erst Wochen später gefunden wurde. Oder der von dem Jungen, der sich auf dem Dachboden erhängt hatte, weil er in der Schule gemobbt wurde. Ich verstand die Selbstmörder, mit ihrer Hoffnungslosigkeit, ihrer Ausweglosigkeit.

Und schätzte mich sehr glücklich, denn für mich gab es einen Ausweg: Wut. Die Emotion, die ich mir als Kind aus den Rippen geschwitzt hatte, weil sie Liebesentzug, Bestrafung, Missachtung oder Schweigen bedeutet hätte. Ich bekam eine unbändige, unverschämte Wut auf meine Eltern, die immer älter und hilfsbedürftiger wurden und deren Kräfte zusehends schwanden, während ich mitten im Leben stand.

Ich war wütend, dass meine Eltern bei mir so haushoch versagt hatten. Mit ihrer Schwäche und ihrem Kleinsein, mit ihrem »Sei doch zufrieden« und dem »Du weißt ja gar nicht, wie gut du es hast« hatten sie mir eingeimpft, mich zu verleugnen und mich zu verstellen. Sogar meine Stimme hatte ich für sie verstellt, um harmloser zu erscheinen, damit sie keinen Anstoß an mir nehmen konnten und nicht harsch mit mir sprachen. Ich hatte den Kopf eingezogen und mich unauffällig gemacht.

Jetzt aber befand ich mich in einem Wuttunnel ohne Licht

am Ende. Und ich war froh, dass ich drin war. Jetzt brauchte ich keinen harten Holzstock mehr, auf den ich mich legen musste, um etwas zu fühlen.

Damit ich es schwarz auf weiß hatte und meine neuen Gedanken noch realer wurden, notierte ich: *Ich habe ein Recht darauf, wütend auf meine Eltern zu sein. Auch wenn sie eine katastrophale Jugend hatten. Ich kann fühlen, was ich will. Ich habe ein Recht auf meine eigenen Gedanken und Gefühle. Ich habe ein Recht auf mein eigenes Leben.*

Bislang hatte ich zwar gegen meine Eltern rebelliert, sie zugleich aber immer auch entschuldigt. Bei dieser Methode war kein Land in Sicht. Mir leuchtete ein, dass ich ohne Einschränkung zulassen musste, dass ich verletzt worden war, ohne es gleich wieder zu relativieren und meine Eltern in Schutz zu nehmen. Das war hart, aber ich war bereit.

Michael sagte dazu: »Es war damals nicht deine Schuld.«

Während seine Worte langsam zu mir durchsickerten, erwiderte ich: »Dann ist ja eigentlich alles mit mir in Ordnung. Dann muss ich ja nicht mehr gegen mich selbst kämpfen.«

Er nickte. Diese Stunde war ein Highlight. Ich hatte einen weiteren Schritt in die richtige Richtung – in meine Richtung – gemacht. Dennoch dauerte es noch Wochen, bis ich Michaels Worte wirklich annehmen konnte. Und auch mich selbst – zumindest ein Stück mehr.

Jetzt war ich zum ersten Mal in der Lage, mich um mich zu kümmern. Mit Mitte vierzig. Ich machte alles Mögliche, um meinem »inneren Kind«, dem verwahrlosten Anteil aus meiner Vergangenheit, eine gute Mutter zu sein. Gab ich ihm den kleinen Finger, wollte es die ganze Hand. So kamen immer mehr vergessene Schrammen und Risse ans Tageslicht. Aber damit auch Gelegenheiten zur Wiedergutmachung und Gesundung:

In einem Griechenlandurlaub erbarmte ich mich zweier

ausgesetzter Katzenbabys, die abgemagert und mutterlos im Straßengraben gefunden worden waren, nahm sie im Flieger mit nach Deutschland und verschaffte ihnen ein schönes Zuhause auf dem Land. Die Kätzchen wurden zum symbolischen Stellvertreter für meinen eigenen vernachlässigten Anteil und für meine Wurzel- und Heimatlosigkeit, die nun kuriert werden wollten. Ich hatte viel nachzuholen.

Ich lernte, mich selbst anzusehen, ohne mich gleich als kompletten Loser oder verkannten Megastar einzutüten. Meine panische Angst vor dem Nichtsein und mein Größenwahn lernten sich gegenseitig kennen. Die Versuche, meine Nahrungsaufnahme vollkommen zu kontrollieren, wurden unwichtiger. Ebenso nahmen der Hunger und die Fressattacken, die den Hungerphasen folgten, ab.

Auf YouTube sah ich mir die alten Beiträge von 1989 an, die Rede von Bundeskanzler Kohl kurz vor dem Mauerfall. Ich sah die Menschen über die Mauer in ihre Freiheit klettern und durch die geöffneten Grenzen gehen. Über zwanzig Jahre nach dem Mauerfall bröckelte endlich auch der Schutzwall, den ich in mir errichtet hatte. Nun konnte ich endlich empathisch sein und die Freude der Menschen, die über meinen Bildschirm flimmerten, mitfühlen. Und gleichzeitig kam ich den Menschen um mich herum näher. Und ja, dem Leben selbst.

Meine Freundschaften und Beziehungen wurden langsam tiefer und gleichzeitig leichter, weil ich in einen regen Austausch mit mir gekommen war und mich allmählich zeigte, wie ich wirklich war. In meinem Schauspielteam fühlte ich mich nun auf Augenhöhe mit den anderen.

Nie mehr wollte ich sagen, dass Blau meine Lieblingsfarbe sei, wenn es eigentlich Rot war. Auch überprüfte ich meine immer wieder·aufflammenden Schuldgefühle, die aus alter Gewohnheit oft noch über mich verfügen wollten. Es fiel mir nach wie vor nicht leicht, gesunde Grenzen zu ziehen. Durch die Unterscheidung »Du bist du, und ich bin ich« fühlte ich mich aber nicht mehr so schnell angegriffen, wenn jemand anders dachte und handelte als ich. Hatte nicht mehr das Gefühl, mich meinem Gegenüber sofort anpassen zu müssen.

Und ich begann, die einzelnen Facetten meiner selbst besser zu verstehen und anzunehmen: Ja, ich war zugleich die Versteckte und die Rampensau, die Fröhliche und die Nachdenkliche, die Größenwahnsinnige und die Verunsicherte, die Schlagfertige und die Verschlossene, die Freie und die Gebeugte, die Mutige und die Abwartende. Je besser es mir gelang, nicht mehr gegen mich und gegen die Welt anzukämpfen, umso mehr wurde ich zu einer ganzen Frau. Desto weiter entfernte ich mich von dem gläsernen Mädchen, dessen einziges Ziel es war, es allen recht zu machen und ja nicht anzuecken.

Bereits während meiner Therapie bei Michael beschäftigte ich mich mit Traumaheilung und mit Epigenetik und Neurobiologie. Letztere besagen, dass wir seelische und körperliche Belastungen erben können. Doch auch, dass geerbtes Genmaterial und das Gehirn sich im Laufe des Lebens durch positive Einflussnahme verändern können. Nichts ist in Stein gemeißelt. Sätze wie »Das liegt in der Familie«, »Ich bin halt so«, »Damit muss ich mich abfinden« überzeugten mich nicht mehr. Zu lange hatte ich den Beatles-Song »Let It Be« mit dem warnenden »Lass es lieber« meines Vaters übersetzt. Auf die Idee, dass es »Nimm es dir nicht so zu Herzen« oder »Lass es einfach geschehen« bedeuten könnte, wäre ich niemals gekommen.

Während dieser Zeit – es war eine lange – dosierte ich meine Heimatbesuche. Die Kunst war jetzt, meine Eltern zu akzeptieren, wie sie waren, und das Beste daraus zu machen. Ihre Lebenssicht konnten sie heute, bei aller Epigenetik,

nicht mehr ändern. Das war in meiner jetzigen Aufbruch-
stimmung schmerzhaft anzusehen.

Zu Hause in München umgab ich mich von nun an mit
Menschen, die mir guttaten, statt mich von anderen, um
deren Gunst ich erfolglos kämpfte, frustrieren zu lassen. Ich
übte mich im Pausen-Machen. Zu allem sagte ich: »Ich darf
das.«
    Wenn ich es nicht sagte, sagte es Michael: »Du darfst das.
Es darf dir gut gehen.«
    Ich musste es in seiner Anwesenheit laut wiederholen
und fühlte mich wie ein Kind am Geburtstag: Es darf mir gut
gehen.

Mit der Zeit bekam ich ein wenig Distanz zu meinen unter-
schiedlichen Gefühlslagen. Es war, als würde ich mit dem
Kopf aus einem riesigen Misthaufen auftauchen und erstmals überhaupt entdecken, dass ich mitten in einem drin-
saß. Plötzlich hatte ich nicht mehr nur den alten Mist vor
Augen, Nase, Mund und Ohren. Es war Luft dazwischen. Und
die Luft war Freiheit. Ich spürte sie in den banalsten Alltäg-
lichkeiten. Mehrere Jahre lang hatte ich kein Eis gegessen.
Da ich es sicher nicht verdient hatte und es außerdem dick
machte, hatte ich es mir verboten. Jetzt ging ich in die
nächste Eisdiele und kaufte mir einen Eisbecher mit Sahne.
Ich ging am helllichten Tag alleine ins Kino, ohne darüber
zu grübeln, ob jemand denken könnte, dass ich keine Freunde habe. Und eines Morgens fuhr ich mit meinem damaligen
Freund an einen überfüllten Badesee, und wir genossen
einen faulen Tag zu zweit. In dem großen Gewimmel verschwand ich zwar, aber ich löste mich nicht auf. Im kühlen
Wasser des Sees spürte ich mich, ging aber nicht unter.

Und dann, nach vielen Jahren, kamen andere Erinnerungen
an meine Kindheit zurück. Vor allem waren es Erinnerun-

gen, die schön waren. Sie waren friedlich und wunderbar unspektakulär.

Ich sah Mutter und mich beim Geschirrspülen. Wir sangen Küchenlieder, zweistimmig, versteht sich. Es war nie ganz klar, wer die erste oder die zweite Stimme singen würde. Das ergab sich spontan. Ich schwang das Handtuch, das Geschirr klapperte in der Spüle. »Mariechen saß weinend im Garten«, schmetterten wir. Mutter hatte das Lied schon mit ihrer Mutter beim Abwasch gesungen. »... im Arm ihr schlummerndes Kind ...« Hingebungsvoll und mit aller Inbrunst sangen wir, Mutter mit einem Vibrato, das mit den Jahren immer deutlicher wurde und manchmal an ein schlagendes Segel erinnerte. »Mit ihren schwarzbraunen Locken spielt leise der Abendwind ...« Mutter wischte den Essenstisch ab, ich trocknete wie ihr zweites Ich hinterher. »Sie saß so süß, so träumend ...« Ich öffnete Schranktüren, räumte Teller und Töpfe hinein. »So einsam geisterbleich ...« Wir waren ein eingespieltes Duo. »Und dunkle Wolken zogen ...« Deshalb sangen wir es noch einmal, weil's grade so schön war.

»Wir könnten in der Hitparade auftreten«, sagte sie.

Ich bot ihr mein Mikrofon an, den hölzernen Griff meines Springseils, aber sie verschmähte ihn. »Und Wellen schlug der Teich ...« Das Spülwasser gurgelte den Abfluss hinunter, das Besteck klirrte in die Schubladen. Als ich das Lied zum dritten Mal anstimmte, stöhnte Mutter: »Ooooh, ne, jetzt ist aber gut.«

# Die Heimkehr

Mittlerweile ging Vater am Gehwagen. In seinem Gehirn hatte es eines Tages eine Blutung gegeben, und diese hatte sein Gleichgewichtszentrum und sein Sprachzentrum geschädigt. Er musste vieles neu lernen. Sein Umfeld wurde kleiner als der Heuboden. Er konnte sich nicht mehr nach dort oben verziehen. Unterhaltungen wurden für ihn zu einem Schlachtfeld nicht ausgesprochener Sätze. Die Worte blieben in seinem Kopf stecken, zusammen mit seinen Erinnerungen. In seinen Augen sah ich immer wieder Trauer, Wut und Enttäuschung. Und blanke Leere, wenn er sich unbeobachtet fühlte. Erst mit der Zeit war ich in der Lage nachzuvollziehen, welche Qual es für ihn war, zwar zu denken, aber die Worte dafür weder zu finden noch aussprechen zu können.

Bei meinem Besuch in der Heimat weinte er, vor Rührung, vor Freude. Auch das hatte mit der Gehirnblutung zu tun. Dass plötzlich so viele Gefühle kamen. Als hätten sie sein Leben lang nur darauf gewartet rauszukommen. Ich nahm seinen Arm und schmiegte mich an ihn. Er senkte seinen Kopf zu mir und sagte: »Mädle!« Tränen entwischten ihm aus den Augenwinkeln. Ich war froh über seine Tränen. Sie erlaubten mir endlich die Nähe, die ich früher nicht haben konnte. Früher hätte ich mich durch sie erpresst und eingekerkert gefühlt. Heute sah ich einen Mann, der sein Leben gar nicht hätte anders leben können als in dem engen Rahmen, der ihm gesteckt worden war und den er sich selber steckte.

Mutter war ihm Mutter geworden, strich ihm über die Wange und sagte: »Unser Vater, er muss halt wieder weinen.«

Ich spürte ein neues Gefühl: Zärtlichkeit. Nach dem Abendessen am Küchentisch hakte ich mich bei Vater und Mutter ein, in diesem Moment waren wir eine Familie, auf unsere ganz spezielle Art. Vater grinste sogar spitzbübisch, als ich ihn knuffte.

Da blitzte der Schalk in meinem Nacken auf. Es war an der Zeit, Vater noch ein bisschen hochzunehmen. Dazu hielt ich sein frisch gebügeltes Stofftaschentuch hoch, wedelte damit und sagte: »Vater, was ist das?«

Da fing er auch schon an zu kichern, denn das Wort »Taschentüchlein« kriegte er garantiert nie raus, sosehr er sich auch anstrengte.

»Ich kann das nicht«, lachte er und freute sich, dass er sich mit uns freuen konnte.

Dann hob ich die Gabel hoch und fragte: »Und was ist das mit den Zinken?«

Jetzt rollten die Tränen vor Lachen, denn »Gabel« war das nächste Wort, bei dem er haushoch versagte. Ich dachte unwillkürlich an seine Vorführung als einbeiniger Freischwimmer mit Unterhose auf dem Kopf.

Es waren für uns Momente der Nähe, in denen er sein Kranksein vergessen konnte und herzhaft mit uns lachte.

»Das macht nichts«, sagte ich, und Mutter meinte, es gäbe Wichtigeres als ein Taschentuch und eine Gabel.

Früher trennten uns die kleinen Dinge. Jetzt verbanden sie uns. Ich hätte gern verstanden, was in Vater vorging. Aber nun war Sprechen und Denken noch weiter weg als jemals zuvor. Wir gewöhnten uns an sein Ringen um Worte und seine Langsamkeit. An Geburtstagen und bei Menschenansammlungen hatte er es schwer. Er saß beim Weinfest auf der Bank, sein Gehwagen in Reichweite. Er drehte seinen Kopf hin und her, bemüht, die Satzfetzen, die verschiedenen Stimmen ihren Sprechern zuzuordnen und zu verstehen. Er mischte sich ein, eiferte sich, nahm die Hände mit in die Beschreibung, wurde laut und energisch. Aber oft wurde er einfach übertönt. Manchmal auch übergangen. Sein Gegenüber nickte besänftigend, sprach mit ihm, als sei er nicht zurechnungsfähig, und drehte ihm bald den Rücken zu. Ich beobachtete, wie sein entkräftetes Gehirn ihn zum Pausieren zwang. Er schaute in eine unbestimmte Weite, der Blick wurde trüb, und irgendwann sagte er: »Mutter, wir gehen heim.«

»Wollen wir heute etwas unternehmen? Essen gehen?«, fragte ich bei einem meiner Besuche.

»Ach, wohin denn?« Er klang nicht gerade begeistert.

Ich machte ein paar Vorschläge.

Er guckte vor sich auf den Tisch: »Ach nein, wir bleiben lieber daheim.«

Er kam nur noch beschwerlich ins Auto, ebenso Mutter. Das Auto war zu niedrig, sodass er oben fast mit dem Kopf anstieß, die Sitze und der Fußraum waren zu eng, und das Aussteigen wurde zu einer komplizierten Choreografie: Gurt, Füße rechts raus, Stock, Haltegriff und »Hau ruck«. Wir machten Witze, dass Mutter und Vater nur als Ölsardinen auf Reisen gehen könnten, man sie nur noch mit einem Korkenzieher wieder rauskriegen würde.

Ein einziger Vorschlag wurde mit einiger Begeisterung angenommen: Flugzeuge anschauen. Vater, Mutter und ich fuhren auf die »Höhe«, auf den Sportflugzeugplatz. Ich hievte die beiden aus dem Auto, baute den Gehwagen zusammen und schaute Vater zu, wie er auf dem weiten Areal stand und den Fliegern hinterhersah. Einmal, vor vielen Jahren, hatte ihn mein erster Chef, der Urologe, zu einem Rundflug mitgenommen.

»Das war einmalig«, schwärmte Vater.

Ansonsten war er nur in die Gefangenschaft geflogen und viele Jahre später von dort wieder zurück. Jetzt stand er am Rollator, neben ihm Mutter, streckte den Arm hoch in die Luft, dahin, wo sich der Sportflieger gerade befand, damit er ihm nicht aus dem Sichtfeld entwischte. Sehnsuchtsvoll guckte er hinterher.

»Willst du auch noch mal fliegen?«, fragte ich Vater.

Das war ihm zu viel, und er war froh, als er wieder zu Hause auf der Küchenbank sitzen und geradeaus gucken konnte.

Noch immer konnte ich einfach nicht lange in der Heimat bleiben, bei allem guten Willen. Schon nach kürzester Zeit wurde ich mir wieder völlig fremd und fühlte mich unwohl. Ich musste mir einsagen, was ich in meinem Leben alles schon geschafft hatte, und meine Erfolge aufzählen. Denn zu Hause galten die nicht. Ich musste mir genau überlegen, wie lange ich bleiben konnte. Manchmal war schon ein ganzer Tag und eine Nacht zu viel.

Im Rückspiegel sah ich Vater und Mutter am Hoftor stehen. Vater winkte mit seinem blütenweißen Taschentuch, ich konnte sehen, wie Mutter ihn schimpfte: »Hör doch auf, Hornochs«, und ich heulte Rotz und Wasser im Auto. Mich zerriss einmal mehr der alte Zwiespalt: Ich liebte die beiden – meine Eltern – und musste doch vor ihnen fliehen. Wie immer reich beschenkt mit Einmachgläsern und Tupperware voller Vorräte. Und doch, langsam wurde es besser. Der Schmerz, den ich früher zuerst gar nicht hatte in Worte fassen können und der mich dann, als ich ihn benennen konnte, immer noch sehr quälte, wurde erträglicher. Er ebbte schneller ab. Auf meiner Fahrt kam eine weitere schöne Erinnerung zu mir zurück:

»Ich will mit, Papa«, rief ich und rannte zu ihm, als er gerade langsam sein Moped in Richtung Hoftor rollte.

Er wollte in den Weinberg, Reben verbrennen. Rauchschwaden zogen in Gärten und Feldern in die Luft, es roch nach Feuer.

Schnell schlüpfte ich in die Gummistiefel, die mir nur mit zwei Paar dicken Socken passten. Vater hob mich in den Anhänger, der so groß war, dass vier Kinder darin aufrecht hätten sitzen können.

»Duck dich«, befahl er.

Die Polizei durfte auf keinen Fall herauskriegen, dass ich im Anhänger saß. Ich machte mich flach, Vater legte einen Jutesack über mich. Ab jetzt durfte ich mich nicht mehr bewegen. Ich atmete Jutesackluft, Vater saß auf, ich spürte das Wippen, er startete den Motor, und wir fuhren knatternd los. Als Vater den Jutesack lüftete und mich aus dem Mopedanhänger hob, standen wir bereits vor den langen Rebzeilen, die nach hinten immer kleiner zu werden schienen. Vater schnitt die Äste, lief hin und her, schichtete Feuer auf. Ich tanzte um ihn herum und sang »Ich bin verliebt in die Liebe, sie ist okay-ay für mich« von Chris Roberts und wollte Vaters Assistentin sein, auf die er nicht verzichten konnte. Vater lachte manchmal, weil ich so fröhlich war, aber auch, weil in seinem Weinberg andere Gesetze herrschten als sonst irgendwo. Es gab keine Uhr und nur ihn und mich. Ich hängte Zaubersteine in das Weinberghäuschen, die uns beschützen sollten. Wir standen zusammen am Feuer, das Holz knackte, und Asche und Funken regneten auf uns. Da blitzte sie auf, jetzt, im Auto auf der A9, die Nestwärme, nach der ich immer gelechzt hatte wie eine Verdurstende. Sowie vor langer Zeit Vater nach der rostigen Wasserration in der Wüste.

Ich hatte Dreharbeiten in Berlin, als mich nachts der Anruf aus dem Halbschlaf holte: Vater ist tot.

Sein Herz war einfach stehen geblieben. Ich konnte mir nicht vorstellen, dass er nun endgültig weg war. Ich schlief die ganze Nacht nicht und hatte am nächsten Tag verschwollene Augen vom vielen Weinen. Die Maskenbildnerin tat ihr Bestes. Wir drehten in einem Kornfeld und unter alten Bäumen. Ich schaute hoch in die Äste und bildete mir ein, Vater im Wind zu hören. Ich sagte: »Gib mir ein Zeichen, dass es dir gut geht.« Nach Drehschluss fuhr mich die Produktionsleiterin in die Stadt. Wir fuhren zusammen die Kaufhausrolltreppe hoch, und sie beriet mich beim Kauf eines schwarzen

Hosenanzugs, es war absurd. Ich flog nach Frankfurt, die Stadt mit den Wolkenkratzern. Mein Bruder holte mich ab. Mutter stand unter Schock. Sie konnte nur unter Schock gestanden haben, denn sie lief durch das Haus und blieb unerklärbar gefasst, als wäre es noch nicht bei ihr angekommen, dass ihr erster und letzter Lebenspartner, mit dem sie über 50 Jahre zusammengelebt hatte, für immer verschwunden war. Zum ersten Mal in ihrem Leben war sie alleine.

Sie murmelte in sich hinein: »Ja, so ist das.«

Als ich sie fragte, wie es ihr ginge, sagte sie: »Ich weiß auch nicht.«

Der Friedhof war so voll, dass wir alle überwältigt waren. Fahnen vom Kolpingverein, vom Gesangsverein und vom Musikverein wurden mitgetragen. Sie würdigten ihn, sie schätzten ihn. Das brachte mich zum Weinen. Unter der Augustsonne sahen wir seinen Sarg hinuntergleiten in die Tiefe.


In München war es heiß bei meiner Rückkehr. Ich schloss die Wohnungstür, stellte den Koffer ab und ging in die Küche. Die Balkontür war gekippt. Als ich sie ganz öffnete, fiel mein Blick auf eine kleine weiße Feder auf dem Boden. Die musste durch das gekippte Fenster hereingeweht worden sein. Noch nie in meiner gesamten zehnjährigen Mietzeit war irgendetwas durch ein gekipptes Fenster zu mir hereingeflogen. Ich bückte mich nach der Feder. Sie lag zart und blütenweiß in meiner Hand. Das war Vater. Das war das Zeichen, um das ich ihn gebeten hatte.

Ich weinte bitterlich. Ich trauerte um den Vater, den ich hatte, und um den, den ich nicht hatte und gerne gehabt hätte. Ich wurde wütend auf ihn, weil der, den ich gerne gehabt hätte, sich zu Lebzeiten vor mir versteckt hatte oder in Gefangenschaft geblieben war, irgendwo in der Wüste. Später beweinte ich den, der er vielleicht früher gern gewesen wäre und nicht sein konnte. Und dann weinte ich nicht mehr und dachte: »Wen betrauere ich hier eigentlich? Wer war dieser Mann?«

Als ich Mutter am Telefon danach fragte, sagte sie: »Ich bin selber nie ganz schlau aus ihm geworden.«

Vater machte eine Lücke in meinem Leben auf. Manchmal tappte ich aus Versehen hinein und stolperte. Ich trat in freie Luft, in zusätzlichen Platz, ja in ungewohnte Freiheit.

Ich besuchte Mutter nun öfter und machte mit ihr Spaziergänge am Main. Staunend sagte sie: »Jetzt kann ich so viele Bücher lesen wie ich will.«

Sie vertraute mir mit schlechtem Gewissen an, dass sie deshalb sogar einmal die Kirche hatte ausfallen lassen. Da bekam meine Liebe für Mutter Flügel.

»Das ist dem lieben Gott so wurst, wie wenn in China ein Sack Reis umfällt«, sagte ich.

Daraufhin prustete sie laut heraus: »Da könntest du recht haben.« Wir amüsierten uns über China und den Sack Reis, bis wir den alten Baum am Kieswerk erreicht hatten. Dann kehrten wir um.

»Eigentlich kann ich jetzt immer machen, was ich will«, sagte sie.

»Unbedingt«, sagte ich. »Das ist ein neuer Lebensabschnitt.«

»Da könntest du auch recht haben.«

Wir blieben stehen und guckten auf den Main und die grasenden Kühe. Wir sahen einen voll beladenen Frachter gegen die Strömung fahren. Er plagte sich durch das Gewässer.

»Manchmal hab ich Angst vor mir selbst«, sagte sie unvermittelt.

»Wie meinst du das? Hast du Angst davor, wer du eigentlich wirklich bist?«

»Ja, genau. Das weiß ich eigentlich gar nicht«, sagte sie. »Wer ich wirklich bin. Man hat halt so dahingelebt. Aber dass man mal über sich selber nachgedacht hätte, wie man das heute macht, das kenne ich nicht.«

Ich sagte: »Ihr hattet damals keine Zeit dafür, ihr wart mit Überleben beschäftigt.«

Sie dachte nach und sagte: »Das stimmt. Da war keine Zeit, man hat nur gearbeitet.«

Sie stellte die Bremse am Gehwagen fest und setzte sich darauf. Ich war mir nicht sicher, ob jetzt der richtige Zeitpunkt war, aber ich musste es wagen: »Wieso bist du damals so oft nicht zu mir ans Bett gekommen, wenn ich nachts gegen die hohle Zimmerwand geklopft habe?«

Sie überlegte eine Weile: »Ich hab halt gedacht, du bist ein Kind und klopfst einfach. Ich hab nicht gewusst, dass das ernst gemeint war.«

»Ich hab doch sicher gesagt, dass ich Angst hatte?«, entgegnete ich.

»Das weiß ich nicht mehr«, sagte sie. »Wenn ich das gewusst hätte, dann wär' ich doch gekommen. Nein ... das weiß ich nicht mehr ...«

Ihr Blick ging hinüber zum roten Steinbruch, zur alten »Mainhölle«, als sie sagte: »Ich denk immer, wir haben bei dir was falsch gemacht ... aber ich hab nicht gewusst, was ... du warst halt da ... wir haben uns nie groß mit dir abgegeben ... Das hat man damals nicht gemacht.«

»Ich weiß, Mama. Und du warst depressiv«, sagte ich.

»Manchmal glaube ich, dass du das auch hast.«

»Das stimmt. Aber jetzt geht es mir gut.«

»Der Hitler, das Arschloch, der hat uns kaputt gemacht.«

Mit einem geübten Handgriff löste sie die Bremsen. Flotten Schrittes gingen wir nach Hause.

# Die Freiheit

In den Jahren nach Vaters Tod waren Mutter und ich mutig viele einzelne Schritte aufeinander zugegangen. Jetzt, als Erwachsene, lernte ich sie endlich besser kennen. Wir hatten angefangen, über das Leben und den Tod zu philosophieren. Das wäre früher nicht denkbar gewesen, und es tat uns beiden gut. Zum ersten Mal in ihrem Leben hatte sie eine Freundin, mit der sie sich bei Kaffee und Kirschlikör austauschte. Sie ging sogar mit ihr aus und fing an, ihr Leben zu genießen, während ihr Körper langsam weniger wurde. Irgendwann verschwand sie mehr und mehr in sich und sagte: »Man gehört gestorben.« Dann hatte ich nicht mehr viel Zeit mit ihr.

Auch Mutter starb, als ich gerade bei Dreharbeiten war. Sie war gestürzt, hatte es noch geschafft, die Familie zu rufen, war dann aber beim Eintreffen des Arztes verstorben. Bei der Beerdigung sagte ich zu meinem Bruder: »Ich wäre gerne mit ihr verreist. Hätte ihr gerne das Meer gezeigt.« Woraufhin er erwiderte: »Aber sie wollte doch nie verreisen.« Wie auch bei Vater fiel es mir schwer, mich von Mutter zu verabschieden. Jetzt wäre ich in der Lage gewesen, eine gute Verbindung mit ihr zu pflegen. Aber es war zu spät. Erst als ich begriff, dass es ihr Leben war, das sie gelebt hatte, dass es so in Ordnung war, obwohl sie es nicht leicht hatte und ich mir für sie mehr Freiheit und Freude gewünscht hätte – erst als dies nicht nur rational, sondern auch emotional bei mir angekommen war –, konnte ich Frieden finden.

Heute sehe ich es so: Meine Eltern gaben mir eine Aufgabe, ohne sie je auszusprechen: »Mach etwas aus deinem Leben, mach das, was wir damals nicht konnten.«

Ich beschloss, mein persönliches Kunstwerk daraus zu machen, in dem die guten wie die schlechten Momente, Tage, Wochen und Jahre Platz hätten und mir zu einem inneren Reichtum verhelfen sollten, der weit größer wäre als alle äußere Anerkennung wie Geld oder Bekanntheit. Das Helle und das Dunkle – beides sollte nebeneinanderstehen dürfen.

Erst durch die andauernde Auseinandersetzung mit mir und erst nach dem Tod meiner Eltern wurde mir bewusst, dass auch ich über innere Ressourcen verfüge. Über das, was man im besten Fall von Kindesbeinen an lernt und sich von den Angehörigen abguckt: Mut, sich mit offenen Armen gegen den Wind zu lehnen, eine gewisse Robustheit, Frustrationstoleranz, Großmut, um Rückschläge zu verarbeiten, mit Unvermögen umzugehen, genau wie mit Erfolgen, die einen ebenso aus der Fassung bringen können. Nun war es mir möglich, auch das Gute zu sehen, das mir meine Eltern mitgegeben hatten. In meiner Kindheit und Jugend hatte ich Fähigkeiten entwickelt, die ich erst jetzt als etwas Wertvolles erkennen konnte, wie beispielsweise die feinen Antennen, die ich früh entwickelt hatte und die mir in meinem Beruf oft nützlich sind. Ebenso ein gewisser Pragmatismus und eine Bodenständigkeit, die ich nicht missen möchte. Mit der Zeit fand ich immer mehr Rüstzeug für mich und dadurch: das lang ersehnte Vertrauen in mich und mein Leben.

Es ist das, was man braucht, um morgens ohne Herzrasen und Sorgen aufzuwachen. Es macht eine Auseinandersetzung mit der Umwelt überhaupt erst möglich. Lange glaubte man, wer von Anfang an kein Vertrauen hat, dem ist nicht mehr zu helfen. Aber das stimmt nicht. Man kann es sogar als Erwachsener noch finden. Bei meiner Suche machte ich eine für mich großartige Entdeckung: Es zählt allein die Wirklichkeit und Erfahrung, wie man sie selbst gefühlt und erfahren hat. Egal, was andere dazu sagen. Sie ist der Ausgangspunkt für persönliches Wachstum. Ohne sie gibt es keinen Weg raus an die frische Luft.

Ich lernte, dass es neben Autoritätsbeziehungen auch erfüllende Varianten zwischenmenschlicher Beziehung gibt, in der man sich auf Augenhöhe begegnet und sich nichts gegenseitig beweisen muss. Ich konnte allmählich mein Grundsatzmisstrauen auflösen und fand Gelegenheiten, in denen ich Verständnis und Sicherheit erfahren und geben konnte. Mein neues Lebensgefühl wurde reicher und befriedigender, unabhängig von beruflichen Erfolgen. Jetzt konnte auch mal jemand sagen: »Das war jetzt für 'n Müll«, ohne dass ich mich gleich infrage gestellt fühlte und mich komplett anzweifelte. Mittlerweile fühle ich mich wie eine haupt- und nebenberufliche »Selbstentfesselungskünstlerin«.

Glück ist für mich, in Nähe und Verbundenheit mit Menschen zu sein und gleichermaßen mein Bedürfnis nach Freiheit und Alleinsein leben zu können. Mittlerweile verstehe ich, dass man in der Gemeinschaft mit anderen über sich hinauswachsen kann, während ich mich früher in totalem Rückzug schützen musste. Ich nenne diese Gemeinschaft »Wahlfamilie«. Mit diesen selbst gewählten Freundinnen und Freunden kann ich offen und ehrlich über alle Freuden und Befürchtungen sprechen, und sie mit mir. Ich kann mit ihnen ohne bedrückende Nebenwirkungen schweigen, weinen und natürlich lachen, weil wir uns vertrauen können. Wahlfamilie ist auch, nicht einer Meinung sein zu müssen und sich notfalls zu streiten, ohne dass die Freundschaft zerbricht. Zwei Geschwister meiner Wahlfamilie haben mir über die Jahre sogar dazu verholfen, dass der gefühlte Eisenpranger um meinen Hals verschwand – er gehört ohnehin an die Rathausfront –, der mir die Luft abdrückte, sobald ich in die Nähe meiner Heimat kam. Meine »Heimatallergie« ist geheilt. Ich kann die Kleinstadt, in der ich aufwuchs, heute sehen, wie sie ist: beschaulich und ja, freundlich, anheimelnd – keine »Hölle«, die jedes Leben erstickt.

Lange habe ich verschwiegen, dass ich an mir arbeiten musste und es immer wieder tue. Es fiel mir schwer, diese vermeintliche Schwäche vor mir selbst einzugestehen und noch viel mehr vor anderen. Früher hat man sich über Leute, deren Seelenwunden sichtbar waren, lustig gemacht oder sie als Spinner abgestempelt. In meiner Kindheit sagte man: »Die hat's mit den Nerven«, und die, die sichtlich nicht »funktionierten«, aus welchen Gründen auch immer, nannte man sogar »Deppen«. Manche kamen auf Nimmerwiedersehen in Kliniken und Anstalten wie Lohr – wie Hugo.

Diese Haltung hat sich glücklicherweise geändert.

Die Kunst, vor allem für erwachsene Kinder von Kriegskindern, ist, überhaupt zu bemerken, dass man eine Last auf dem Rücken trägt. Wenn diese Last immer schon der »normale Alltag« war, ist es eine besondere Herausforderung, zu erkennen, dass dies eben nicht das »Normale« ist. Dazu muss man empfindsam für sich selbst werden und wagen, sich selbst genau anzusehen.

Lange dachte ich, wenn ich mich mit der Aufarbeitung meiner Kindheit beschäftige, dann drehe ich mich ja noch mehr um mich selbst als ohnehin schon. Aber das Gegenteil ist der Fall: Wenn ich meine Beeinträchtigungen aufspüre und ernst nehme, verlieren sie allmählich die fremdbestimmende Kraft. Ich muss meine Defizite mit der Zeit weder ständig verheimlichen noch zur Schau stellen. Sie sind nicht mehr der Mittelpunkt meines Lebens. Dadurch habe ich Energie und Interesse für das, was mir wichtig ist. Von daher ist die Auseinandersetzung mit sich selbst alles andere als ein Kreisen um sich selbst. Es ist die Tür nach außen, zu anderen Menschen. Es ist die Tür zur Befreiung.

# Schlussgedanken

Wir werden in ein Familiensystem hineingeboren, ohne zu verstehen, in welches. Wir werden nicht gefragt, ob es uns gefällt. Es bestimmt uns so lange, bis wir anfangen, es zu hinterfragen.

Als ich anfing, mich mit der Generation meiner Eltern und später dann mit dem Thema »Kriegskinder« und »Kriegsenkel« zu beschäftigen, fühlte ich mich gar nicht angesprochen. Es waren die Geschichten der anderen. Ich bin kein Kriegsenkel, dachte ich. Meine Mutter musste nicht fliehen. Mein Vater war spät, aber mit allen Gliedmaßen aus der Gefangenschaft heimgekehrt. Ihre seelischen Wunden sah man nicht. Doch es waren nicht nur der Krieg, sondern auch die Regelwerke der damaligen Zeit, die prägten. Das örtliche Umfeld, die strengen und gefühlskargen Erziehungsmethoden und die Furcht einflößende religiöse Glaubenserziehung. Meine Eltern waren sich nicht darüber im Klaren, wie wichtig und zukunftsweisend Geborgenheit, Sicherheit und Zuspruch für ein Kind sind. Mehr noch, dass dies der Nährboden ist zum Wachsen und Gedeihen.

Ich merkte lange nicht, dass mein Erwachsenwerden von der Verunsicherung und den verdrängten Ängsten meiner Eltern stark beeinflusst war. Sie nahmen ihre Seelenwunden, packten sie in Schweigen und kultivierten Überlebensstrategien, indem sie ihre Gefühle gleich mit wegschlossen. Was sie verdrängten, wurde an die nächste Generation weitergegeben. Niemand sprach damals von einer »Kriegstraumatisierung« der Eltern. Mein Alltag, wie auch der von vielen anderen Kindern, wurde deshalb von erdrückender Schwere, Fremdheit und dem diffusen Gefühl von Bedrohung in der eigenen Familie regiert.

Es heißt, dass die seelischen Auswirkungen des Krieges bis in die vierte Generation reichen können. Seit circa sechzig Jahren beschäftigen wir uns mit der Aufarbeitung des Zweiten Weltkriegs. Doch erst seit ungefähr fünfzehn Jahren setzen wir uns durch die Arbeit von Psychologen und Journalisten mit dem beschränkenden Einfluss auseinander, den diese Zeit auf unsere Eltern und Großeltern nahm, und damit, welche Auswirkungen dies noch immer auf uns, die Kinder der Kriegskinder, hat. Unverarbeiteter Schmerz äußert sich oft subtil. Häufig kommt er lange nach dem schmerzhaften Ereignis zurück ins Leben derer, die ihn erfahren haben. So wirkt er, ohne genau benannt werden zu können, weiter. Und wird so auch an nachfolgende Generationen »vererbt«.

Zu den psychisch traumatisierenden Ereignissen zählen neben Katastrophen, Krieg, Gewalterlebnissen auch verbale Gewalt, Demütigungen, körperliche und emotionale Vernachlässigung in der Kindheit sowie daraus resultierende Depression. Sie nehmen einem Menschen das Gefühl der Sicherheit und erschüttern das Selbst- und Weltverständnis und somit auch Vertrauen in sich selbst und das Leben.

Nicht jeder leidet an diesen Auswirkungen. Dies hängt von der psychischen Widerstandskraft und den Kraftressourcen jedes Einzelnen ab und natürlich von der Intaktheit des familiären und sozialen Umfelds.

Die Bücher, die ich zu diesem Thema gelesen, und die zahlreichen Gespräche, die ich mit Freunden und Bekannten der gleichen Generation geführt habe, ergeben ein klares Bild: Die meisten beschleicht das Gefühl, dass sie ihr Leben nicht wirklich ausgeschöpft oder erst sehr spät damit angefangen haben. Sie berichten davon, dass sie sich zuerst durch eine Wüste von Verunsicherung und Selbstzweifeln durchkämpfen mussten, um ein Vorhaben zum Blühen zu bringen, um einen Erfolg zu verzeichnen oder um einfach nur zufrieden zu sein, während es den nachfolgenden Generationen in vielem leichter gelingt, ihre Ziele zu erreichen.

Wir werden in das Spannungsfeld unserer eigenen Geschichte geboren. Wenn dieses Spannungsfeld kein kräftigendes ist, müssen wir nicht mehr dort ausharren. Ich bin überzeugt davon, dass die Auseinandersetzung mit der Geschichte der Eltern und der eigenen Kindheit dazu beitragen kann, ein tieferes Verständnis für uns heute und für das Verhalten unserer Angehörigen damals zu gewinnen. Wir können unsere Herkunft und unsere teils schmerzhaften Erfahrungen nicht ändern. Aber wir können Verantwortung für uns und unsere Gefühle übernehmen. Wir können unser Selbstbild zum Besseren verändern und dadurch vielleicht sogar zu der Lebensweise gelangen, die wir uns immer gewünscht haben.

Auf diese Weise werden wir wieder empathisch, wahrlich lebendig, und wir befreien unsere verschütteten Potenziale – für uns selbst, unsere Familien, Freunde und Kollegen und für unsere Gesellschaft, die mehr denn je Menschen mit Herz und klarem Verstand braucht.

Heute gilt meinen Eltern meine große Wertschätzung und Liebe. Sie haben ihren Weg ohne jegliche Anleitung zum Glück gemeistert. Sie haben mir dieses wunderbare Leben geschenkt und mir damit die Chance zum Wachsen gegeben. Ich weiß, dass sie zu jeder Zeit ihr Allerbestes gegeben haben. Ich habe gelernt, sie zu lieben, obwohl sie mir nicht das geben konnten, was sie ganz bestimmt wollten.

Es gibt bereits viele Menschen, denen es gelungen ist, den »Hemmschuh« ihrer Vergangenheit abzustreifen. Andere haben sich vielleicht erst auf den Weg gemacht oder spüren, dass da etwas ist, das sie zurückhält in ihrem Leben. Für all jene habe ich meine Geschichte aufgeschrieben.

Grundsätzlich bin ich dafür, nach vorn zu schauen. Doch manchmal lohnt sich ein Blick zurück, um den »Durchblick« zu bekommen, die Bremse zu lösen und loszulegen. Dazu möchte ich inspirieren und ermutigen.

*»... denn es ist nie zu spät, um noch mal durchzustarten, wo hinter all den schwarzen Wolken wieder gute Zeiten warten ...«* Udo Lindenberg

# Nachbemerkung

Seit einigen Jahren schon wollte ich über die Erinnerungen an meine Kindheit und die damit verbundenen Themen schreiben. Doch es hat lange gedauert, bis ich genügend Abstand hatte, um klar auf mein Leben blicken zu können.

Andere mögen meine Geschichte anders wahrgenommen haben als ich. So wie ich ihre Geschichte wahrscheinlich anders gesehen habe. Doch was für jeden zählt, ist die gefühlte Wirklichkeit. Die Wirklichkeit, wie wir sie erinnern. Sie ist es, die unsere Gegenwart und unsere Zukunft beeinflusst. Was uns als Kindern widerfahren ist, was wir dabei gefühlt haben, wie wir darauf reagierten und wie wir Dinge bewerten, all das prägt unser Leben.

Ich schreibe aus meiner emotionalen Erinnerung und kann deshalb nicht garantieren, dass sich alles exakt so zugetragen hat, wie ich es beschreibe. Vieles ist mir noch deutlich im Gedächtnis. Aber es gibt auch vage Erinnerungen, die ich beim Schreiben erst in eine nachvollziehbare Form gebracht habe. Meine Geschwister bleiben größtenteils unerwähnt. Sie haben ihre eigene Geschichte erlebt, und das möchte ich respektieren. Die meisten Namen habe ich zum Schutz der Beteiligten geändert. Der Ort der Ereignisse könnte überall sein, wo Menschen zusammenleben.

# Dank

Liebe Freundinnen und Freunde! Ich danke euch für eure vielfältige Unterstützung, das Mutmachen, den Startschuss, die offenen Arme und das Lachen, das Mitgehen mit mir, eure Fragen und Antworten, die spannenden Diskussionen und das Brainstorming, damit dieses Buch gelingen konnte. Ihr seid meine Wahlfamilie.

Ein herzliches Dankeschön vor allem meiner Lektorin, der großartigen, scharfsinnigen Schnelldenkerin Christiane Bernhardt, sowie Margit Ketterle, Conrad Gminder, Lucas Meinhardt und Markus Röleke vom Droemer Knaur Verlag, meiner wundervollen Freundin und Autoren-Kollegin Dominique Lorenz für ihren Zuspruch, ihre Gedanken und ihre Rücken-Stärken zu jeder Zeit, Domi, du hast jederzeit an das Projekt geglaubt, Tim Pröse, Martin Kraus, Kathrin Schulte-Wien, Andrea Blümel, Sabine Roidl, Michael Diemer, Andreas Altmann, Alexandra Kamp, Bettina Alberti, Bruno und Susanne, Helga und Alfred, Herbert Hofmann, Ingrid Weber, Nadine Wittig, Margit Tetz, Bojana Golenac, Gabriele Weigel, Susanne Ackermann, Sabina Hochrein, Katja Proschek, Sibylle Prister, Dr. Johann Szabo, Sabine Sinn, Jess Walter, Beate Mittermayer, Volker Becker-Battaglia und meinen wunderbaren Schauspiel-Mädels: Katja Amberger, Petra Einhoff, Katarina Klaffs und Ditte Ferrigan.

Vielen herzlichen Dank Stefanie Stahl für ihr Buch *Das Kind in dir muss Heimat finden.*

Danke von Herzen meinem Rahmensprenger und 4-ever-Freund Udo Lindenberg für seine Inspiration, den Weitblick, seine Kunst und seine Menschenliebe.

Weitere Informationen zur Autorin:
www.mariabachmann.de

Sie können die Autorin per E-Mail kontaktieren unter:
duweisstjagarnichtwiegutdueshast@webmail.de